縄文時代の
植物利用と家屋害虫

圧痕法のイノベーション　　小畑弘己

吉川弘文館

はしがき

　筆者が「アッコン」という聞きなれない言葉を最初に耳にしたのは、2003年に熊本大学で開催した九州地方の出土種子を研究する研究会の席上であった。福岡市教育委員会の山崎純男さんが、次回は「アッコン」で発表するとおっしゃり、土器アッコンと聞いて初めて意味がわかった。その翌年に行われた研究会で山崎さんが披露されたスライドは圧巻であった。イネやアワ、エゴマ、イノコズチ、そして貝や米喰い虫に至るまで、あらゆる縄文時代のタネやムシたちが土器の中から飛び出て、スクリーン上を飛び跳ねていた。それまで土器圧痕といえば籾圧痕しか知らなかった筆者は強い衝撃と感動を覚えたことを記憶している。

　しかし、2004年に恩師甲元眞之先生に同行したロシア沿海州の遺跡で最古の炭化キビを発見していたので、興味の中心はやはり炭化種実にあり、日ごろから構内遺跡の土壌だけでなく、古巣である福岡市のかつての同僚や後輩職員に頼み、市内遺跡の各時代の土をもらって、土洗いと種実のソーティングに明け暮れていた。この研究も圧痕に劣らずかなり刺激的で、東北アジアの農耕がイネでなく、雑穀を基盤としていたという事実は、北部九州で十数年間遺跡を掘ってきた身にとっては晴天の霹靂のような驚きであった。このことは、心の根のところにあった「イネ中心史観」を見直す大きなきっかけになった。そして、自らの無知を恥じた。

　そのような折、卒論のテーマに困っていた仙波靖子さんが訪ねてきたので、山崎さんの研究法を勧めてみた。調査対象は、熊本県の遺跡と同じく、農耕発祥の地として古くから注目されていた島原半島の縄文遺跡である。興味があったので、一緒に出掛けることにした。そこで見つけたのが、「縄文ダイズ」であった。この縄文ダイズの研究には、仙波さんと佐々木由香さんの大きな力添えがあった。この発見は「圧痕」研究に大きく舵をきる端緒となった。

　早速、日本学術振興会から補助を受け、山崎さんをはじめ、中山誠二さん、中沢道彦さん、佐々木由香さんなどとともに、全国の縄文遺跡の土器を悉皆調査する研究を始めた。この「Seed impression project」と銘打った研究プロジェクトによって数々の新たな発見があった。そこで見えてきたのが縄文時代の貯蔵食物害虫コクゾウムシであった。種子島での世界最古のコクゾウムシ圧痕の発見には、鹿児島大学の中村直子さんの力が大きい。この発見によって、彼らがイネと一緒に渡来したという自説も取り下げた。

　そのようなとき、熊本大学にマイクロフォーカシングのX線CTスキャナーが導入され、工学部の尾原祐三先生のお誘いでX—Earthセンターの研究メンバーになることになった。このチームの研究会に講演者として参加された元九州国立博物館の今津節夫さんが、「土器の中からX線CTスキャナーでタネやムシを探せばいいじゃないですか」と、何をやろうかと戸惑っていた私の背中を押してくださった。即効の成果は当時の研究助手であった真邉彩さんが出してくれた。鹿児島県曽於市の弥生時代早期の土器から潜在圧痕コクゾウムシを見つけてくれたのである。「見つけました」という電話越しの彼女の声に目元が少し潤んだことを記憶している。この発見

以来、潜在圧痕が私たちの頭から離れなくなった。しかし、X線CTスキャナーは時間も金もかかる。何かいい方法はないかと模索しているうちに、軟X線にたどり着いた。神奈川県にあるSFTEX社に土器を持って出向き、X線画像として鮮明に写し出されたコクゾウムシの姿を見て手ごたえを感じた。早速、研究室に軟X線機器を導入し、そこで見つけたタネやムシの候補を、委託ながらX線CTスキャナーで撮影・同定するという方法で土器の中を覗き始めた。

　失敗もあり、結構損失も出した。ただし、日本学術振興会の「挑戦的萌芽研究」という、失敗してもよいという研究資金は非常にありがたかった。「できるかもしれない」という、おぼろげではあるが、かすかな確信めいたものを感じた。そして、現在受けている科学研究費では、このX線機器による圧痕探しに特化した研究を始めた。まだまだ最善の方法を模索中の段階であり、今後も改良を加えていかねばならない。

　研究の歴史はまさに、フローテーション法から圧痕法へ、その圧痕法も肉眼からX線の目で見る方法へ、そしてその対象も植物から昆虫へと進化を遂げた。筆者の研究歴はまさに、植物考古学（古民族植物学）における圧痕法のここ十数年の研究の歩みでもある。この間の研究は、よい研究仲間と日本学術振興会からのありがたい研究資金に支えられてきた。感謝である。

　本書は5つの部から成る。Ⅰ部ではレプリカ法からX線CTスキャナーを用いた圧痕の調査法の歴史と、土器圧痕として現れるタネやムシたちの特性について述べている。そして、Ⅱ部ではレプリカ法が明らかにした縄文時代の栽培植物やそれらの東アジア的な動向、そして栽培植物が果たした生業や生活への影響、さらにはイネやアワ・キビなどの日本列島への流入時期に関する問題を扱った。そして、Ⅲ部では筆者が「第三の発掘」と呼ぶ軟X線機器やX線CTスキャナーを用いた圧痕調査とその成果について述べている。Ⅳ部はコクゾウムシを中心とした貯蔵食物害虫と家屋害虫の話である。少々長いが、圧痕として検出されるムシたちから見えてきた新たな縄文人像を描き出したものである。Ⅴ部はこれまで炭化種実・木材の分析や花粉分析などから議論されてきたクリやウルシなどの樹木栽培が圧痕調査によっても裏付けられつつあることを示した。そして最後に、縄文人たちがなぜタネやムシを土器粘土中に入れたのか、あるいは偶然に入ったのか、圧痕法による研究の最もホットな話題（論争）を紹介した。これは圧痕研究が今後取り組むべき重要な課題である。

　圧痕法による研究は黎明期から発展期、そして革新期へ突入した。今は、「第二の発掘」（肉眼による土器圧痕調査）から「第三の発掘」（X線機器を応用した土器圧痕調査）への移行期といえる。Ⅰ部とⅤ部は、偶然にもこの「第二の発掘」で見えてきた世界と「第三の発掘」で見えてきた世界、そして「第三の発掘」の問題点と可能性についての記述になっており、このキセル読みでも圧痕法研究の研究経緯の概要が把握できるようになっている。お時間の無い方にはお薦めである。

目　　次

はしがき

Ⅰ部　土器圧痕の特質と分析法の革新

第1章　土器圧痕法とその意義…………………………………………………2
　　1　レプリカ法とは　2
　　2　植物利用史・農耕史復元への寄与　3
　　3　生活史復元への貢献―家屋害虫の認定―　5

第2章　圧痕法のイノベーション………………………………………………7
　　1　レプリカ法の限界　7
　　2　X線機器を用いた圧痕検出・記録法　8
　　3　新たな方法による成果　10
　　4　新たな圧痕検出・同定法―熊大方式―　11

第3章　種実圧痕の考古学資料としての特性…………………………………12
　　1　圧痕法と問題の所在　12
　　2　植物遺存体にかかるバイアス　12
　　3　三内丸山遺跡における種実遺存体の比較　15

Ⅱ部　レプリカ法が明らかにしてきた世界

第1章　東アジアの新石器時代から見た縄文時代の植物利用……………26
　　1　古民族植物学（植物考古学）の歴史と進展　26
　　2　縄文時代に関する古民族植物学的研究の歴史　27
　　3　縄文農耕論と今日的意味　28
　　4　今日の古民族植物学的研究の発展　30
　　5　縄文時代中期相当期の東アジア各地の植物利用　30
　　6　外来栽培植物伝播論の問題点―1地域起源論からの脱却―　33
　　7　古民族植物学の研究手法の問題点　37

8　農耕社会と狩猟採集社会―縄文人は豊かな狩猟採集民か―　　38

第2章　縄文時代の環境変動と植物利用戦略 ……………………………41
　　　1　環境変化と社会　41
　　　2　中部高地における人口増とその評価　42
　　　3　出土植物資料とその再評価　43
　　　4　縄文社会の変容と気候変動　52

第3章　植物考古学から見た九州縄文後晩期農耕論の課題 ……………55
　　　1　問題の所在と本章の意義　55
　　　2　検出圧痕資料とその概要　58
　　　3　九州地方における縄文農耕と栽培作物　66
　　　4　残された問題点　66

Ⅲ部　X線で見えてきた栽培植物への祈り

第1章　エゴマを混入した土器 ……………………………………………70
　　　1　分析方法　70
　　　2　分析資料　71
　　　3　分析結果　71
　　　4　考　察　86
　　　5　結　論　89

第2章　表出圧痕と潜在圧痕の比較研究 …………………………………91
　　　――富山市平岡遺跡での検証――
　　　1　調査方法（熊大方式）　91
　　　2　圧痕調査の対象資料　94
　　　3　調査結果　94
　　　4　考　察―コストと同定の矛盾をどう解決するか―　95
　　　5　結　論　100

第3章　X線CTが明かす縄文時代栽培植物の起源 …………………101
　　　1　問題の所在と本章の目的　101
　　　2　潜在圧痕とその調査法の問題点　102
　　　3　分析資料と分析方法　103

4　分析結果　　*105*

　　　5　考　察　　*107*

　　　6　結　論　　*112*

Ⅳ部　コクゾウムシと家屋害虫

　第1章　ヨーロッパ・地中海地域における昆虫考古学研究……………*116*

　　　1　研究の経緯と本章の目的　　*116*

　　　2　昆虫考古学研究の歴史と問題点　　*117*

　　　3　海外における昆虫考古学の研究と成果　　*121*

　　　4　昆虫の害虫化のメカニズム　　*133*

　　　5　考　察　　*138*

　第2章　土器圧痕として検出された昆虫と害虫………………………*140*

　　　1　研究の目的と方法　　*140*

　　　2　圧痕昆虫に関する既存研究と研究の現状　　*141*

　　　3　圧痕法による検出例　　*143*

　　　4　考　察　　*156*

　　　5　結　論　　*163*

　第3章　縄文人の家に住みついたゴキブリとその起源……………*165*

　　　1　発見の経緯と圧痕調査の概要　　*165*

　　　2　本野原遺跡について　　*165*

　　　3　調査結果―検出資料の概要―　　*166*

　　　4　考　察―同定の方法―　　*166*

　　　5　発見の意義　　*171*

　第4章　害虫と食料貯蔵……………………………………………*172*

　　　1　本章の目的と方法　　*172*

　　　2　穀物の貯蔵法と害虫駆除　　*173*

　　　3　中部高地・西関東におけるクリの貯蔵法　　*177*

　　　4　結　論　　*179*

第 5 章　縄文のミステリー ……………………………………………… *181*
　　　　── コクゾウムシ入り土器の発見とその意義 ──
　　1　研究の推移と本章の目的　*181*
　　2　分析資料と分析方法　*183*
　　3　分析結果　*196*
　　4　考　察　*209*

V部　圧痕法の現在と未来

第 1 章　マメからクリへ ………………………………………………… *220*
　　　　── 圧痕法が語る縄文時代の果樹栽培 ──
　　1　農耕の定義と評価 ─豊かな狩猟採集民論争─　*221*
　　2　栽培と管理　*221*
　　3　マメの大型化と集落の大規模化　*223*
　　4　貯蔵堅果類害虫コクゾウムシ　*223*
　　5　クリ林とクリ利用　*224*
　　6　クリ出土遺跡にいたコクゾウムシ　*225*
　　7　縄文時代の農のイメージ　*227*

第 2 章　X 線が明らかにする縄文人の心象 ……………………………… *229*
　　1　多数の種実圧痕をもつ土器　*229*
　　2　多数のコクゾウムシ圧痕をもつ土器　*231*
　　3　分　析　*231*
　　4　考　察　*236*

参考・引用文献 ……………………………………………………………………… *239*
あとがき …………………………………………………………………………… *253*
索　　引 …………………………………………………………………………… *256*

図 表 目 次

図 1　レプリカ法の作業手順 …………………………………………………………… 3
図 2　圧痕で検出された縄文時代～弥生時代初期の有用植物種実と家屋害虫コクゾウムシ ………… 4
図 3　圧痕法の手法と概念図 …………………………………………………………… 9
図 4　従来の圧痕調査法と新たな圧痕調査法（熊大方式）の概念図 ………………………… 10
図 5　遺跡における植物遺存体の埋没から記述までの概念図 ……………………………… 14
図 6　三内丸山遺跡における圧痕調査で検出した主な植物種子・昆虫遺体・陸生巻貝 ………… 16
図 7　種類別にみた栽培・有用植物種実の出土相 ………………………………………… 17
図 8　湿地性・乾地性堆積物ユニット別の炭化率と出現数の相関グラフ …………………… 19
図 9　主要炭化種実の出土相と炭化率・出現率の相関グラフ ……………………………… 20
図 10　出土相別の出土種と種実属性の比率 ……………………………………………… 22
図 11　縄文時代のダイズ属種子の時期別出土状況図 ……………………………………… 29
図 12　東アジアにおけるダイズ・アズキ亜属種子出土遺跡分布図 ………………………… 32
図 13　縄文時代のシソ属（エゴマ）種子関連遺物出土遺跡時期別分布図 …………………… 35
図 14　東アジアのシソ属（エゴマ）種子関連出土遺跡分布図 ……………………………… 36
図 15　八ヶ岳西南麓の縄文時代前期と同中期の石器組成 …………………………………… 43
図 16　八ヶ岳西南麓の遺跡・集落・住居数の推移とダイズ属種子の最大長の変遷 ……………… 45
図 17　打製石斧高率出現遺跡の変遷 ……………………………………………………… 46
図 18　山梨県と長野県における縄文時代中期の炭化種実および圧痕種実の出現率 ……………… 48
図 19　今村による打製石斧と貯蔵穴の分布 ………………………………………………… 50
図 20　縄文時代の種実混入土器 …………………………………………………………… 51
図 21　縄文時代の気候変動と土器型式 …………………………………………………… 53
図 22　黒川式古・中段階までの九州地方における主要圧痕種 ……………………………… 60
図 23　山ノ寺・夜臼Ⅰ式期以降の圧痕土器および圧痕レプリカ SEM 画像 ………………… 61
図 24　黒川式土器新段階～出現期突帯文期の可能性のある圧痕土器と圧痕レプリカ SEM 画像 …… 63
図 25　黒川式土器～夜臼Ⅱa式土器の土器編年図と干河原段階の土器群 …………………… 65
図 26　エゴマ果実実測図と ODS 64 土器中の潜在圧痕および現生エゴマと土器混入実験エゴマの軟 X 線画像の比較 ……………………………………………………………… 72
図 27　ODS 64 の表出圧痕および潜在圧痕の軟 X 線画像および実測図 ……………………… 73
図 28　ODS 64 の表出圧痕および潜在圧痕の軟 X 線画像・実測図および圧痕レプリカ ……… 74
図 29　ODS 64 の潜在圧痕の軟 X 線画像と 3D 画像 ……………………………………… 75
図 30　ODS 64 の表出圧痕および潜在圧痕のタイプ別の長さと幅の分布グラフ ……………… 76
図 31　ODS 64 の潜在圧痕のタイプ別の長さの度数分布グラフ …………………………… 76
図 32　ODS 15 の表出圧痕および潜在圧痕の軟 X 線画像・実測図および圧痕レプリカ ……… 77
図 33　ODS 5 の表出圧痕および潜在圧痕の軟 X 線画像・実測図および圧痕レプリカ ……… 78
図 34　ODS 8・55・69 の表出圧痕および潜在圧痕の軟 X 線画像・実測図および圧痕レプリカ …… 79
図 35　HOK 21 の表出圧痕および潜在圧痕の軟 X 線画像・実測図および圧痕レプリカ ……… 80
図 36　HOK 28 の表出圧痕および潜在圧痕の軟 X 線画像・実測図および圧痕レプリカ ……… 81

図 37	HOK 38 の表出圧痕および潜在圧痕の軟 X 線画像・実測図および圧痕レプリカ	82
図 38	ODS 64・59 の器形復元とそのモデル	84
図 39	エゴマ圧痕をもつ土器の単位面積（100cm^2）当たりの推定混入個数	85
図 40	潜在圧痕検出から同定までのフローチャート（熊大方式）	91
図 41	レプリカ作成準備のための圧痕の部分的な破壊	92
図 42	潜在圧痕の削り出し法と修復の方法	93
図 43	軟 X 線 2D 画像（透過画像）とレプリカ SEM 画像・X 線 CT3D 画像の比較 1	96
図 44	軟 X 線 2D 画像（透過画像）とレプリカ SEM 画像・X 線 CT3D 画像の比較 2	97
図 45	種不明の潜在圧痕の軟 X 線 2D 画像（透過画像）	98
図 46	熊大方式による潜在圧痕の 3D 像化の各種方法と同定率の相関概念図	99
図 47	縄文時代後晩期中葉～弥生時代早期の土器編年図	104
図 48	軟 X 線で検出・X 線 CT3D 画像で復元した潜在圧痕とその種類	107
図 49	東畑瀬遺跡群の炭素年代測定土器と年代値	109
図 50	東畑瀬遺跡 1 地区検出の圧痕種実・昆虫と検出土器の所属	110
図 51	東畑瀬遺跡 1 地区における遺物集中区と各種土器の出土状況	111
図 52	東畑瀬遺跡 1 地区における栽培植物の所属想定時期	111
図 53	ヨーロッパ・地中海の考古遺跡から出土する主な貯蔵食物害虫と近似種	120
図 54	主な害虫の時期別分布 1	128
図 55	主な害虫の時期別分布 2	133
図 56	食用マメを加害するマメゾウムシ類の 2 つの生活環	134
図 57	ヨツモンマメゾウムシの飛翔の 2 つの型	135
図 58	これまで発見されていた昆虫・節足動物圧痕	142
図 59	土器圧痕として検出された昆虫・小動物の比率	143
図 60	本章所収の昆虫・小動物圧痕出土遺跡	144
図 61	昆虫・小動物圧痕レプリカ SEM 画像 1	145
図 62	昆虫・小動物圧痕レプリカ SEM 画像 2	148
図 63	昆虫・小動物圧痕レプリカ SEM 画像 3	150
図 64	住居内に残る可能性のある昆虫の家屋への侵入経路復元図	157
図 65	野外から土器まで（環境変化と昆虫相の相関モデル）	160
図 66	三内丸山遺跡の昆虫・小動物に関する土壌資料と圧痕資料の組成の違い	160
図 67	本野原遺跡の遺構群	166
図 68	MNB 0488 の圧痕と検出土器	167
図 69	MNB 0516 の圧痕と検出土器	168
図 70	各種ゴキブリの卵鞘	169
図 71	ゴキブリの卵鞘の断面写真	169
図 72	卵鞘圧痕（MNB 0488）とクロゴキブリ卵鞘の比較	170
図 73	江戸時代中期のクロゴキブリ	170
図 74	エジプトの穀倉	173
図 75	噴火によって炭化したマメから発見されたマメゾウムシ	174
図 76	エジプトのミイラ害虫	175
図 77	ギリシャ線文字 B にある植物名	176
図 78	コクゾウムシと貯蔵穴の分布図	177

図 79	縄文時代中期の炭化植物	178
図 80	館崎遺跡出土のコクゾウムシ圧痕と検出土器	186
図 81	館崎遺跡出土 TSK 484 土器上のコクゾウムシ表出圧痕の写真 1	187
図 82	館崎遺跡出土 TSK 484 土器上のコクゾウムシ表出圧痕のレプリカ SEM 画像 1	188
図 83	館崎遺跡出土 TSK 484 土器上のコクゾウムシ表出圧痕の写真 2	189
図 84	館崎遺跡出土 TSK 484 土器上のコクゾウムシ表出圧痕のレプリカ SEM 画像 2	190
図 85	館崎遺跡出土 TSK 484 土器上のコクゾウムシ表出圧痕の写真 3	191
図 86	館崎遺跡出土 TSK 484 土器上のコクゾウムシ表出圧痕のレプリカ SEM 画像 3	191
図 87	縄文時代〜古墳時代のコクゾウムシ資料出土遺跡分布図	194
図 88	縄文時代の生体化石コクゾウムシと古代以降の生体化石コクゾウムシのサイズの比較グラフ	195
図 89	飼育実験による食料別のココクゾウムシの体重と共生バクテリア数のグラフ	195
図 90	館崎遺跡出土 TSK 484 土器器壁内のコクゾウムシ潜在圧痕 X 線 CT 画像 1	197
図 91	館崎遺跡出土 TSK 484 土器器壁内のコクゾウムシ潜在圧痕 X 線 CT 画像 2	198
図 92	館崎遺跡出土 TSK 484 土器器壁内のコクゾウムシ潜在圧痕 X 線 CT 画像 3	199
図 93	館崎遺跡出土 TSK 484 土器器壁内のコクゾウムシ潜在圧痕 X 線 CT 画像 4	200
図 94	館崎遺跡出土 TSK 484 土器のコクゾウムシ潜在圧痕 X 線 CT 画像とコクゾウムシの位置	200
図 95	館崎遺跡出土 TSK 285 土器のコクゾウムシ表出圧痕と潜在圧痕 X 線 CT 画像	201
図 96	本野原遺跡出土 MNB 0010 土器のコクゾウムシ表出圧痕 SEM 画像および潜在圧痕 X 線 CT 画像	202
図 97	本野原遺跡出土 MNB 0003 土器のコクゾウムシ表出圧痕 SEM 画像および潜在圧痕 X 線 CT 画像	203
図 98	宮之迫遺跡出土 MNS 0008 土器のコクゾウムシ表出圧痕 SEM 画像および潜在圧痕 X 線 CT 画像	204
図 99	塚ヶ段遺跡出土 TKD 0010 土器のコクゾウムシ表出圧痕 SEM 画像および潜在圧痕 X 線 CT 画像	205
図 100	小倉前遺跡出土 OGM 0001 土器のコクゾウムシ表出圧痕 SEM 画像および潜在圧痕 X 線 CT 画像	206
図 101	館崎遺跡コクゾウムシ圧痕土器の単位面積当たりの復元個数グラフと数的有意差をもった 2 群	206
図 102	気温帯区分とコクゾウムシ圧痕の地域別サイズ比較グラフ	208
図 103	現代コクゾウムシの飼育実験によるサイズ差	209
図 104	縄文時代におけるクリ果実および乾地型・低湿地型貯蔵穴の時期別分布図	214
図 105	館崎遺跡発見のコクゾウムシ圧痕とその土器	224
図 106	現生クリの花粉と花	224
図 107	クリの実に群がるコクゾウムシ	226
図 108	円筒土器文化遺跡のクリ果実・花粉とコクゾウムシの出土状況	226
図 109	多量アズキ亜属混入土器とコクゾウムシ混入土器	232
図 110	本野原遺跡出土のアズキ亜属種実圧痕をもつ黒川式浅鉢土器	235
図 111	アズキの面積ごとの散布(密集)状況	236

表1	種実遺存体の3相とその資料学的特性	13
表2	試料の性質による種実種類の出現率	17
表3	試料の性質による種実の種類と共通種の割合	18
表4	東アジア地域の文化編年対応表	31
表5	中国における農耕起源地3大センター	31
表6	九州地方における縄文時代中期末〜弥生時代早期の圧痕資料	56〜59
表7	100cm^{2}換算のエゴマ果実の推定混入個数	83
表8	ODS 64の肉眼と軟X線による圧痕調査成果の比較	84
表9	調査遺跡一覧	103
表10	宮地による縄文時代後期〜弥生時代早期の広域編年表	105
表11	遺跡・地区別の表出圧痕・潜在圧痕の種類と数および検出率	106
表12	東畑瀬遺跡1・3区の炭素年代測定値	108
表13	考古遺跡から出土する主な貯蔵食物害虫と各地における初出時期	124〜127
表14	圧痕レプリカ法によって検出された昆虫・小動物	152〜155
表15	三内丸山遺跡における土壌出土昆虫遺体と昆虫・小動物圧痕の比較	159
表16	昆虫圧痕の付き方(土器の部位別)	161
表17	圧痕土器の時期	168
表18	主なゴキブリの卵鞘の特徴	169
表19	館崎遺跡で検出した表出圧痕の時期別一覧表	184〜185
表20	圧痕コクゾウムシの出土遺跡と時期別検出数	192〜193
表21	館崎遺跡コクゾウムシ圧痕土器および関連資料の単位面積当たりのコクゾウムシ数	207
表22	コクゾウムシ幼虫の食物の種類と繁殖状況	212
表23	コクゾウムシが加害可能な縄文時代の植物	212
表24	多量種実混入土器一覧	230
表25	伴野原遺跡出土土器の表出圧痕数と潜在圧痕数別土器片数	233
表26	伴野原遺跡出土多量種実混入土器の総圧痕数・大きさ別土器片数	233
表27	館崎遺跡出土土器の表出圧痕数と潜在圧痕数別土器片数	234
表28	館崎遺跡出土多量種実混入土器の総圧痕数・大きさ別土器片数	234

Ⅰ部　土器圧痕の特質と分析法の革新

第1章　土器圧痕法とその意義

1　レプリカ法とは

　博物館で見た縄文土器を思い浮かべていただきたい。火焔土器に代表されるように、華麗で豪華なレリーフとその間を埋めるように施された緻密な縄目模様、その装飾美のすばらしさは世界の先史時代土器の中でも傑出している。考古学の研究では、この縄文土器の文様や形は、製作・使用された時期や地域を認定する「物差し」として利用され、考古学者たちは、その物差しの目をできるだけ細くして、文化の移り変わりやその広がりの範囲をより細かく捉えようと努力してきた。

　しかし、土器に残された過去の情報はこれだけではない。実は土器の粘土の中には、土器が作られた当時の植物の種子や昆虫、微小な貝類などが多数含まれている。これらは土器作りの際に、意図的に混入されたものもあるし、偶然に入り込んだものもある。偶然に入るものには、土器作りの場の床に散らばっていた食物の残滓や生活ごみ、製作途上の土器の中に迷い込んだ昆虫などがある。意図的に練り込まれたものには、焼成時の土器の破損を防ぐための植物の繊維や動物の毛、砂礫といった有機・無機の混和材があるが、中には特別な想いを込めて故意に入れられたものもあろう。その由来の違いは別として、これらはすべて当時の生物や無機物そのものであり、決して後代に紛れ込んだものではない。土器粘土中の生物はまれに炭化したまま発見される場合もあるが、その大半は、それらが抜け落ちて、土器の表裏面や断面上に穴として検出される。これらをシリコーンゴムなどの印象材で型取りし、顕微鏡観察によってその種類を特定する方法を「レプリカ法（レプリカは複製の英訳、しかしヨーロッパではcastと呼ばれる）」と呼ぶ（図1）。

　英国やスカンジナビアなどヨーロッパにおいては、このレプリカ法を用いた研究はすでにおよそ100年以上前に遡る。その後、圧痕種実資料は植物遺存体の研究が発達するとともに強く意識されるようになったが、その手法に関してはJ. M. レンフリュー（Renfrew 1973）が紹介する1970年代まで知られていなかった。現在では、フローテーション法による遺跡土壌中からの炭化種実検出とともに、世界各地の遺跡において頻繁に行われている（Magid and Krzywinski 1995）。

　日本においても、およそ100〜90年ほど前に、坪井正五郎や山内清男が、底部敷物や籾の圧痕を石膏などで型取りし、その研究上での可能性を示していた（中沢 2014a）。しかし、最近の土器圧痕調査による成果の基礎を作ったのは、1990年代初頭に圧痕レプリカ法の手法を世に紹介した丑野毅である。丑野は、圧痕レプリカ法を、シリコーンゴムを用いてレプリカを作成し、それ

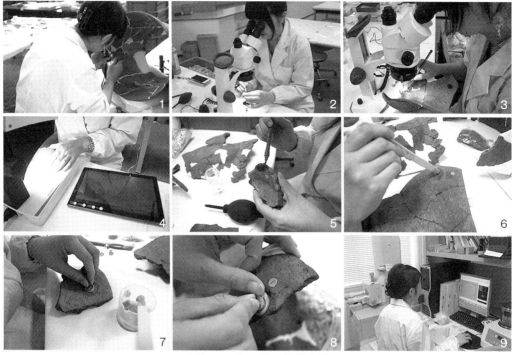

図1　レプリカ法の作業手順
1 土器表面の圧痕（穴）を探す、2 圧痕と思われる穴を顕微鏡で観察、3 きれいに穴の中の土を落とす、4 圧痕部分の写真を撮影する、5 離型剤を圧痕部に塗布する、6 圧痕にシリコーンゴムを注入する、7 マウントをつけ、乾燥させる、8 レプリカを外す、9 走査型電子顕微鏡（SEM）で観察・写真撮影を行う（本手法は福岡市埋蔵文化財センター比佐陽一郎・片多雅樹が開発したものに準じている）

を走査型電子顕微鏡で観察・同定するものと定義し、石器の使用痕や植物種子同定にも適応できることを示した（丑野・田川1991）。それを実際の考古資料に適用し、植物利用史や農耕史の検証を行ったのは中沢道彦である。この中沢の貢献によって、圧痕法が先史・古代の種実検出に有効であることが立証された（中沢2005）。さらに大きな貢献として、縄文土器の土器片の悉皆調査法を採用した山崎純男の業績がある（山崎2005）。これまで籾圧痕などの偶然に発見された種実圧痕が研究対象となってきた従来の方法に対し、意識的に多数の未検査の土器から種実圧痕を検出しようとする山崎による方法の革新は圧痕研究上大きな意義があり、この方法は今日の圧痕調査の基本となっている。山崎が明らかにしたことは、これらの意識的な調査によって多数の種実圧痕が検出されうるということである。

2　植物利用史・農耕史復元への寄与

このレプリカ法を用いて、これまでに、縄文時代〜弥生時代前期の圧痕として検出されている代表的なものに、各種堅果類（果皮を含む）・ブドウ属・キイチゴ属・サンショウ属・アズキ亜属・ダイズ属・シソ属（エゴマ）・ヒエ属・アワ・キビ・イネなどの種実がある（図2）。堅果類

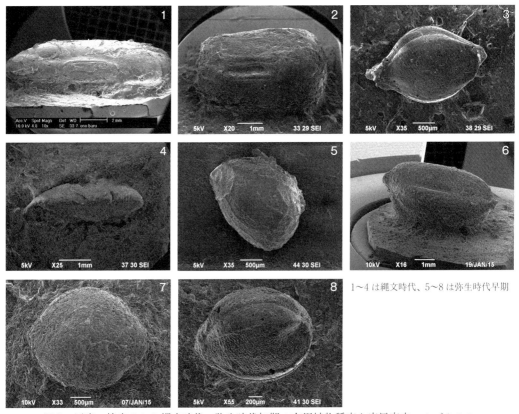

図2 圧痕で検出された縄文時代～弥生時代初期の有用植物種実と家屋害虫コクゾウムシ
1 ダイズ（長崎県大野原遺跡）、2 アズキ（青森県三内丸山遺跡）、3 ヒエ（青森県三内丸山遺跡）、4 コクゾウムシ（宮崎県本野原遺跡）、5 エゴマ（鹿児島県小迫遺跡）、6 イネ（福岡県橋本一丁田遺跡）、7 キビ（福岡県橋本一丁田遺跡）、8 アワ（鹿児島県上中段遺跡）

や採集植物の種実はこれまでも発見されていたが、圧痕レプリカ法の実践によって、アズキやダイズの日本列島内での栽培の開始と展開が明らかになったり（小畑ほか2007、保坂ほか2008、中山2010、小畑2011aなど）、関東・中部・東海地方の弥生時代のアワ・キビを中心とした畑作物が明らかになったりするなど（守屋2014など）、炭化種実では見えなかった世界が圧痕法により次々と見えてきた。特に縄文時代の古いころは炭化種実自体も少なく、多量に出土する土器は圧痕種実の検出源として多いに期待されている。イネに代表される大陸系穀物の伝来時期については、まだ論争中ではあるが、多量の圧痕検出例に支えられ、その伝播の状況が次第に定まりつつある。

また、韓国では釜山市の東三洞貝塚や昌原の飛鳳里遺跡で新石器時代早期末～前期前半のアワ・キビ圧痕が検出され、朝鮮半島南部での雑穀農耕の開始が1,000年ほど遡ることが明らかになった（小畑・真邉2012a・2014c）。飛鳳里遺跡はコナラ亜属のドングリが詰まった貯蔵穴が多数検出された低湿地遺跡であるが、土器圧痕調査を実施しなければ、ドングリや野生有用植物の採集経済段階と評価されたままであった。しかし、アワやキビなどの栽培穀物の圧痕の発見によって、低湿地出土の未炭化種実資料と土器圧痕種実資料との種類（性質の）違いが浮き彫りにされ

た（小畑・真邉 2012d）。

3　生活史復元への貢献——家屋害虫の認定——

　レプリカ法が明らかにしたもう1つの考古学的事実は、縄文時代の家屋害虫の存在である。生物学的に害虫という分類群は存在しないが、自然界に棲む彼らが、人の貯蔵食料や生活材、家屋材内で大量発生した時点で害虫となり、特に屋内に棲みついたものは家屋害虫と呼ばれる。考古学における昆虫資料は、その組成から水域環境、植生環境、栽培・農耕、汚物集積、地表環境、気候などを復元できるが、家屋内などの局所的な微環境を復元するのは得意ではない。ヨーロッパにおける居住地土壌の分析でも、家屋害虫と屋外からの侵入昆虫を特定するのは不可能であると結論付けられていた（Kenward 1985）。このような意識を変えたのが、鹿児島県三本松遺跡における10,000年前のコクゾウムシ圧痕の発見（Obata et al. 2011）と青森県三内丸山遺跡におけるコクゾウムシを含む多種の家屋害虫の圧痕の発見（小畑2013a・2014b、小畑・真邉2014a）である。

　三本松遺跡は鹿児島県種子島にある縄文時代早期の集落址である。2010年に本遺跡出土の吉田式土器と呼ばれる早期後半の土器から7点のコクゾウムシの圧痕を検出した。10,000年前の種子島にイネはまだ伝播しておらず、彼らはその大きさと、想定される縄文時代のデンプン質貯蔵食物からみて、ドングリ（コナラ属・シイ属・マテバシイ属の堅果）やクリなどを加害していた可能性が高い（Obata et al. 2011）。コメから生まれたコクゾウムシをクリやドングリで育てると、次世代は1.3倍ほどの大きさになって生まれてくる。このサイズは三本松遺跡だけでなく、他の縄文時代の遺跡の出土例とも一致する。コクゾウムシの圧痕は、現在では北海道から沖縄まで全国55遺跡787例以上（縄文時代に限る）が検出されている（小畑2018e）。

　現代世界の3大貯穀害虫であるグラナリアコクゾウムシ・ココクゾウムシ・コクゾウムシの起源と拡散に関するこれまでのシナリオは、ヒマラヤ南部の森林地帯に生息していたドングリなどの種子に適応していた祖先種が、人類による農耕の開始とともに、採集されたドングリと栽培穀類が一緒に貯蔵される環境の中で、穀類に特化し、農耕の拡散とともに旧世界各地へ拡散した、というものであった（Plarre 2010）。しかし、これはムギ類栽培圏の西南アジアやヨーロッパに主たる分布をもつグラナリアコクゾウムシには適応可能な理論であるが、稲作地帯である東アジア地域の場合は、考古学的資料に乏しく、これら害虫の形成・拡散過程はまったくといっていいほどわかっていなかった。よって、三本松遺跡をはじめとする縄文時代のコクゾウムシ圧痕は大きな意味をもつ。つまり、10,000年前に日本列島の中でも九州に近接した種子島にコクゾウムシがすでに分布していることは、従来の稲作拡散説では説明できないこと、そして、姉妹種といわれるグラナリアコクゾウムシ・ココクゾウムシ・コクゾウムシの3種の分化と起源地からの拡散が、これまで想定された時期より古い時期にすでに起こっていたことを意味する。

　また、三内丸山遺跡は青森市にある縄文時代前期後半～中期にかけての拠点集落と評価される著名な遺跡である。2011年より開始した圧痕調査によって、コクゾウムシを含む多数の家屋害

虫と目される圧痕を検出した。その中には、カミキリムシ科、ナガシンクイムシ科、コガネムシ科、キスイムシ科、ケシキスイ科、ゾウムシ上科、種不明の甲虫・蛹・幼虫、クモなどが含まれる。コクゾウムシ圧痕も19例検出しており、全国でも3番目に多い。しかも、三内丸山遺跡では生体化石も100点余検出されており、生体化石が検出されている縄文時代遺跡としては本遺跡が唯一である。圧痕のみを見ても、三内丸山遺跡から検出された昆虫圧痕の7割は家屋害虫と呼べるものであった（小畑2013a）。全国の昆虫圧痕例を見ても、甲虫目は植物性食物（穀物）や木材を加害する害虫がほとんどで、屋内貯蔵堅果類を加害したと思われるコクゾウムシを加えると、全体の8割弱を占めることになる（小畑2013f）。それ以外に、腐肉や汚物に集まる双翅目（ハエ類）の幼虫や蛹、それらを捕食するエンマムシ科やシデムシ科の甲虫、食糞性のマグソコガネなどの衛生昆虫、さらには堅果類に寄生するゾウムシ科の幼虫なども認められ、圧痕資料が共生昆虫や害虫をきわめて高い比率で含むこと、中でも屋内型の害虫が比較的高い比率を占めることなどが判明した。

　その後の全国的な圧痕調査の推進によって、コクゾウムシが北海道や沖縄でも発見され、貯蔵堅果類と強い結びつきがあったことが立証されつつある。コクゾウムシをはじめとする家屋害虫の圧痕は、それらが発見された遺跡がかつて定住的な生活様式の場であったこと、そしてそこには「ムシ」が湧くほどの恒常的で豊かな貯蔵食物があったことを意味しており、彼らの存在は安定と豊かさの象徴といえるかもしれない。

第2章 圧痕法のイノベーション

1 レプリカ法の限界

　では、なぜ土器胎土中に種子や昆虫が入るのであろうか。周辺に存在した生活・食物ごみや昆虫が偶然に入り込んだ例がほとんどであろうが、圧痕をもつ土器の中には、ダイズやエゴマなどの特定種の種実を意図的に混入したような例も認められる。これには偶然ではない人間の意志が働いている。また、圧痕には植物種実や昆虫以外に、ネズミやガの糞も含まれている。よって、土器作りは屋外ではなく、貯蔵食物や家屋内に棲みついた害虫や小動物の居た家屋内で行われた可能性が高い。このような解釈の検証には、種実や昆虫そのものやそれ以外の混入物の種類と数を正確に知る必要がある。土器圧痕は、圧痕が形成された時点での混入物の組成がそのまま現在まで伝えられるため、その検出は精確でなければならない。

　圧痕には「表出圧痕」と「潜在圧痕」がある。「表出圧痕」とは、土器の内外面に圧痕が露出しているものをさすが、これには土器成形時に土器内外面や底部に外部から付着した圧痕(impression)と土器胎土中に練り込まれたもののうち土器表面に露出したもの（exposed cavity）の2者がある。この土器胎土中に練り込まれたもののうち、土器表面に露出していないもの(unexposed cavity)を「潜在圧痕」と呼ぶ（真邉・小畑2011、小畑2015c）。一般に行われている圧痕調査は、この表出圧痕もしくは、土器の破断面に現れた圧痕を主な調査対象としている。この破断面の中央部から検出される圧痕は、潜在圧痕が土器の破片化によって可視化できるようになったもので、本来は潜在圧痕である。これら可視化できる圧痕を復元する手法は、一般に「土器の表面に故意又は偶然に付けられた種々の物体の陰像に基づき、粘土、油土、石膏、モデリング、溶融点低い合金類等によって既に廃減に帰した生物体或は人工品の陽像を復元すること」（山内1967）のように、印象剤と呼ばれる物質による型取法が主流である。先に見たように、これら印象剤によって複製された生物体や人工品の陽像をレプリカといい、その手法は「レプリカ法」と称される（丑野・田川1991）。また、それらを走査型電子顕微鏡で観察することが多く、「レプリカ・セム法」と呼ばれることもある（中山2010）。

　同手法は近東やアフリカなどの農耕遺跡において実践されていたものであるが、1980年代より石器の使用痕分析へ応用するため丑野によって導入された（丑野・田川1991）。我が国では、同手法は、丑野・田川が実践したように、石器の使用痕分析以外にも、土器施文具、籾圧痕や種実圧痕などに応用されてきたが、植物種実への応用は主に既存の籾圧痕資料の検証に利用されて

いた（中沢ほか 2002、中沢 2007・2009 など）。

　潜在圧痕についてはヨーロッパにおける圧痕研究においてもすでに意識されているが、これらの抽出にあたり、ほとんどの考古学者は土器の破壊による調査を忌嫌うため、このような作業はあまり行われていないという（Magid and Krzywinski 1995）。

2　X線機器を用いた圧痕検出・記録法

　この潜在圧痕は、土器の破断面の面積が土器の内外面に比べて狭いため、肉眼での発見率はきわめて低い。しかし、本来は土器粘土中に潜在圧痕として未発見のものがかなりの数存在しているはずである。植物利用や農耕伝播に関する近年の研究が、圧痕の定性的・定量的評価に基づくものである以上、表出圧痕のみで議論していては、論理的根拠を失うことになる。現代医学界への普及が物語るように、X線機器やX線CTスキャナーは外面からは見えない体内の疾患部を検出するために、大きな効力を発揮している。考古学の世界でもこれらの機器は古くから使用され、最近では特にX線CT技術が発達し、これらを用いた研究や調査が数多く実施されるようになった。これら機器が潜在圧痕の検出に有効であることは誰しもが思いつくことである。従来のレプリカ法のみでなく、X線CTスキャナーを用いた潜在圧痕の探査はきわめて重要な作業といえる。この手法を用いれば、圧痕検出眼の能力差を超えて、客観的に誰もが遺漏なくすべての圧痕を検出できるはずである。

　筆者は従来の主な圧痕調査法であるレプリカ法に、これらX線CTスキャナーを用いた圧痕探査と同機器および3Dマイクロスコープによる3D像復元の手法（X線CT法・3DMS法）を加え、圧痕法として再定義した（小畑 2012a）。これら手法を用いれば、土器圧痕の陽像としては、印象剤によるレプリカ以外に、X線CTスキャナーや3Dマイクロスコープ（3DMS）による3Dデータに基づいた画像もしくは3Dプリンターで印刷した陽像（拡大可能）としても手に入れることができる。我々はこのX線CTスキャナーを使用して、圧痕観察のための詳細3D画像の作成や、展示のための印刷像もしくはクリスタル印刻像を作成している（中山 2010、真邉・小畑 2011）。また、3DMSは、圧痕によっては直接観察と同定が可能であるため、レプリカ作成の手間や走査型電子顕微鏡（SEM）による長い観察・撮影準備時間が省略できる利点がある。さらに、3DMSの3D画像は鮮明であり、レプリカそのものを撮影し、同定（観察）することも可能である（図3）。なお、分析試料は土器に限らないし、圧痕も種実や昆虫などの生物体に限らないことは、山内清男の概念と同じである。

　我が国で潜在圧痕の抽出と3D画像化に初めて成功したのは中山誠二である（中山 2010）。中山は山梨県酒呑場遺跡のダイズ圧痕が検出された井戸尻式土器の把手部分をX線で観察し、それをX線CTスキャナーで撮影し、さらにもう1点のダイズらしき圧痕を検出した。この酒呑場遺跡の調査例は、最初に発見されたダイズ圧痕も本来は潜在圧痕であり、偶然に把手が折れたために発見されたものであったことから、さらなる潜在圧痕の存在を予想して実施されたもので

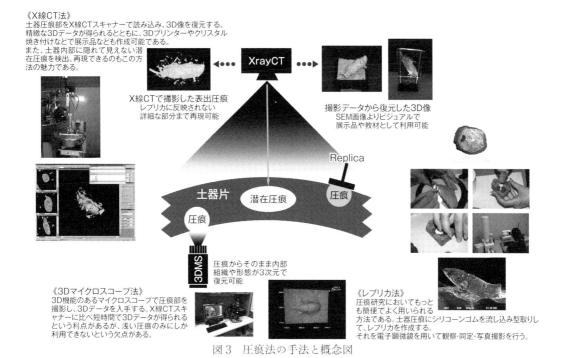

図3　圧痕法の手法と概念図

ある。ただし、X線CT撮影で復元された3D画像は低解像度のため、ダイズを特定するまでには至っておらず、慎重に「ダイズ状のマメ」と表現されている。

この成果を受け、筆者らもX線CTスキャナーを使用して鹿児島県小倉前遺跡の突帯文期の壺形土器の口縁部からコクゾウムシの潜在圧痕の検出に成功した（真邉・小畑2011）。この場合も、土器内面にコクゾウムシの表出圧痕2点があり、潜在圧痕の存在が予想されたため、圧痕探査を試行した結果得られた成果である。筆者らはこの際、圧痕探査の初段階からX線CTスキャナーにより圧痕探査を行った。そして、実感として、X線CTスキャナーによる潜在圧痕の検出はきわめてコスト（時間と経費）がかかり、千点から万点規模の多数の土器を調査する圧痕調査には不向きであり、実用的でないと考えた。圧痕探査の初段階でX線を使用しなかったのは、筆者らはそれ以前にも大型遺物用のX線機器を用いて潜在圧痕を探すという方法を試みたものの、使用した機器には被写体を拡大する機能がなく、圧痕の検出や同定には至らなかったためである（2011年2月、福岡市埋蔵文化財センターにて実施）。おそらく、中山がX線により潜在圧痕候補を発見できたのも、ダイズ種子という大型の圧痕（空隙）であったためであろう（中山2010）。実際、エゴマやアワ、キビ、コクゾウムシなどの長さ4mm以下で厚さ2mm以下の潜在圧痕は、器壁が1cmを超えるような厚い土器の場合は特に発見が困難であった。このような経験から、この時点では圧痕探査にX線機器を用いるのは現実的ではないとの考えをもっていたのである。

そのようなとき、丑野毅の「徹底的な悉皆調査を行うためにはCT、ソフテックスなどの利用が有効」という指摘（丑野2013）にヒントを得て、2013年7月にソフテックス株式会社の協力を得て、軟X線機器を使用してコクゾウムシの潜在圧痕の検出に成功した。新たに使用した軟

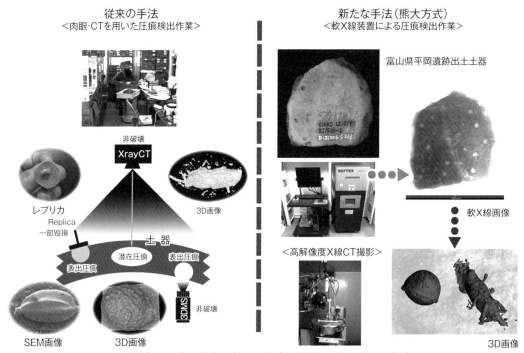

図4 従来の圧痕調査法と新たな圧痕調査法（熊大方式）の概念図

X線撮影装置は、解像度がよいばかりでなく、画像処理機能や拡大機能もあり、同定に必要な鮮明な画像を得られ、操作性もきわめてスムースである。本機器での圧痕検出作業は、初心者が肉眼で圧痕を探すのとほぼ変わらない時間で行うことができ、潜在圧痕検出に有効であるという手ごたえを得ることができた。

そこで、軟X線機器を使用し、検出した胎土中の圧痕（潜在圧痕）をX線CTスキャナーやレプリカ法によって再現し、土器中のすべての圧痕を資料化する新たな方法を考案した（図4右）。本研究は既存の圧痕調査法とそれに基づいた研究に大きな転換を迫る「究極の圧痕法」といえる。

3 新たな方法による成果

2014年春より、佐賀県嘉瀬川ダム関連遺跡の縄文土器を軟X線機器を導入して実施した試験的な調査によって、アズキやイネなどの外部からはまったく見えない圧痕を検出することに成功した（Ⅲ部第3章参照）。この結果を得て、富山県小竹貝塚のエゴマ果実入り土器の分析（Ⅲ部第1章参照）を行い、さらには、富山県平岡遺跡出土土器から、コクゾウムシの潜在圧痕を検出するなどの成果を得ることができた（Ⅲ部第2章参照）。嘉瀬川ダム関連資料（4遺跡772点土器）では、表出圧痕が20点に対し、潜在圧痕が46点検出された。また、平岡遺跡においても、表出圧痕と潜在圧痕（すべて種実・甲虫）の比は168：68であり、軟X線による調査によって、表出圧痕のみの場合から約4割増加したことになる。さらに、コクゾウムシは表出圧痕では検出されて

いなかったものである。また、小竹貝塚の1点のエゴマ入り土器は、表出圧痕が66点であったが、胎土内部には460点ものエゴマ果実（潜在圧痕）があることが明らかになり、種実の土器への意図的混入を客観的数値を提示して立証することができた。

4　新たな圧痕検出・同定法――熊大方式――

　本方式は、肉眼ではなく、軟X線機器（ソフテックス社製EMT-J）を用いて、土器圧痕のすべてを検出し、それらを3D化するという方法である。3D化には、マイクロフォーカシングのX線CTスキャナーを用いる方法と土器表面を削り圧痕部を露出させた後、従来のレプリカ法を用いて複製品を作成するという、2つの方法を用いた（Ⅲ部第2章参照）。土器へのダメージを最小限にするため、将来的には表出圧痕との組み合わせによって、X線画像のみで同定が可能になる方法の整備を行っている。

　これを医療技術に例えると、従来の方法は、レントゲンや内視鏡を用いず、単に外部からの問診や触診によって病巣を探していたに過ぎない。これは経験に頼る方法であり、医者（考古学者）の熟練度に左右され、体内外にある病巣（圧痕）を見逃す危険性もある。しかし、レントゲン装置を用いれば病巣を正確に突き止めることができるし、しかも病巣の位置や大まかな形状からその種類さえも類推可能となる。

　以上の軟X線を軸とした一連の圧痕調査法を「熊大方式」と命名する。本方式が広範囲に適用されれば、植物利用史や生活史に関する研究は飛躍的に進展するであろう。

第3章　種実圧痕の考古学資料としての特性

1　圧痕法と問題の所在

　栽培植物を含む種実圧痕の調査の進展に伴い、圧痕資料の意味するもの、つまり圧痕資料のもつ「質」が問われだしてきている（真邉2011b、真邉・小畑2011、小畑2012a・2013d、遠藤2012・2014、中沢2012a、会田ほか2012、小畑・真邉2012a・2012d）。これは「圧痕資料がなぜ残るのか」という問いと同義であり、その成因の解明なくしては圧痕資料の定量的評価はままならない[1]。つまり、土器圧痕資料は丑野毅が指摘したように、たしかに出土量が限られている有機遺体を補うという利点はあるが（丑野1994）、それらが土器製作という人為的行為を経ているがために、それらをそのまま低湿地の有機植物遺体や遺構中から検出される炭化植物遺体と同等に扱うことはできないのである。最近、この土器圧痕に関するタフォノミーの問題について総括的に論じた遠藤英子は、土器圧痕資料の定量分析へ向けた理論的整備の必要性を説き、「レプリカ資料は植物利用全体をどれほど反映しているのか？」という問いを投げかけている。そして、実験による圧痕の遺存状態の成因の検証とデータの蓄積をもとに、炭化種実などの他の考古植物学データとのクロスチェックが必要であると結んでいる（遠藤2012・2014）。

2　植物遺存体にかかるバイアス

(1)　報告書に提示された遺物は何を意味するのか？

　土器圧痕の成因を究明するもっとも重要な観点は、種実資料の場合、「未炭化相」、「炭化相」、「圧痕相」のそれぞれの出現傾向であり、それらの量と質の比較である（表1）。その際注意が必要なのは、①遺跡に残される資料は、人為的行為や自然営力の違いを反映して、異なる組成で具現化するという前提があること、②過去の時点で残された種実組成が、遺跡土壌の堆積後に、どの程度保存（持）され、どの程度過去の組成を忠実に反映するのかという、埋没状況下（post deposit）での変質・変量を考慮せねばならいという点である。さらに、種実資料の上記3相は、①と②の両者において、まったくその反映度や残存度が異なっている点にも留意すべきである。低湿地を中心に出土する未炭化種実組成、乾燥地性の遺構埋土から出土する炭化種実組成、そして土器圧痕種実組成は、同じ条件下で成立・残存したものではないのである。

大型植物遺存体や動物遺存体に限らず、遺物が形成され、埋没、回収されるまでにさまざまな要因によってバイアス（偏差・変質）が生じることは自明の理である。特に遺跡に

表1　種実遺存体の3相とその資料学的特性

	人為的選択	堆積後の変形・変質	回収時のバイアス	同定のしやすさ	形成過程の時間
未炭化種実	有	高	有	優	長期・反復性の累積
炭化種実	有	中	有	劣	短期・累積あり
圧痕種実	有	低	有	優	短期・一時期

残された大型植物遺存体や動物遺存体に関するこれらのバイアスは、先史時代の食事を復元するうえで大きな障壁となっているし（Deborah 2000）、最終的に報告される資料群の質と量を限定する。それらのバイアスは、過去から現在までにさまざまな資料改変の要因フィルターが存在し、資料がそれらを通過して現在に至っているために生じたものである。さらに、そのバイアスのかかり方は資料の回収・分析法によっても異なっている。つまり過去に起こった出来事は、この時間経過（縦軸）と分析手法（横軸）の編み出すフィルター網をろ過してきた遺物群（バイアスの集合体）として表現されるのである。考古学者は残された遺物に対してそのようなバイアスがかかっていることを十分に理解して遺物群を解釈せねばならない。M.P.デボラが示した動物骨の残存過程に関する図（同前、508頁 Fig.6.3）を改変して、植物遺存体の残存過程を模式化した（図5）。

(2) 土器圧痕の資料学的特性

圧痕種実は、未炭化・炭化種実に比べ、資料そのものの残存率（変形・変質を受けにくい＝残りやすさ）と資料の質による同定率（同定根拠の残有率の高さ）の2点で優れているといえる。つまり、フローテーション資料などに比べると、腐敗・分解によるバイアスがなく、さらには資料の劣化（埋没時もしくは検出時）による同定不可能資料の増加というバイアスがないという特質がある。また、コンタミネーションがないことも優れた点であろう。

資料解釈のうえで重要なことは、遠藤も指摘したとおり、圧痕は「非常に短い時間を切り取るスナップショットであり、土器製作場周辺という非常に狭い場所限定のスナップショット」でもある点である（遠藤2012・2014）。つまり、堆積物や廃棄場などの自然営力や人為的行為などの遺物形成のイベントが累積的に蓄積される場から検出される種実とはその性質が異なっており、逆に圧痕でない場合、個別のイベントを分離することは困難な場合が多い。

(3) 圧痕の種構成の特性―圧痕として残り・残されやすいもの―

レプリカデータ（種実圧痕）には、フローテーション法を用いた住居内のサンプリングと同じように、栽培植物への集中が看取されると指摘されている（遠藤2012・2014）。ただし、これは圧痕資料のみでの感触であり、これらが相対的に評価されたわけではない。同様の現象はこれまでの筆者らの調査を含む、炭化種実や未炭化種実が検出された遺跡における圧痕調査によって確認されている。たとえば、以下のような遺跡がある。
・王子山遺跡＝宮崎県都城市：縄文時代草創期（小畑・真邉2012b）
・東名遺跡＝佐賀県佐賀市：縄文時代早期（小畑ほか2016）

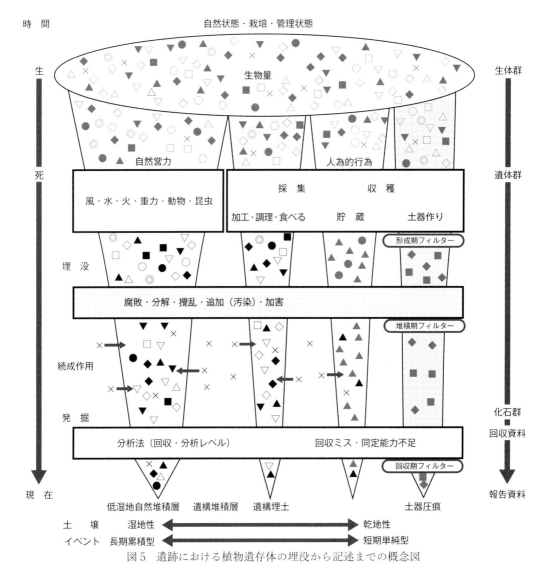

図5 遺跡における植物遺存体の埋没から記述までの概念図

・目切遺跡＝長野県岡谷市：縄文時代中期末〜後期初頭（会田ほか 2012）
・内野々遺跡＝宮崎県東臼杵郡西郷村：縄文時代後期前葉〜中葉（宮崎県埋蔵文化財センター 2011）
・東三洞貝塚＝大韓民国釜山市影島区：新石器時代早期〜晩期（小畑・真邉 2012a）
・飛鳳里遺跡＝大韓民国慶尚南道昌寧郡釜谷面：新石器時代前期（小畑・真邉 2012d）

　これらに共通することは、遺跡土壌（湿地性・乾地性堆積物）のフローテーション資料には環境残滓を含む多種の種実が多数含まれるのに対し、圧痕資料には大型種実を除く、種類の限られた人為的な有用（利用）植物種実（栽培植物を含む）が少量入る場合が多い（小畑・真邉 2012a・2012d）。これは、土器胎土中への種実混入が恣意的であれ偶然であれ、圧痕資料には人にとってより利用度の高かったもの、もしくは人の生活域内に生息していた、または保存されていた植物

や昆虫（家屋害虫など）が入りやすかったことを示している（小畑・真邉 2012d、小畑 2013a）。また、一部の例外を除いて、基本的に土器の器壁の厚さより大きいものは入りにくいという傾向がある。

3　三内丸山遺跡における種実遺存体の比較

例示した遺跡例は、検出された種実の種類も少なく、また未炭化種実・炭化種実・圧痕種実 3 者を同時に比較したものではない。よって、ここでは、検出種実数や分析事例が多く、これら 3 相が一緒に比較できる三内丸山遺跡での分析結果を紹介したい。

(1)　分析試料と集計方法

分析試料は、未炭化種実・炭化種実の試料として、三内丸山遺跡の 2010 年までに実施された種実分析のうち、土器圧痕調査対象と同じ時期の縄文時代前期中葉～後期初頭の分析結果（南木ほか 1998a・1998b、新村 2002、吉川純 2002・2007・2010a・2010b、辻圭ほか 2006、辻誠 2006、吉川昌ほか 2006、吉川昌・吉川純 2008、佐々木・バンダーリ 2008a・2008b）を選定し、それぞれを 3 つの時期（前期・中期・中期末～後期）に分け、23 ユニットに分類した。圧痕資料は筆者らが 2011・12 年にかけて実施した 5 次にわたる圧痕調査の結果（小畑 2013a）を比較資料として用いた。調査した土器は 53,969 点で、検出した圧痕は 90 点（95 ヵ所）であった。分析には植物種実 21 種 48 点の圧痕[2]を用いた。時期的には円筒下層 b 式土器～円筒上層 e 式土器を中心としており、前期後半～中期前半に属するものがほとんどである（図 6）。圧痕（無機種実資料）・炭化・未炭化種実（有機種実資料）とも分類レベルは分析者の記述のまま科レベルから種レベルまでをそのまま使用した。

(2)　集 計 結 果

堆積物の性質の違いによる出現数（率）

低湿地堆積物と住居址覆土中の種実の出現数はそれぞれの堆積状況で異なり、また、試料の採集（取）方法によってもその種類は異なっている。

種実 178 種のうち、172 種が谷部（湿地性堆積物）および台地上（乾地性堆積物）からの有機種実資料である。湿地性堆積物での出現率と乾燥地性堆積物からの出現種の最低は、同じく 4 種であるが、湿地性堆積物の最大ユニットは 86 種（48.3％）であり、乾地性堆積物の最大ユニットは 51 種（28.7％）である。これらをユニットを超えて共通する種で計算し直すと、湿地性堆積物は 156 種（87.6％）、乾地性堆積物は 67 種（38.8％）、圧痕は 22 種（12.4％）であり、湿地性堆積物→乾地性堆積物→圧痕の順で、出現率が減少し、種類も限定されることがわかる（表 2）。

主要種実の種類と出現数（率）

172 種のうち出現率がもっとも多かったのが、オニグルミである。これは湿地性・乾地性堆積

16   I 部　土器圧痕の特質と分析法の革新

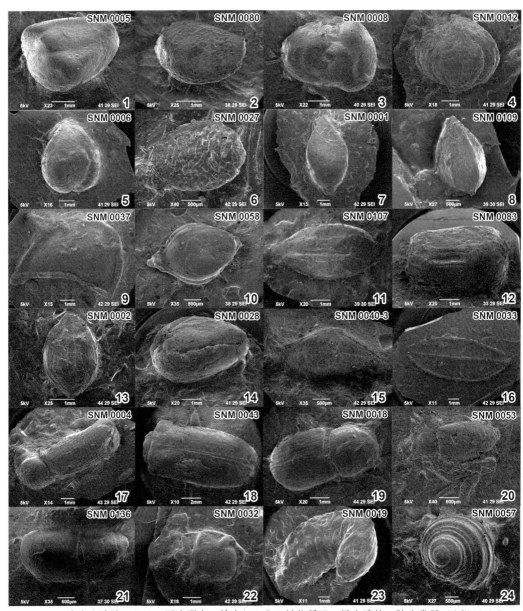

図6　三内丸山遺跡における圧痕調査で検出した主な植物種子・昆虫遺体・陸生巻貝（小畑 2013a）
1 ヤマボウシ核果、2 キハダ小核、3 ウルシ属内果皮、4 ウルシ属外果皮、5 ブドウ属種子、6 ニワトコ属小核、7 ミゾソバ種子、8 タデ科種子、9 ヌスビトハギ属種子、10 ヒエ属有桴果、11 ササ属種子、12 アズキ亜属種子、13 不明種子 A、14 不明種子 B、15 不明種子 C、16 葉片、17 オオナガシンクイ、18 カミキリムシ科、19 マグソコガネ、20 トゲムネキスイムシ属、21 デオキスイムシ属、22 不明甲虫、13 不明幼虫、24 陸生巻貝

物ともに1位を占めている。キハダも全体で2位、湿地性堆積物で3位、乾地性堆積物で4位と出現率は高い。それに次ぐのが、クリ・サルナシ・トチノキ・タラノキ・ミズキであり、圧痕を除くいずれにおいても5割以上の出現率である。これらは出土量も多い傾向がある。

　これに対し、圧痕種実はニワトコ属種子を1位とし、ヒエ属（イヌビエ）・ヌスビトハギ・ウルシ属・ブドウ属・アズキ亜属・ミゾソバ・ササ属と続く。これは湿地性・乾地性堆積物から検

出された種と若干種類を異にしている。特にオニグルミ・クリ・トチノキなどの大型の堅果類はほとんど圧痕としては入ってこない。逆にヒエ属（イヌビエ）やアズキ亜属、ササ属など台地上

表2　試料の性質による種実種類の出現率（不明種を含む）

	湿地性堆積物	乾地性堆積物	圧　痕
最小出現数（率）	4（2.25%）	4（2.25%）	
最大出現数（率）	86（48.31%）	51（28.65%）	22（12.36%）
平均出現数（率）	29.5（16.52%）	19（10.67%）	

の乾燥した開けた場所に生育し、しかも食用として利用可能なものが圧痕に多い傾向がある。

　利用種（栽培植物・有用植物）のみを抜粋し、種実が水分をあまり含まないイネ科穎果・堅果類と水分を多く含む漿果・果肉性種実に分けて、湿地性堆積物と乾地性堆積物での出現率を比較したのが図7である。これを見ると、両タイプの種実はいずれの3相からも検出されているが、イネ科穎果・堅果類は乾地性堆積物からの出現率が高く、漿果・果肉性種実は湿地性堆積物からの出現率が高い傾向がある。圧痕（○囲み）は利用種であり、種実の属性を超えて出現している。この出現傾向を見ると、基本的にイネ科穎果・堅果類は台地上の生活域で利用されていたものと推定される。これらが湿地性堆積物から検出されるのは、三内丸山遺跡の湿地性堆積物（沢谷）にはこの台地上に由来する生活残滓が多量に含まれているためである。

非共通種と共通種

　湿地性堆積物・乾地性堆積物・圧痕の3相に共通するのは、わずか9種（5%）である。これ

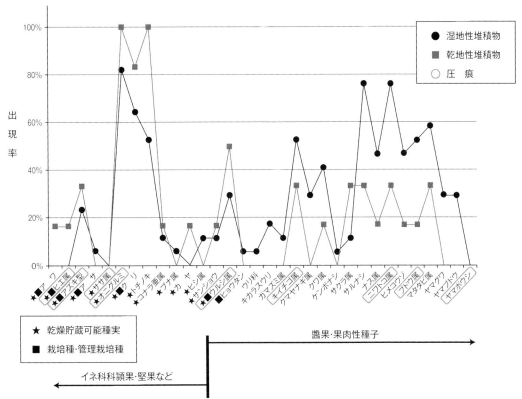

図7　種類別にみた栽培・有用植物種実の出土相

表3 試料の性質による種実の種類と共通種の割合

試料性質	出現数（率）	共通する種
三者共通	9（5.06%）	ウルシ属・オニグルミ・キイチゴ属・キク科・ニワトコ属・ブドウ属・ササゲ属・アズキ亜属・不明E
湿地性・乾地性共通	44（24.72%）	キハダ・クリ・クワ属・コナラ（亜）属・サクラ属・サルナシ・サンショウ・タラノキ・トチノキ・ナス属・ヒメコウゾ・ブナ科・マタタビ（属）ほか
湿地性・圧痕共通	4（2.25%）	スゲ属・タデ科・ミゾソバ・ヤナギタデ
乾地性・圧痕共通	3（1.69%）	イヌビエ・ヒエ属・不明D
湿地性堆積物のみ	99（55.62%）	アサ・ウド・ウリ科・キカラスウリ・ガマズミ属・クマヤナギ（属）・コシアブラ・ヒシ（属）・ヒョウタン・ブナ属・ヤマグワ・ヤマブドウ
乾地性堆積物のみ	13（7.30%）	カヤ・アワ・イヌタデ・イバラモ属・エノキグサ・サナエタデ近似種・タニソバ（近似種）・ツユクサ・ネバリタデ近似種・ミヤマキケマン近似種・ヤブラビラコ属
圧痕のみ	6（3.37%）	ササ属・ヌスビトハギ属・ヤマボウシ・不明Bなど

は不明Eを除き、すべて食用・有用植物である（表3）。湿地性堆積物は全体の99種（55.6%）であり、圧痕のみしか出現しないものは6種（3.4%）である。乾地性堆積物は13種（7.3%）である。表3に示した種を見ると、有用種の割合が多いように見受けられるが、湿地性堆積物や乾地性堆積物のみから出土する種は、それぞれ「環境残滓（非有用種）」を多く含んでいる。その比率は前者で99種のうち87種（87.8%）、後者で13種のうち11種（84.6%）である。もちろん湿地性堆積物と乾地堆積物との共通資料の場合、44種のうち30種（68.3%）と低くなる。湿地性堆積物と圧痕の共通種の場合、すべて非有用種である。これに対し、乾地性堆積物と圧痕の共通種は不明Dを除くと、ヒエ属（イヌビエ）であり、食料としての利用が可能な種である。このような点を考慮すると、圧痕→乾地性堆積物→湿地性堆積物の順で生活残滓が含まれる割合が減少し、環境残滓が増加する傾向が読み取れる。

三内丸山遺跡の堆積物の特徴—炭化種実の意味するもの

上記のように、3相間の試料を比較すると、環境残滓は低湿地に多く、生活残滓は台地上に多いという傾向性は読み取れるが、これらは種によって明確に分離できるものではない。それは、三内丸山遺跡の沢谷部やそれらを覆う台地斜面の堆積物は、「環境残滓」のきわめて少ない、高密度の生活残滓を含むという特徴があるためである（南木ほか1998a・1998b、辻誠2006）。つまり沢谷部は生活残滓の捨て場という性格をもつ（佐々木・バンダーリ2008a）。その根拠として、一般に環境残滓として出現する種実よりも多い出土量・高い出現頻度、そして人為的な廃棄単位を示すような種実塚の存在、人為的な破砕痕をもつオニグルミ、クリやイヌガヤなどの堅果類に殻斗などの非食部分や葉などが伴わない点などがあげられている。

このことは、台地上での生活残滓が低地に廃棄され、成因の異なる種実が混在しているということを表す。つまり、先に述べた「遺跡に残される資料は、人為的行為や自然現象の違いを反映して、異なる組成で具現するという前提」が崩壊することになる。種実資料の「未炭化相」「炭

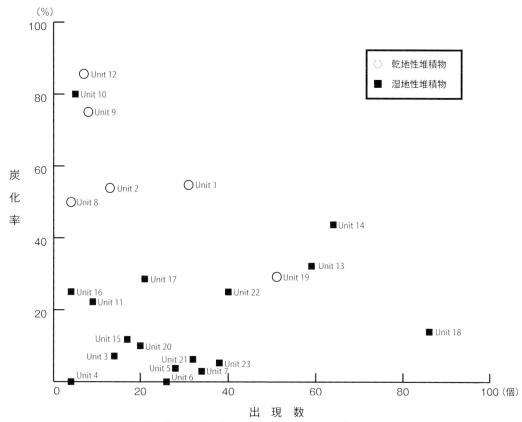

図8 湿地性・乾地性堆積物ユニット別の炭化率と出現数の相関グラフ

化相」「圧痕相」、特に前2者の混在は、生活の場で行われる行為の復元を困難にしている。しかし、図8に示したように、乾地性堆積物ユニットの方が出現する種の数は少なく、炭化率（炭化している種実の割合）が高い傾向にある。一方、湿地性堆積物ユニットは出現率にかかわらず炭化率が低い傾向にある。これは特定種が台地上で火を受けやすかったことを意味する。そして谷部の湿地性堆積物中からも炭化種実が多数検出されていることは、これらが台地上での人為行為もしくは自然営力の結果に由来することを意味している。

この炭化の痕跡は172種のうち63種に認められ、木本種実のみでなくタデ科などの草本種実にも認められる。炭化痕跡をもつユニットが出現数の2.5割以上を占める19種のうち、5割以上の炭化率をもつのが、クリ（88.2％）・オニグルミ（87.0％）・マメ科（アズキ亜属）（83.3％）・ウルシ属（77.8％）・トチノキ（66.7％）であり、ミズキ（46.7％）もそれに近い高い炭化率を示す。キハダやタデ属も4割を超えている（図9）。これ以外に、ギシギシ属・ニワトコ属・タラノキ・キイチゴ属・クワ属・ブドウ属・コブシ・サルナシ・ウド・キランソウ属・マタタビなどがある。ここに列挙した種はそのほとんどが有用種である。ただし、ギシギシ属・コブシ・キランソウ属などの非有用種も含まれており、その他の雑草などの炭化種実の存在も考慮すると、失火や焼き払いによって炭化したものも含まれていると思われる（吉川純2002、辻誠2006）。

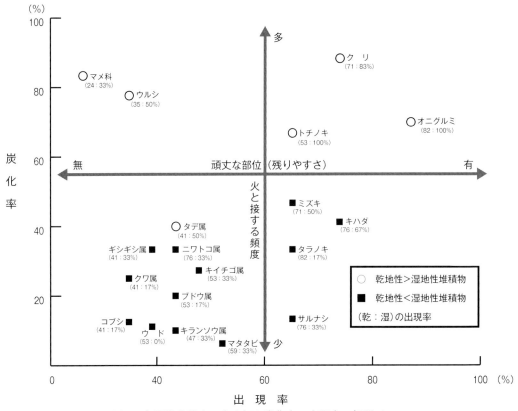

図9　主要炭化種実の出土相と炭化率・出現率の相関グラフ

(3) 三内丸山遺跡における栽培種・有用種

栽培植物

　三内丸山遺跡では縄文時代前期後半〜中期にかけての種実遺体群から、クリ・ヒョウタン・ゴボウ近似種・ニワトコ属・マメ科（アズキ亜属）種実が検出されているが、その形態的特徴からこれらの中には明らかな栽培品種はなかったと評価されている（辻圭ほか 2006）。しかし、以下の理由から、マメ科種子やヒョウタンは栽培された可能性が高いものと判断される。

　佐々木由香は三内丸山遺跡の前期中葉〜中期後半のマメ類ほか102点を検討した結果、アズキ亜属種子84点とマメ科3点が含まれており、ダイズ属種子は1点も認められなかったこと、アズキ亜属種子の大きさは野生のヤブツルアズキに近い大きさであり、時期的な差は認められなかったとした。ただし同じ青森県内の中期末〜後期初段階の田代遺跡のアズキ亜属種子にはサイズの大型化が認められるため、当地域におけるアズキ亜属種子の恒常的な利用とその過程での大型化（栽培化）を想定している（佐々木 2013）。野生植物が栽培の開始から栽培化徴候群の発現・完成までに、数千年の歳月がかかるという理論（Fuller 2007・2009）に基づくと、三内丸山遺跡の中期段階には少なくとも栽培行為があった可能性が高い。

　また、最近、縄文時代のヒョウタンは栽培種であると想定されている（Fuller et al. 2010）。ヒョ

ウタンは日本でもっとも古い外来植物であり、以前はアフリカから漂流によって各地へ拡散したものが日本へも伝えられたと考えられてきた（星川1980、辻誠2009b）。しかし、古DNAの分析によれば、新大陸のヒョウタンは東アジアの遺伝的変異であり、完新世以前に容器として栽培され、人類の拡散によって運ばれたものであるという（Ⅱ部第1章参照）。この点から見ても、本遺跡のヒョウタンも栽培植物の1つと考えられる。

また、三内丸山遺跡における圧痕調査によって、これまで圧痕としては未発見であったヒエ属種子（有稃果）を初めて検出できた。ヒエ属の炭化種子は北海道の早期末の函館市中野遺跡例を最古として北海道・青森県の前期〜中期の遺跡から発見されている。吉崎昌一が指摘するように、ヒエはこの地域で栽培化された可能性が高い（吉崎2003）。十分な形態的検討を行っていないので、明言できないが、本遺跡の乾地性堆積物中の炭化種子や土器圧痕として発見されているイヌビエ属もこの栽培化過程の種子である可能性が高い。

これ以外にも、クリ（佐藤1998）やウルシ属（吉川純・伊藤2004）などのほか、アワ[3]（吉川純2002）・アサ（吉川純2002）・シソ属（佐々木・バンダーリ2008a）も栽培種の可能性が指摘されている。クリは、前期100％、中期66.7％、中期末〜後期50.0％と減少傾向にある。ただし、いずれの時期においても5割以上の高い比率は維持している。

野生有用植物

オニグルミは23ユニット中20例（87.0％）の出現率をもち、各時期ほぼ出現している。本遺跡出土の種実類の中でも人為的利用を強く示す種である。

トチノキもオニグルミ・クリに次いでもっとも出現率の高い堅果類である。三内丸山(9)遺跡では、トチノキの種皮や子葉片がB・D区の縄文時代中期前葉〜末葉にかけての竪穴住居址や竪穴から発見されている。円筒上層d・e式土器期には、丘陵部で種皮片を出土する住居址が増加し、沢においてもトチノキ種皮の集積遺構が出現する。限定的ではあるが、本遺跡においては中期前葉に食利用が始まったと推定されている（伊藤2008）。トチノキの出現率は、前期段階14.3％、中期段階83.3％、中期末〜後期段階100％であり、時期が下るにつれ増加傾向にある。

ニワトコ属種子は圧痕では不明1点を除くと他はすべて円筒下層式土器から検出されており、集積層が集中する時期と符合する。ただし、堆積物の時期別では、前期段階（71.5％）は中期末〜後期段階（75.0％）とほぼ変わらない出現率である。キイチゴ属も前期に高い比率（85.7％）をもつ。イヌガヤは前期に高い比率をもつが、後期には出現していない。ウルシは前期にやや高い比率をもつ。それ以外の野生有用植物に際立った時期的な偏りは認められない。

北海道では縄文時代後期初頭〜末の恵庭市カリンバ3遺跡の低湿地堆積物からササ属穎果1点が検出されている（山田・椿坂2009）。三内丸山遺跡においても、Ⅵ層（1994年調査）から検出されオオムギ・カラスムギと報告された種子（佐藤・石川2004）は、山田悟郎[4]が指摘するようにササ属種子である可能性があるし、もう1点発見されたオオムギと報告された種子もササ属である可能性は高い。これは、三内丸山遺跡の湿地性堆積物からもササ属種子は検出されていることを示し、ササ属種子圧痕と整合的である。また、筆者らは三内丸山遺跡に隣接する岩渡小谷遺跡の円筒下層b式土器からササ属穎果の圧痕を1点検出している（小畑2011a）。ササ属の種子は食

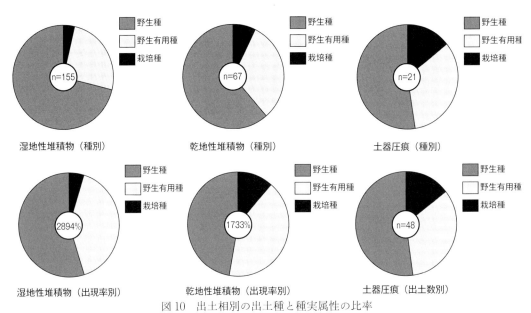
図10 出土相別の出土種と種実属性の比率

料として利用が可能であり、その出現率の高さから食料としての利用が想定できる。

このような状況を考えると、圧痕としてのみ出土する種実はきわめて少なくなる。うち、ヤマボウシは樹木果実であり、食用として利用された可能性が高いが、ヌスビトハギ属果実（莢）は食用やその他の利用のためでなく、人に付着して遺跡（土器製作の場）に偶然に持ち込まれたものと考えられる。食用として積極的に利用したものとは考えられない。

(4) 圧痕資料の特徴

これまでの分析結果をもとに、三内丸山遺跡の種実を栽培種・有用植物（食用・薬用・材用・その他）・野生植物の3種に分類して、その出現頻度を比較してみた（図10）。先に述べたように、三内丸山遺跡の湿地性堆積物には台地上で発生した生活残滓（ゴミ）が廃棄されており、それらが高い比率で出現する。このため3相間の違いは明確ではない。ただし、分析の結果、圧痕資料は湿地性堆積物や乾地性堆積物中の植物種実に比べ、栽培種の比率が高い傾向がでている。これは湿地性堆積物→乾地性堆積物→圧痕と出現種の種類数が少なくなることを考えると、圧痕は1種類ごとの出現数が高く、それも人為的な行為によって選択された種実が入りやすいことを意味している。

以上、三内丸山遺跡の堆積層から出土した種実と土器圧痕資料を比較し、圧痕資料そのもののもつ特性とその組成のもつ意味について考察してきた。

三内丸山遺跡ではわずかな種を除いて抽出できなかったが、そもそも圧痕資料は湿地性堆積物や乾地性堆積物中には現れない種類の生物体を含む可能性がある。三内丸山遺跡の種実混在の様相を示す堆積層の特性により、それぞれの特徴を明瞭に分離することは困難であったが、種実の属性を詳細に検討することで、3相特有の種実組成をおおまかであるが把握できた。今回の分析

結果は、理論的に想定される、低湿地＞台地上＞家屋内（土器作りの場）の順で環境残滓が豊富であること、逆に台地上・家屋内という場は人為的行為が種実により色濃く映し出され、その結果炭化種実や圧痕種実に生活残滓が高率で含まれること、さらに圧痕には家屋内の貯蔵（保存）物など人為的選択性が働いた栽培植物種実や特定利用種実が残りやすい、という傾向性をほぼ支持することできた。また、種実以外に、圧痕としてコクゾウムシをはじめとする家屋害虫が多数検出され、土器作りの場として家屋内環境が想定されている（小畑 2013a・2013f）。これは、三内丸山遺跡における湿地性堆積物中の生体化石昆虫と土器圧痕昆虫の組成の比較から、圧痕として家屋害虫が残りやすい傾向性が把握できたことによる。

　以上のことを勘案すると、圧痕調査を行わなければ、遺跡で行われた一部の行為や周辺環境に関する情報のみを回収することになり、遺跡の評価を誤ってしまう可能性がある。圧痕調査を「第二の発掘」と呼ぶ所以である。そのため、出土土器の悉皆的な圧痕調査が整理作業においてルーティーン化されることを望む。また、低湿地堆積物中から検出される種実に比べ、フローテーションで検出された台地上の堆積物中の炭化種実は、より人為的な行為と関わりのある種実が出現する度合が大きい。低湿地（遺跡）は、これまで自然遺物の宝庫として、生活史を復元するうえできわめて多量かつ重要な情報を提供するものと理解されてきた。しかし、それすら水場で行う行為やそこに廃棄された一部のモノを示すに過ぎないことに留意せねばならない。よって、遺跡で行われたさまざまな行為や利用植物の全容を把握するためには、これら3相（低湿地・台地上・土器）から出土する種実をもって、できる限り多様な情報を得ることに努めねばならないといえよう。

　同一遺跡のこの3相から得られた資料を定量的に比較する計算式はまだ確立していないし、遺跡間を比較する場合も、互いに条件が似通った資料でなければ、その比較は無理であろう。しかし、これが即圧痕の定量的な調査を放棄してよいという理由にはならない。諸外国での例を見ても、炭化種子と圧痕の量的な比較によって、農耕の伝播や土器作りの技術の変化が議論されている（Klee et al. 2004）。この意味からも、圧痕調査における分析土器片数とその数量化の基準づくりは喫緊の課題といえる。

註
1）遺跡内での種ごとの量的比較は有効であるが、遺跡間比較においては、土器総数（量）の比較法（小畑 2012a）の整備や調査量によるバイアスも検討が必要である。
2）不明種を除く。
3）アワに関しては他地域での出土状況を見ると、もっとも古いものになり、現在の事例を勘案すると、コンタミネーションである可能性もある。実際本遺跡ではイネなどの後代（現代も含む）の穎果などコンタミネーション種実も含まれている。
4）http://www.dokyoi.pref.hokkaido.lg.jp/hk/bns/yamadaiv.htm 参照。

Ⅱ部　レプリカ法が明らかにしてきた世界

第1章　東アジアの新石器時代から見た縄文時代の植物利用

　古民族植物学（Paleoethnobotany）とは、「民族植物学の一分野であり、とくに花粉、植物珪酸体、炭化木、種子などのような考古学的植物遺存体の研究を通じて、過去における人間と植物の関係を解明することに関する分野」、または、「目的が何であれ、考古学的記録の中で明らかにされた人間と植物の直接の関係を分析し解釈すること」と定義される（Deborah 2000）。つまり、遺跡の発掘調査を経て得られた資料をもとに人間と植物の関係またはその歴史を解明する学問と定義できよう。このため、これら研究を遂行する研究者は、植物学に精通した考古学者または人類学者もしくは考古学に精通した植物学者であるべきとされる。つまり、遺跡を理解しない、遺跡から独立した分析や解釈はありえないのである。

　そして、過去の人為的産物である遺跡から情報を引き出すため、発掘時の掘り間違いやコンタミネーションによる試料汚染、サンプリングプランによる試料の偏り（分析結果の変化）、そして遺跡・遺物の経年変化による試料自体の変形・変質が、研究上の制約として常につきまとっている。遺跡から得られたものが常に過去の「事実」を物語っているのではないことに留意すべきである。つまり、掘り出された（掘り出した）資料を前に、我々は「何を見ているのか？」、「何を見せられているのか？」を常に考えながら分析・解釈を行わなくてはならない。残念ながらこの意識の欠如は、日本の古民族植物学的研究においても、過去のみでなく今でも見られる。これは一見科学的な分析手法を用いているため、研究（分析）法に対する盲信が根底にあり、それがひいては結果に対する無批判の信頼・受諾を許し、結果的に、歪曲された結果や結論が通説としての地位を確立し、定説化する、という流れを生み出しているのである。古民族植物学的研究が盛んになってきた今こそ、各分野の垣根を越えて、相互批判の中で「真実」を追求していく姿勢こそが大切である。

1　古民族植物学（植物考古学）の歴史と進展

　古民族学的研究は、大きく2つの地域、旧大陸（ヨーロッパ）と新大陸（アメリカ）でそれぞれ発達を遂げてきた。そのはじまりはいずれの地域も19世紀末であり、旧大陸ではエジプトの墓やスイスの湖上住居、新大陸ではペルーのミイラなどから栽培植物を中心とした大型植物遺存体が発見されている。この新大陸の最初の研究はヨーロッパとラテンアメリカの研究者によって行

われており、アメリカ人による植物遺存体の研究は 1930 年代まで低調であった。これに対してヨーロッパでは、19 世紀末～20 世紀前半にかけて、スイス・中央ヨーロッパ・ドイツ・イタリア・ギリシャ・アナトリア・エジプトなどの遺跡において、大型植物遺存体の研究が行われ、この間に花粉や植物珪酸体などの小型植物遺存体の研究が組織的に開始された。1950 年代になると、近東における農耕集落の発掘においてフローテーション法を基軸とした栽培植物の検出が盛んになり、これら研究によって近東の多くの作物に関する基本的な生物学的研究が進展した。1970～90 年代にかけて、旧大陸の研究者たちによる古民族植物学的調査の数は劇的に増加し、その研究領域も新大陸まで拡大された。1968 年には国際的な古民族植物学の研究グループが結成され、研究が継続されている。

　新大陸において当該研究が盛んになるきっかけを作ったのは J. G. D. クラークによるスターカー遺跡の報告書であった（Clark 1954）。この本によってアメリカ人研究者の間にも、考古学的な解釈に生物遺存体が重要であることが初めて認識され、これらをもとにした生業や古環境の復元への興味が増加した。1950 年代と 1960 年代には大型植物遺存体と花粉の研究が盛んに行われ、特に 1960 年代末からは低湿地遺跡・乾燥地遺跡にかかわらず、フローテーションが遺跡調査においてルーティン化し、栽培作物に関する研究が大きな成果をあげることになる。これをもとに、1970 年代以後は各地の大学や博物館に古民族植物学研究の組織が立ち上がり、地域を包括する研究プロジェクトなども進行した（Deborah 2000）。

　圧痕法も近東の農耕遺跡の調査において実践されてきたが、大型植物遺存体の検出法の中心はフローテーション法であった。これは現在の中国や韓国の古民族植物学研究においても同じである。フローテーション法によって栽培植物を検出しようという試みは 1970 年代はじめ、小谷凱宣によって日本へも伝えられる（小谷 1972）。

2　縄文時代に関する古民族植物学的研究の歴史

　本分野の研究史に関しては、羽生淳子によって簡潔にまとめられているので、これを引用して紹介する（Habu 2004）。初めて縄文時代の植物遺存体の包括的なリストを作ろうとしたのは酒詰仲男である（酒詰 1961）。後に渡辺誠は 208 ヵ所の縄文遺跡から 39 種の食用植物を集成した（渡辺 1975）。それらのほとんどは、クリ・クルミ・トチノキなどの木の実や落葉樹と常緑樹を含む各種のドングリであり、水洗やフローテーションではなく移植ごてによる偶然の発見であった。このような中、小谷は日本の遺跡調査において初めてフローテーションを実践し、熊本県の縄文時代後期末の遺跡から炭化したイネ・オオムギ・コムギを検出した（小谷 1972 など）。しかし、これらいくつかの例外を除いて、種子の組織的なサンプリングと同定は 1980 年代まで行われていない。しかしながら、1981 年までに縄文時代の遺跡から発見・同定された植物の総数は 64 種まで増加した（寺沢薫・寺沢知 1981）。

　1980 年代は縄文時代の古民族植物学の分野において目覚ましい発展があった時期である。ま

ず、その発展の1は、走査型電子顕微鏡（SEM）の導入とそれによる微小種子の同定能力の向上である。その例として、1970年代には同定できなかったエゴマもしくはシソのような栽培植物がついに認識されるようになったことがあげられる（松谷1983など）。もう1つは、湿地遺跡の調査数の増加が考古学者に植物遺存体の調査の可能性を悟らせるきっかけとなった点である。たとえば、鳥浜貝塚の先駆的な研究を行った西田正規は、組織的な土壌のサンプリングとフローテーションが縄文時代の多量の植物遺存体をもたらすことを立証した（西田1977など）。

また、1980年代は縄文時代の研究者たちが縄文前期とそれ以降に少なくとも2、3種の栽培化された植物が一般的に使用されたという議論を認めた時期でもあった。これらの栽培植物には、エゴマもしくはシソ・ヒョウタン・マメ類もしくはリョクトウ・ヒエ・ソバ・オオムギ・ゴボウ、そしてイネが含まれる。SEMの使用と水洗・フローテーション法は栽培植物の数と種類を増加させる大きな働きをした。相次ぐ縄文時代の低湿地遺跡の発掘、たとえば石川県の真脇遺跡・新潟県の押出遺跡・滋賀県の粟津湖底遺跡・秋田県の池内遺跡・青森県の三内丸山遺跡などは植物遺存体に対する研究者の関心を刺激した。しかし、動物考古学の場合と同じように、古民族植物学の問題点は、的確なサンプリング戦略が少ないという点である（Habu 2004）。

この栽培植物の議論に大きな寄与をしたのが、北海道南部の亀田半島の縄文遺跡をフィールドに、乾燥地遺跡の土壌のフローテーションを行ったG. W. クロフォードである。彼の研究はその後、吉崎昌一・山田悟郎・椿坂恭代などに引き継がれ、縄文時代以降、アイヌ期までの当地域の栽培植物の様相が明らかにされた。

3　縄文農耕論と今日的意味

「縄文時代に農耕があったのか」、この問題は古くて新しい考古学界の問題である。農耕の定義や解釈の違いがあるため論争は尽きない（Matsui and Kanehara 2006、Crawford 2008）。歴史的に振り返れば、縄文時代の農耕は2つの地域と時代でそれぞれ提唱された。縄文中期農耕論（藤森1970）と縄文後晩期農耕論（賀川1966）がそれである。この両者はその立論の根拠は細部では異なるものの、遺跡規模の拡大の背景に栽培植物が大きな役割を果たしたことを重要視する点で共通している。しかし、いずれの論においてもメジャーフードとしての栽培植物が未発見であり、最後までこの点で批判を受けてきた。しかし、その後新たにメジャーフードとしてヤマノイモが想定された（今村1987・1999）。これにより、大陸系穀物（イネ・オオムギ・コムギ・キビ・アワ）はその候補としては否定されることになる。しかし、この時点ではまだダイズ・アズキの栽培は立証されていなかった。この壁を打ち破ったのが2007年のダイズ圧痕の発見である（小畑ほか2007）。結論からいうと、この両地域の人口増加（遺跡数の増加・規模の拡大）をもたらしたのはダイズやアズキの栽培であり、これらは時間差をもって東から西へ推移していくもので、結果的に両者を突き動かした原理はまったく同じであったといえる（図11、小畑2010）。

このダイズ圧痕発見は、圧痕法がもたらした重要な成果の1つであるが、これ以前と以後とで

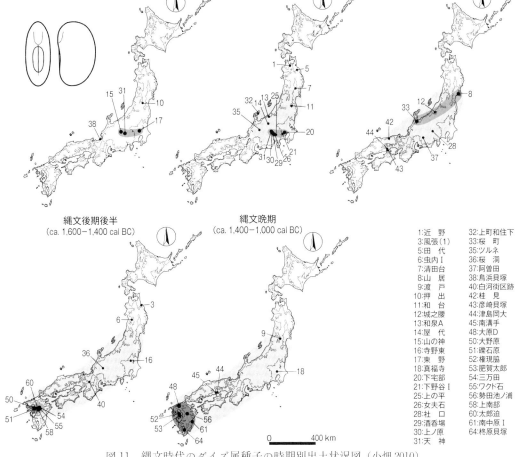

図11 縄文時代のダイズ属種子の時期別出土状況図（小畑 2010）

はまったく縄文農耕に対する考え方が異なっていることがわかる。

「縄文農耕を捉え直す」という企画をみると、2002年時点での縄文時代の農耕や栽培植物に関する最新の研究成果（到達点）を知ることができる（佐藤編 2002）。

会談の中で出てくる話を総合すると、栽培植物の栽培時期と種類は以下のようになる。

縄文前期以前＝アワ・ヒエ・カラスムギ

縄文中期＝アズキ

縄文後期・晩期＝イネ・オオムギ

ダイズとソバはおそらく奈良・平安時代に属すると判断されている。

また、2006年時点では、縄文時代に栽培された植物は以下のようにまとめられている（Matsui and Kanehara 2006）。

縄文早期初頭＝ヒョウタン・エゴマ・シソ・ササゲ属・ゴボウ・幾種類かのアカザ科の植物

縄文時代前期・中期＝ソバ・アブラナ・アサ・ヤマノイモ（ムカゴ）

縄文時代中期以降＝イネ・ヒエ・アワ・キビ

縄文後期以降（3,500年前以降）＝イネと雑穀が多数

　これらを2012年時点での成果と比較してみると、この中で認定されて今日まで生き残っている（ほぼ議論の余地のない）確実な栽培植物は、ヒエ・アズキのみである。

　今日的到達点は、佐々木由香がまとめている（佐々木2011a）。なお、以下の（　）は、栽培・野生の判別のつかないものである[1]。

　縄文時代早期＝アサ・エゴマ・アズキ亜属・ダイズ属
　縄文時代前期＝ウルシ・アサ・エゴマ・（アズキ亜属）・（ダイズ属）・（ヒエ属）
　縄文時代中期＝クリ・ウルシ・エゴマ・アズキ亜属・ダイズ属・ヒエ属
　縄文時代後期＝ウルシ・アサ・エゴマ・アズキ亜属・ダイズ属・ヒエ属・イネ？
　縄文時代晩期前半＝ウルシ・アサ・エゴマ・アズキ亜属

4　今日の古民族植物学的研究の発展

　以上の成果は、佐々木が「2000年以降」と強調するように（佐々木2011a）、ここおよそ10年間の古民族植物学的研究が大きな発展を遂げたことを示すものである。研究人口の増加もその発展に寄与した材料の1つとしてあげられるが、何よりも植物遺存体の検出に関わる各種研究法の技術・理論的進展、そしてそれらの新たな時代・地域への適用が大きく後押ししている。特に大型植物遺存体に関しては、各種種実の新たな同定法の確立が大きな意味をもつ。その中にはコナラ属・シイ属・マテバシイ属果実（小畑ほか2003）・ウルシ属果実（吉川純・伊藤2004）・マメ類種子（小畑ほか2007・小畑2008）・エノコログサ属有稃果（Nasu et al. 2007）などがある。また、クリやウルシなどの木本類についても、果実ばかりでなく花粉や木材の研究が進展し、木本の栽培の可能性が議論できる段階になってきた。

　特に栽培植物の研究においては、①AMS法や較正曲線など年代測定法が発達し、コンタミネーションが除外されたこと、②圧痕法の調査事例の増加による新たな関連資料の発見が大きな意義をもつ。①によって、これまで縄文時代の栽培植物と考えられてきた事例のほとんどが後代もしくは近世以降のものであることが判明した（小畑2008参照）。また、圧痕法も新たな栽培植物を検出した以外に、年代（時期）の確実な植物資料を提供するため、これまで発見されていた炭化種実と比較することによって、その信憑性を占う基礎資料としての地位を確立しつつある。

5　縄文時代中期相当期の東アジア各地の植物利用

　縄文時代中期とは、関東地方の土器型式で五領ヶ台式・勝坂式・加曽利式を含み、その年代は4,700-4,000 ^{14}C BPであり、較正年代で約5,300〜4,400 cal BPに相当する（工藤2012）。同時期の周辺諸文化を見てみると、中国の場合、華北・内蒙古地帯は仰韶晩期後半から龍山文化前半期に

表4　東アジア地域の文化編年対応表

	華北・内蒙古	山東半島	朝鮮半島	沿海州
8,000BP	裴李崗	后李	櫛文早期	ボイスマン
7,000BP	仰韶早期	北辛	櫛文前期	
6,000BP	仰韶晩期	大汶口	櫛文中期	ハンシ
5,000BP	龍山	龍山	櫛文後期	ザイサノフカ
4,000BP	夏・商	岳石	櫛文晩期	リドフ
3,000BP		夏・商	無文土器	

表5　中国における農耕起源地3大センター（Zhao 2011より作成）

農耕類型	地域	主要作物	発展諸段階とその時期	
乾燥地農耕	黄河流域の黄土地帯を中心として、モンゴル南部から淮河北部までの地域	キビ・アワ	野生利用開始 農耕移行期 農耕本格化	10,000 cal BP 9,000–7,000 cal BP 7,000–6,000 cal BP
稲作農耕	長江中下流域を中心として、北は淮河、南は南嶺山脈までの地域	イネ	野生利用開始 農耕移行期 農耕本格化	10,000 cal BP 9,000–6,500 cal BP 6,400–5,300 BP
古熱帯農耕	南嶺山脈の南、珠江流域	根茎類	野生利用開始 稲作受容期	10,000 cal BP以前 6,000 cal BP

相当する。また、山東半島ではほぼ大汶口文化に、朝鮮半島では、櫛文中期に相当する。沿海州ではハンシ文化後半〜ザイサノフカ文化前半に相当する（表4）。これらの地域ではこの時期にはすべての地域で農耕を行っており、中国においては農耕が本格化した段階と評価されている（表5）。朝鮮半島には山東半島で融合した乾燥地農耕と稲作農耕が、沿海州では乾燥地農耕のみが伝播してくる。ただし、その伝播の様相は複雑であり、朝鮮半島においてはそれ以前に乾燥地農耕のみが伝播するが、いずれの地域においても、石器などに見る定型性の低さや数の少なさなど、農耕パッケージがそのまま伝わった様相は認められない。ザイサノフカ以前のクロウノフカ1遺跡においては、ハンシ文化段階にすでにキビ・アワが検出されているが、この時期には定型的な農具と考えられる石器は発見されていない。その後、5,100 cal BPごろのザイサノフカ文化段階になると、磨棒・磨盤・打製石斧などが発達する様相が認められる。この時期に増加する紡錘車や黒曜石製石刃・石鏃などは、西浦項遺跡などの北朝鮮東北部との交流が盛んになったことを示している。ザイサノフカ7遺跡からはキビ有稃果圧痕が多量についた土器底部が発見されており、この段階でキビが量的に安定してくる（小畑2011a）。ザイサノフカ7遺跡における周年生業サイクルを復元したYu. E. ヴォストレツォフによると、「農耕」の生業に占める割合はきわめて低かったと評価されている。本遺跡においては、栽培穀物の遺存体は発見されていないが、アムールキハダ・ノブドウなどの漿果や、オニグルミ・ハシバミ・ナラの堅果などの野生有用植物の高い利用が認められている（Вострецов 2005b）。また、ザイサノフカ7遺跡の住民は、沿岸漁撈、ドン

32　Ⅱ部　レプリカ法が明らかにしてきた世界

グリの採集、そして部分的な狩猟という沿岸部特有の適応形態を保持しながらも、これらに栽培植物耕作を加えてはいるが、その炭水化物の供給源としての役割も、生計戦略システム上の安定的な要素としての役割も劣っていた。これは、先に示したように海岸部における適応形態の1つであり、内陸部とは若干状況が異なっていた可能性もある。しかし、同時代の内陸部の遺跡における穀物の検出量や比率が際立っていることもなく、漁撈への比率が狩猟に代わるだけで、栽培穀物の比重はさほど大きくなかったものと推定される。栽培穀物が生業戦略において補助的な役割を担っている様子は、キビ栽培が発祥したと考えられている内蒙古の興隆溝遺跡でも認められる（趙2005）。中国の農耕本格段階においては以前の時期に比較して雑穀が増加するが、フローテーションが行われた宇化寨（Yiuhuazhai）遺跡においても雑穀とともに経済的に重要なのはアブラナ属・ケシ属・ブドウ属の種子であるという（Zhao 2011）。韓国において雑穀の比重が増加する中期段階のフローテーション資料においてもアカザ科など種子の比率が高く、食としての利

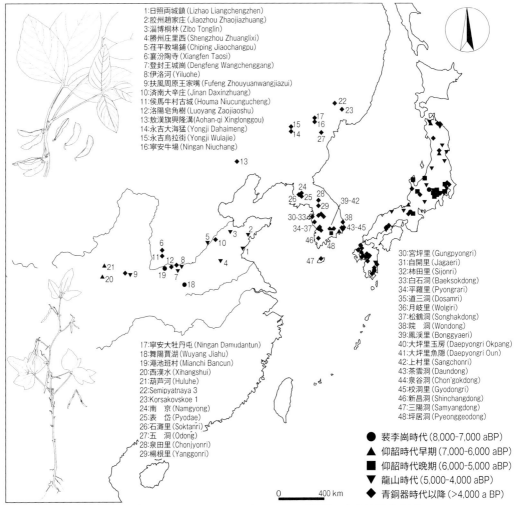

図12　東アジアにおけるダイズ・アズキ亜属種子出土遺跡分布図

用が想定されている（Lee 2011)。栽培が本格化した段階でも有用野生植物が一定の比重を占めていることは重要である。

　佐々木が指摘するように、縄文時代の前中期には栽培植物は落葉広葉樹林に広がり、西日本においてはほとんどその痕跡が認められない（佐々木2011a）。しかし、後期中ごろ以降にアズキやダイズの資料が炭化種子・圧痕種子とも増加してくる（図12）。これは、東日本からの文化的影響などがその背景として想定できる。数は少ないものの、これまで九州地方においても縄文中期以前の土器圧痕調査を実施してきたが、この時期には確実な栽培植物といえるものは検出していない。これは朝鮮半島を経由してこの時期に入ってくると予想されていたアワ・キビを中心とした乾燥地農耕が、日本まで達していなかったことを暗示している。

　また、佐々木の強調する落葉広葉樹環境下でのアズキやダイズ栽培が開始されたという指摘は重要である（佐々木2011a・2011b）。宮崎県王子山遺跡では、草創期段階のツルマメが土器圧痕として検出されている。またエノコログサもすでに存在しており、コナラ亜属のドングリやユリ科ネギ属の鱗茎のみでなく、アワ・キビ栽培導入以前にこれらの野生植物の種子が利用されていた可能性が高い（小畑・真邉2012b）。この時期は南九州も落葉広葉樹林に覆われていた。西日本において、このような野生草本植物の利用が、栽培へ発展していかなかったのは、温暖化による周辺環境（植生）の変化であったのだろうか。

6　外来栽培植物伝播論の問題点——1地域起源論からの脱却——

　日本の作物は、すべて国外から中国や朝鮮半島を経て伝わったと考えられてきた（星川1980）。上記のダイズやアズキもその例外ではない。これは、農学や植物学の研究においては、現在の野生種や植物化石の分布を参考にその起源地が推定されることに起因している。しかし、植物が人類の手によって栽培されるのは、世界的に見ても、10,000年前以降の完新世である。これは、考古学の研究対象時期であり、まさに古民族植物学の研究領域である。つまり、近年、遺跡情報の増加につれ、栽培植物と雑草を含む外来植物（辻2009b）に関する情報が増加し、これまで農学や植物学で打ち立てられた説が覆されることが多くなっているのである。言い換えれば、植物の栽培化過程や昆虫の害虫化に関する情報は考古資料の中に眠っているといえよう。これらに関する情報が増えるにつけ、1地域起源論や伝播形式などに関する疑問点が浮上してきている。以下に事例をあげて紹介する。

（1）　ヒョウタン

　ユウガオ（ヒョウタン）*Lagenaria siceraria* var. *hispida* はウリ科の蔓性一年草であり、アフリカ南部に野生種があり、アメリカやアジアの各地から発見されている。日本では、鳥浜貝塚の早前期層や粟津湖底遺跡などから発見されており、粟津例は9,660±110BP（NUTA-1825）の年代値をもつ。日本でもっとも古い外来植物であり、以前はアフリカから漂流によって各地へ拡散した

ものが日本へも伝えられたと考えられてきた（星野1980、辻2009）。しかし、古DNAの分析によれば、新大陸のユウガオは東アジアの遺伝的変異であり、完新世以前に容器として栽培され、人類の拡散によって運ばれたものであるという。

最近、日本と中国出土のユウガオの皮の厚さを比較した研究により、前中期完新世には日本と揚子江流域において栽培ユウガオが存在したことが確実となり、それより早い時期、更新世に栽培が開始され、現生人類の拡散とともにもたらされた栽培植物であった可能性がでてきた（Fuller et al. 2010）。

(2) アジアのマメ栽培―多地域進化説―

中部高地や西関東において縄文時代前期～中期ごろにダイズとアズキの栽培が開始され、それらが時代が下るにつれ西日本へ伝播してくる姿が想定されてきた（小畑2010・2011a）。この根拠としては、ダイズ属・アズキ亜属種子資料（圧痕・炭化種子）に東日本から西日本への年代的傾斜が見られるばかりでなく、それらを栽培する農耕具と想定される打製石斧（石鍬）を含む石器類や住居址の数から推定される人口増加という現象も時代を経るにつれ東から西へと拡散している事象がうかがえたからである。しかし、その中間地帯である中国・四国地方では、縄文時代晩期のダイズ属・アズキ亜属種子資料はあるものの、それ以前はまったくの空白地であった。最近、中国地方でも、津島岡大遺跡からダイズのへそ部の圧痕である「ワクド石タイプ圧痕」が縄文時代後期中ごろの土器から発見され、ダイズ・アズキ栽培西進説を裏づける結果となった（中山・山本2011）。さらに、最近、筆者らも同県総社市三輪遺跡の縄文時代晩期前半の土器から「ワクド石タイプ圧痕」を検出している。

これら日本のマメ類、特にダイズは中国大陸や朝鮮半島のものと形態が異なり、発見当初に縄文特有のタイプとして「クマダイ」と命名したことがある（小畑ほか2007）。この形態差はおそらく起源地が異なるためであり、縄文前期・中期の事例が東日本で増加し、日本での栽培化が想定できる状況になって、東アジアの温帯地域の多地域で栽培が開始されたと考えるようになった（小畑2010）。この想定を裏づけるように、最近韓国でも新石器時代中期のダイズ・アズキが発見され、栽培化過程のものと想定されている（Lee et al. 2011）。

(3) エゴマ（シソ属）

シソ科（Labiateae）シソ属（*Perilla* sp.）には、エゴマ（*Perilla frutescens* var. *japonica*）・シソ（*Perilla frutescens* var. *acuta*）・レモンエゴマ（*Perilla frutescens* var. *citiriodora*）があり、変種レベルで異なる。生体では容易に区別がつくが、果実（分果）と種子は区別がつけにくい。エゴマが一番大きいが、大きさに変異があるため、大きさのみでこれらを区別することは難しいとされる（松谷1988・1995）。シソ属の原産地は中国・インドなどといわれ、シソとエゴマが分化したのちに中国から日本へ伝わったという（山口・島本編2003）。我が国では縄文早期の例が西関東地方にあり、前中期も東日本を中心とし、後期段階に西日本へと分布が拡大する。これはアズキやダイズと同じ動きである（図13）。松谷暁子は縄文時代前期またはそれ以前に大陸から畑作物の1つと

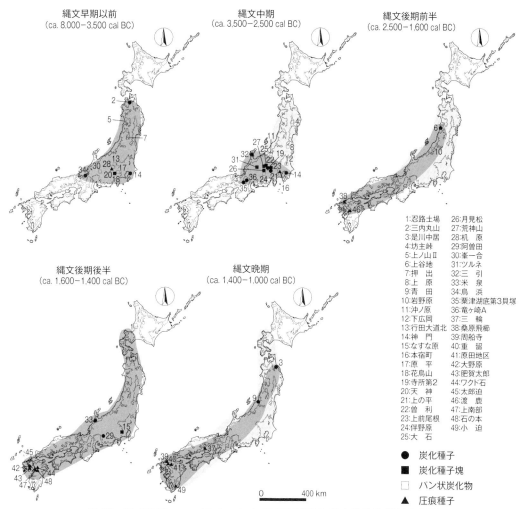

図13 縄文時代のシソ属（エゴマ）種子・関連遺物出土遺跡時期別分布図

して持ち込まれたと考えているが、その候補地は中国や韓国に発見例がないため不明としていた（松谷1995）。しかし、最近中国での出土例がわずかではあるが報告され始め（劉ほか2008など）、韓国でも発見されている（Lee 2011、小畑ほか2011a、河ほか2011）。

中国での出土状況を見ると、黄河中流域と長江中流域のどちらにも古い例がある。形態的には北の方が大きくエゴマ、南の方は小さくシソである可能性もある。朝鮮半島南部にすでに5,000年前からエゴマが存在していたとなると、中国華北地方での出土はそれより早く、7,000年ほど前であることから、より早い6,000年前ごろにはエゴマもキビやアワとともに朝鮮半島南部まで達していた可能性はある（図14）。日本列島ではその地理的分布から、西日本を経由して渡来した可能性があると指摘したことがあるが（小畑2008）、伝播経路の一画である九州地方では縄文時代後期後半に圧痕が出るまでその存在は知られていない（真邊2011a）。さらに韓国でエゴマと共伴するアワ・キビが日本へ伝播した痕跡は今のところ認められない。安承模によると、エゴマの野生地（起源地の可能性）は中国北部・朝鮮半島・日本にあるという（安2008）。マメ類と同じ

36　Ⅱ部　レプリカ法が明らかにしてきた世界

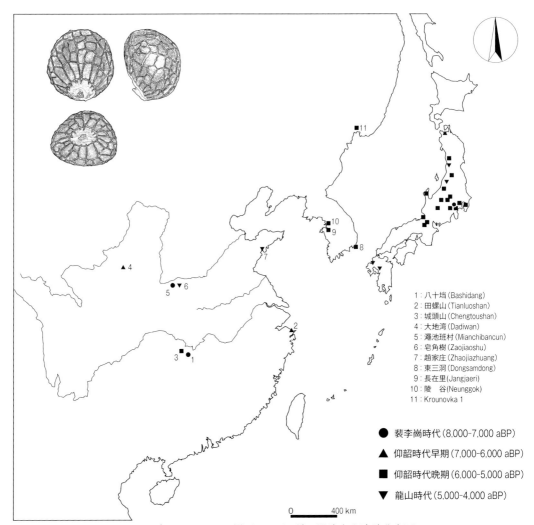

図 14　東アジアのシソ属（エゴマ）種子関連出土遺跡分布図

動きをするエゴマ（シソ属）も、中国起源のみでなく、我が国で栽培が開始された可能性も考慮する必要があろう。

(4)　コクゾウムシの裏切り―ドングリを食べていた米喰い虫―

　これまで貯穀害虫コクゾウムシの圧痕は、稲作伝来の証拠として使用されてきた（山崎 2005、小畑 2008）。しかし、筆者らによって、2010 年 2 月鹿児島県西之表市三本松遺跡において縄文時代早期の吉田式土器からおよそ 10,000 年前のコクゾウムシ圧痕 7 点が発見された。このコクゾウムシ圧痕は、日本列島へのイネ伝播の経路上からも年代上からも外れるものであった。

　縄文時代のコクゾウムシは現生コクゾウムシより 2 割ほど大きいことから、我々の予備的な調査・実験（宮ノ下ほか 2010）によってドングリ・クリ・ササの実など、乾燥貯蔵に耐える植物種子に寄生したものと考え直された（Obata et al. 2011）。よって、コクゾウムシの存在は、まず定住

化と植物性（乾燥）食物貯蔵の開始を示唆する物証と評価すべきであり、その加害対象物が堅果類であったか大陸系穀物であったのかという問題は次の問題である。これを証明するように、三内丸山遺跡においても、多数のコクゾウムシ属甲虫化石が発見されており、筆者らも複数の圧痕を確認している（小畑 2013b・2014a、小畑・眞邉 2014a）。

今後は、朝鮮半島や中国での事例を検出し、それらとの比較を行うことによって、これまで昆虫学においても進化の過程が明確でなかったイネ・ムギ類を加害する現生コクゾウムシの成立過程を、日本列島在来種の進化もしくは外来種の侵入という2つの観点から見直す時期にきている。

7　古民族植物学の研究手法の問題点

(1)　DNAは両刃の剣？

DNA 分析は今日の科学を代表する画期的な分析手法であり、犯罪立件の証拠として使用されるなど、その信頼性はゆるぎないものである。同法が古民族植物学に応用されて久しく、それによって得られるさまざまな分析結果は栽培植物の伝播論の根拠とされたり、種同定などにも利用されてきた。しかし、その使用法については十分な配慮が必要である。それを象徴するのは、三内丸山遺跡における種マメ類の同定結果（Sakamoto et al. 2006、佐藤・石川 2004）およびカラスムギ・オオムギ問題である（佐藤・石川 2004）。本件は、DNA 分析自体が問題というのではなく、その分析以前の資料に対する姿勢が問題となる。つまり、試料を分析のため潰す前に、植物学者および形態を熟知した研究者による十分な種同定の検討を行うか、もしくは、同形態と思われる試料を残しておく必要があった。これらの結果については学問的にはグレーのままであり、今後の追加資料の状況から判断する以外に最終的な決着はつけられない。DNA 盲信ではなく、まずは「形」の分類から入るという植物学の基本に立ち返るべきであろう。

(2)　圧痕法による生物体組成の特質―我々は何を見ているのか？―

資料不足を補う

東京都下宅部遺跡では、縄文時代の中期後半と晩期のマメ類が低湿地から出土する炭化マメ類としてすでに発見されていた（佐々木ほか 2007）が、後期のマメ類は発見されていなかった。しかし、筆者らの最近の圧痕調査によって、堀之内Ⅱ式土器の把手部分から子葉状態に割れたダイズ圧痕を、後期前葉の土器片からはアズキ圧痕を発見することができた。これにより、下宅部遺跡においては、中期～晩期にかけて連続してマメ類が栽培されていたことが明らかになった。これは、実物資料が出土しない遺跡（時期）においても、土器圧痕によってその存在を明らかにできた例であり、本例はこの調査法の有効性を示す事例の1つである。

フローテーション資料との質の違い

韓国東三洞貝塚の土器圧痕調査においても、炭化種子の発見されていない時期のキビ・アワ圧痕を検出することができたが、炭化種子と比較すると、①穀物資料率が高い（雑草種子が少ない）、

②アワ・キビ組成比が逆転する、などの特徴が認められる。①に関しては、韓国の前期の低湿地遺跡においても認められた。つまり、土器圧痕は、低湿地や乾燥地遺跡から検出される炭化種子と比べると、栽培植物などの、より人もしくは人為的な環境に近いものが検出される傾向がある。これは三内丸山遺跡における昆虫圧痕が家屋害虫主体であることと共通する現象である。この特性をいかして、炭化種子の出土しない遺跡においても、土器圧痕調査を実施すれば、人為的に改変された植物相や土器製作場の環境などを知ることが可能となる。

圧痕検出率の問題点—圧痕調査は宝探しではない！

上記のような圧痕による植物種子や昆虫の検出の比率は、土器作り環境や周辺環境、そして栽培植物の組成比などを比較・復元するために重要な基礎数値になる。しかし、土器圧痕の成因が同じであると仮定しても、調査時における経験値による検出率の差や統計処理のやり方による発見率の見かけ上の差が生じる。筆者らの実施した調査によると、経験のないもしくは少ない人と2年以上の経験のある人との差は検出率で7倍の差となった。また、検出圧痕の種類も異なり、経験の少ない人ほど、小さな圧痕を見逃し、大きい圧痕に偏るなどの結果が得られた。さらに圧痕でない偽圧痕選択率が高くなる傾向がみられた（小畑2011c）。

検出率および圧痕の種類の差は、圧痕調査の経験の浅深のみならず、資料の質に起因する可能性もある。その質には、土器表面の装飾の多寡、胎土に混入された混和材の種類の違いや量の違いなどが考えられるが、もっとも大きな差を生むのは土器片の大きさである。通常は土器片数にて種子・昆虫圧痕率を算定しているが、土器には破片資料もあれば完形資料もあり、これらをすべて1点と数えることには問題がある。そこで、実験的に土器の表面積を計算して、点数の場合と比較した。その結果、ある2つの遺跡の圧痕検出率は、点数で算出した場合、Aは680点に1点、Bは690点に1点とほぼ変わらなかったが、土器の表面積で比較すると、Aは680に1点であるのに対し、Bは1,814に1点となり、およそ2.7倍Aの方が圧痕検出率が高いという結果になった（小畑2011c）。

また、圧痕調査の土器片数は報告書掲載分のみでなく、土器片まで含めた悉皆調査が望ましい。人為的な資料の選択が調査結果に影響を与えかねないからである。

8　農耕社会と狩猟採集社会 ―― 縄文人は豊かな狩猟採集民か ――

(1) 栽培種の存在

「農耕」および「農耕社会」存否の議論は別として、アサやヒョウタンなどの外来植物の栽培植物の存在から、栽培が存在したことは大方の認定を受けている（Habu 2004）。

これは我が国で栽培化が進んだと考えられるアズキ亜属種子やダイズ属種子、そしてヒエ属種子に時間の経過とともに大型（肥大）化という栽培化徴候群の1つが現れることからも証明できよう。また、シソ属種子がエゴマであれば、シソとの栽培法の違いから栽培行為の存在を想定できる[2]。

(2) 農耕受容原理

　農耕はいかにして受け入れられたか、開始されたか。この問いにはさまざまな説がある。その原因に関するモデルは、大別すれば、「環境悪化と人口のバランスによる食料不足」に代表されるPUSH理論と、「饗応（酒造り）のため」に代表されるPULL理論であろう。最近ではむしろこの後者の理論が優勢となっている。韓国における新石器時代の農耕の発生に言及した李炅娥は、それまで韓国で受け入れられてきた環境悪化論（宮本2005・2007）について検討し、韓国における農耕受容の時期と環境悪化やそれに伴う海水面低下の時期が符合しないことを指摘し、定住化に伴う食料の貯蔵行為が農耕を受け入れる原因ではないかと想定している（Lee 2011）。また、アワやキビなどの雑穀が土地を選ばず、短期間に成長し、しかも厳しい環境に対する耐性をもつ点なども、狩猟採集民たちの生業スケジュールを大きく改変させずに受け入れられた原因とみている。つまり、穀物はそれまで利用されてきた野生の植物性食料と同じ立場で貯蔵物のリストの1つに加えられたに過ぎないという考えである。これは日本におけるマメの栽培についても大きな示唆を与えてくれる理論である。マメ類は、ドングリやイネ科植物種子（穀物）と同じように、乾燥状態で長期の保存が効くという、貯蔵食料に適した性質を有しているからである。

　また、定住生活によって、集落内にゴミ捨て場が創設され、土地の富栄養化が起こり、雑草が繁茂し、草本植物と人間が近くなったことも、栽培行為を促進する原因となったと考えられている（Matsui and Kanehara 2006）。

(3) 農耕をどう評価するか

　G.W.クロフォード（Crawford 2008）と松井・金原（Matsui and Kanehara 2006）の議論に代表されるように、縄文時代の栽培植物の存在は認めながらも、縄文時代は狩猟採集社会であり、農耕社会である弥生時代とは異なるという考えが、日本の考古学者の一般的な考えであろう。このような考え方の根底には、G.W.クロフォードも指摘するように、農耕の定義を狭く捉えていること、そして弥生社会に多様な植物利用があったことを考慮していないという問題点がある。佐々木が「縄文時代の人々は、特定の一年生の栽培植物の栽培だけでなく、ウルシなどの木本の栽培植物やクリなどの野生植物を含めて森林資源に手を加え、集落周辺に人為的生態系を作り上げ、植物を栽培・管理する手法をすでに獲得しており、そうしたさまざまな植物に対する管理・栽培技術の確立が水田耕作を導入する素地である」（佐々木2011a）や「北部九州で始まった稲作農耕文化は、アワ・キビなどの穀類が導入されても縄文時代の多角的な植物利用の基盤が引き継がれた」（佐々木2011b）と指摘するように、植物の栽培技術はすでに縄文時代にあり、多様な植物利用が弥生時代においても継続的に行われていたという点には留意すべきである。また、松井・金原は、縄文農耕や栽培植物の存在は認めるものの、縄文後期以降の農耕（陸稲と少数の穀物）は多様な資源の1つに過ぎないものであり、直接、水稲耕作に結びつく灌漑の操作から引き起こされる社会的変化を導き出さなかった、つまり、農耕社会（余剰生産による貧富の格差・社会的エリートと富の出現）へは移行しなかったと考えている。その根拠として、大規模な園耕が狩猟採集民の季

節スケジュールに入り込んだ痕跡は認められないという点と、後期以降のイネや少数の穀物が全食物（野生の木の実や一年草の種子）に占める割合が1％以下である点をあげている。しかし、縄文時代における社会的変化は不平等社会の存否も含めて見直しが必要である。また、栽培植物の量的評価は、先に見たように、決してアプリオリなものでなく、資料の質や調査法の差に起因している可能性がある。たとえば、消費されても骨が残る動物資源とほとんどが消化されてしまう植物資源を同質に比較できないように、殻や核を残す野生果実とそのほとんどが消化されるマメ類とでは、遺跡での出現率はまったく異なっている。また、炭化しないと残らないマメ類は現状のフローテーション法では回収されにくく、当時の植物性食物の比率を正しく反映していない可能性の方が高い。この意味からも、この植物遺存体の量的評価に関しては、タフォノミーの問題についての基礎研究を継続的に行うことが必要である。

　私は、G. W. クロフォードが主張するように、縄文時代を農耕社会と狩猟・採集社会のような2分論で分類すべきではない（Crawford 2008）と考える。そして、およそ12,000～13,000年間と、きわめて長い期間続いた縄文時代の社会や文化を1つの枠組みで括ってよいのかを再検討するべき時期にきているとも考える。そのキーワードは、これまで誰も積極的に評価してこなかった栽培植物の存在である。それは、縄文農耕が議論され始めておよそ100年が経過したが、この間縄文土器中のダイズには誰も気づいていなかった。これは見ようとしなければ何も見えないことを私たちに教えてくれる教訓でもある。思い込みを捨て、視点を変えて再評価（点検）してみることも重要であろう。ただし、それらをまとめる前に、資料を評価するうえで重要な圧痕法を中心とした資料学としての古民族植物学の研究方法の理論的整備が必要である。それとともに、古民族植物学研究の「ひだびと論争」ではないが、社会を論ずる前に、しばらくはより確実な栽培植物を積み上げていくことに専念していきたいと思う。

註
1) 外来栽培植物の中で人間による利用が明確でないゴボウ・アブラナ、漂着物として日本において栽培されたか不明であるヒョウタン・ココヤシもここでは除外されている。
2) エゴマとシソの判定はきわめて難しい。これはこの両者を区別できなければ、食としての利用法の違いを明確にはできない、という問題よりも、栽培法に関わる重要な問題点を見逃してしまう可能性がある。「シソ・エゴマは栽培植物であるものの、その栽培は非常に簡単なものであり、手間をあまり必要としない」（宮本 2000）という意見があるが、新田みゆきによると、普通シソは放任栽培され、エゴマは毎年畑に播種され栽培されるという（新田 2003）。これは両者の種子発芽特性の違いによるもので、休眠性をもつシソは自然に種子が落ちても春を待って発芽するが、休眠性をもたないエゴマは人の手を借りて安全な時期に畑に播かれ発芽しないと、生育できなくなる。また、この種子の管理という文化的行為（栽培）がなければ、エゴマ特有の軟実性が維持できなくなるという。つまり、エゴマはシソと交雑すると硬実になったり、自然に発芽したもの（越冬個体）や古い種子を使用した場合、種子が石のようになるので、エゴマがエゴマらしくあるためには人の手厚い管理が必要であるという。

第2章　縄文時代の環境変動と植物利用戦略

1　環境変化と社会

(1)　環境と生物の適応

　環境（environment）とは、生物を取り巻くすべてのものである。環境を形成する要因は多様であり、一般には非生物的要因と生物的要因に分離できる。非生物的要因は、さらに物理的要因と化学的要因と気候的要因と土地的要因に分かれる。地球上には、これらの要因が時間的にも空間的にも複雑に組み合わさることによって、多様な環境が成立している。そして、その多様な環境のほとんどすべてに生物が生息している。生物は変化する環境に対して適応し続けている存在として捉えることができる。

　生物はその環境によく合った形態や機能をもっている。この状態を、生物が環境に適応（adaptation）しているという。生物は遺伝子の複製の過程や交配時の遺伝子交換や組み換えによって、常に遺伝的変異を作り出している。したがって、通常、個体群内の個体間には遺伝的な変異がある。個体群内の個体が常に遺伝的に均一であれば、適応は起こらない。遺伝的変異は適応の原動力である（寺島 2010）。環境変化に対する生物の耐性は、適応度（fitness）と"個体が残す繁殖可能な子の数の平均値"とに比例する。植物自体の耐性は、樹木と草本、多年草と一年草では違いがあったと考えられる。極地を除く地球のほぼ全域への人類の拡散を可能にしたイネ科の栽培植物は一年草である。これらは樹木や多年生草本に比べ、環境に適応する遺伝的変異を起こした個体を生産する機会が多く、環境変化や多様な環境に適応しやすかった。さらにはヒトによる無意識的選択・意識的選択（栽培）によって栽培化が樹木などに比べ早い時間で進行した。これはマメ類についても同じである。ただし、その完全な栽培化には栽培の開始から数千年の年月が必要であった。

(2)　依存度（dependence）と耐性（tolerance）

　ヒトは雑食であり、その食料資源の重きを動物もしくは植物のどちらかにおくかは、まさに生業形態の環境への適応である。植物資源に依存する人間社会の環境変化に対する耐性は、植物自体の環境変化に対する耐性にかかっている。しかし、これだけではなく、社会の耐性はその社会構造の違いによっても異なる。つまり、平等社会と非平等社会、搾取階級（租税・非生産者階級）の有無、さらには社会が扶養する人口規模もこの耐性に大きく関わる。さらには、食料生産が一

元化しているか、多元化しているかによってもその耐性は大きく変化する。

　また、植物利用に関わる諸技術の発達段階も社会の耐性の強さに大きく作用する。可食植物の増加のためのアク抜き技術、腐食による食料の浪費を防ぎ安定的供給をもたらす貯蔵技術、食料の増産と安定的供給のための栽培技術などであり、これらの有無や発達度によってはその耐性も異なってくる。たとえば、およそ1,300年前の万葉寒冷期から大仏温暖期への温暖化は各地に風水害や旱魃をもたらし、イネを中心とした農政に大きな影響を与えた。その深刻さは、文献史料に現れる奨励策に記された穀物や作物の構成が、イネからアワへ、そしてムギ類、マメ類・ソバへと変化し、より耐性のある植物へ、そして種類の多元化へと移行したことからもわかる。このように、当時は口分田（稲作中心）による農政・税制が浸透していた時期であり、そこから生産されるイネに大きく依存していた社会では、環境悪化（変化）の影響は甚大であった。では縄文時代はどうであったのか。

2　中部高地における人口増とその評価

(1)　問題の所在

　縄文時代の社会は一般に狩猟・採集社会と考えられている。そのため、我が国の学界では、水稲耕作による農耕を基盤とする弥生時代の社会との差が強調され、縄文時代の農耕自体を評価する姿勢にはない。

　しかし、社会の繁栄（人口増加）を、狩猟採集民たちの自然界への「高度な適応」と見るか、栽培技術による適応と見るかでは社会の評価において大きく意味合いが異なる。また、縄文時代後期に起こったとされる寒冷化による社会の凋落現象ついては、具体的な植物資料をもとに議論された例はほとんどない。ここでは、その素材として、「縄文文化の高揚」（勅使河原2013）と称される前・中期の中部高地を中心に取り上げる。この地域は学史的背景として縄文農耕論が展開された舞台であった。学史的な意義の詳細については、勅使河原彰（勅使河原2006）や中沢道彦（中沢2012b）の論巧を参照されたい。

(2)　八ヶ岳山麓における縄文時代中期の繁栄とその意味

　八ヶ岳西南麓で本格的に集落が営まれるようになるのは気候最適期のうちでもその最盛期にあたる前期に入ってからであり、関山式土器に並行する時期には原村の阿久遺跡や富士見町の坂平遺跡で大型の環状集落が形成される。しかし、この前期段階は八ヶ岳西南麓の広大な裾野の環境特性を十分に活用する段階になく、尾根の限定した利用しか行われていなかった段階と評価されている。これが変化するのが、前期末の諸磯c式期であり、この時期遺跡数の増加が顕著となり、その分布も八ヶ岳西南麓の広大な裾野に広く展開するようになる。また、遺跡の規模こそまだ大きくないが、中期の集落と重複して残される例が多くなる。そして、籠畑式期をはさんで、中期初頭の九兵衛尾根式期に入ると、爆発的と形容されるほど集落数を増加させるだけでなく、それ

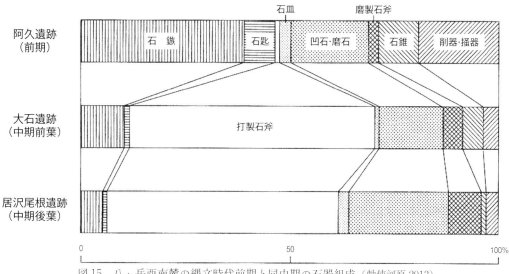

図15 八ヶ岳西南麓の縄文時代前期と同中期の石器組成（勅使河原 2013）

ら集落が各尾根にいっせいに拡大する（勅使河原 2013）。

　この理由として、勅使河原彰は、狩猟活動中心から植物資源依存へ生業形態が質的に転換した点をあげている（勅使河原 2013）。このような植物資源に依存した生業の成立という視点は、縄文農耕論においても、その後の本地域の生業研究においても受け入れられている。勅使河原は、その転換によって「八ヶ岳西南麓の広大な裾野の環境特性、つまり落葉広葉樹林という豊かな山の幸を育んでいた尾根の一帯を活用することが可能となった」と評価する。その証拠として、前期＝石鏃・石匙などの狩猟活動を示す道具 50％ から、中期＝打製石斧 60％ を含む植物利用道具 80％ へと増大するという石器組成の変化をあげている（図15）。このような狩猟活動を主体とした前期的な石器群から、植物採集活動を主体とした中期的な石器群への変化は、茅野市の高風呂遺跡で見られるように、前期末の諸磯 c 式期に顕著になるという。そして、大石遺跡に見られるように、中期初頭の九兵衛尾根式期になると、打製石斧の石器組成に占める位置は安定し、さらに石皿や磨石（凹石）などの植物質食料加工具のセットが確立する。この植物質食料加工具のセットの確立は八ヶ岳西南麓の広大な裾野の環境特性を十分に活用する基盤となり、八ヶ岳西南麓の遺跡数や分布の拡大をもたらしたとする。それは八ヶ岳西南麓の各尾根に一斉に集落の分布が拡大するのが九兵衛尾根式期であるからである。

　それでは、このような植物資源とは一体何をさすのであろうか。

3　出土植物資料とその再評価

(1) 植物栽培・農耕の否定

　かつてはこの地域の植物性食物については雑穀やムギ類などの栽培穀物が想定されていたが、

実際の考古資料ではエゴマが検出されたのみであった（勅使河原 2006）。その後ヤマノイモなどがメジャーフードとして想定され（今村 1987・1999）、最近ではマメ類がその候補とされている（中山 2010、小畑 2011a）。そして、最近では、クリに関しても三内丸山遺跡での成果からその有用性が注目され始めている（勅使河原 2006、中沢 2012b）。しかし、栽培植物はあるものの、獲得経済の枠の中での栽培植物の利用の段階にとどまっていたため農耕ではないとする意見（勅使河原 2013）や、「栽培」ではなく「管理」と定義する説（中沢 2012b）があり、大方の研究者の縄文時代の農耕に関する見解はこれらと共通する（小畑 2016d）。

当地域の縄文時代中期の植物性食料を再検討した中沢は、「大規模なクリ林やクリの移植による増産の検証は課題であるし、栽培の評価には躊躇するが、森林性資源の管理の視点は重要だ」、「縄文時代中期に有用植物としてマメ類が利用されていたことは間違いない。栽培ダイズに近い大きさのダイズ属種子から野生種を管理していたのだろう。ササゲ属の管理も同様に行われていたと推定される」、「シソ・エゴマとも植物学的に栽培種とされるが、いずれも「雑草型」もある。シソ・エゴマいずれも風味があり、縄文時代に居住空間近くで管理され、収穫した果実が嗜好品や調味料として利用されたのではないか」と、クリ・マメ類・シソ属（エゴマ）に関して、栽培を否定し、「高度な植物利用の上にこれら植物を管理した」と考えている（中沢 2012b）。

しかし、最新の農耕問題に関する定義によると、「管理」（Management）というのは、「野生種の操作とある程度の支配（制御）であり、栽培化もしくは形態的変化はない。」とある（Price and Bar-yosef 2011）。そうであれば、大型の種実を選択して播種したり、そのような実をつけた樹木のみを残して伐採するなどの行為は含まれない。しかし、その徴候の時期の評価の違いは別として、遺跡出土のクリやマメ類にも形態的変化（大型化）は認められる（南木 1994、小畑ほか 2007、中山 2010・2015、小畑 2011a・2016a、吉川純 2011、佐々木 2014、那須ほか 2015、大木 2017）。

⑵　栽培化徴候群を表すマメ類―種実の大型化―

マメ類種子の大きさについては、最近、種子の大きさが炭化種子の方が小さく、圧痕種子の方が大きいという問題点が指摘され、その理由として成熟期の野生マメを土器に混入したなどの見解が出されているが、圧痕データのみで見てもサイズは大型化している（小畑 2011a）。また、アズキ亜属種子の例であるが、炭化種子のみで比較した場合も縄文時代中期には大型化している（那須 2015）。八ヶ岳西南麓の遺跡数の消長（勅使河原 2013）と中部・関東地方を中心としたダイズ属種子のサイズの変遷（中山 2015）を比較したのが図16である。これを見ると、遺跡が大規模化する時点でダイズ属種実は大型化していることがわかる。また、マメ類種子の大型化は栽培行為が開始されてから 1,000～4,000 年ほどの時間が必要である（Fuller 2007）という点を考慮すると、マメ類種子が大きくなる縄文中期前半より以前に栽培は開始されていたと考えられる。当然、栽培種とはいえ不完全な栽培化の段階の種子は大きさも不揃いであったであろうし、地域によってその進行度合いも異なっていたであろう。野生種サイズのマメ類種子の共存も何ら不思議ではない（Lee et al. 2011）。

クリの果実の大型化は中期後半に、オニグルミに関しては中期中ごろに見られるという。また、

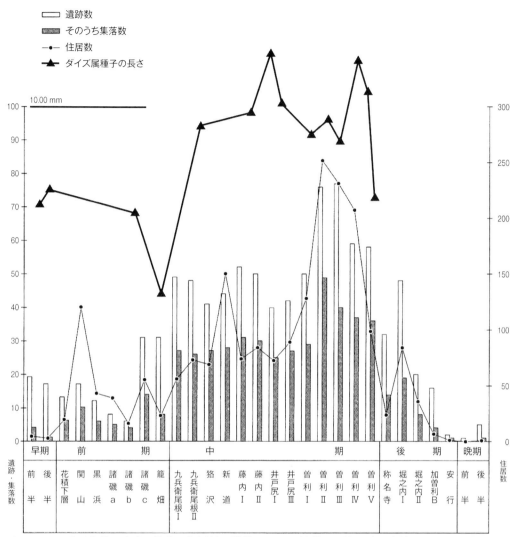

図16 八ヶ岳西南麓の遺跡・集落・住居数の推移とダイズ属種子の最大長の変遷（勅使河原 2013、中山 2015 より作成）

大きなサイズのクリは大規模集落においてのみ観察される現象であるという（佐々木 2014）。ウルシは外来植物であり日本で出土するものはすべて栽培種である。このような樹木栽培の技術をもった縄文人がなぜクリやクルミだけは「管理」したのであろうか。クリも北海道へは縄文時代の人々によって持ち込まれており（山田悟・柴内 1997）、海を越えて運ばれ移植や播種を伴った行為があったことを考えると、クリも「管理」の域を越えていたといわざるをえない（小畑 2016a）。

(3) 量的評価の問題点

農耕（Agriculture）の定義は、「狩猟や採集は続いているが、ある共同体の活動を作物栽培や家畜飼育が支配したり、主要な食物となること」である（Price and Bar-yosef 2011）。つまり、農耕と

定義するには、食糧となった作物の食料中における割合が高かったということを証明する必要がある。

動物性食物との比較―石鍬としての打製石斧＝石器組成比較

考古学的には自然遺物の出土量を相対化することは非常に難しい。その間接的な手がかりとなるのが石器組成の比較である。先に見たように八ヶ岳西南麓の遺跡の場合、狩猟用の石鏃と植物加工具である石皿・磨石または石鍬の比率は中期に大きく後者へ移行していた。この打製石斧の用途については、今村啓爾によってヤマノイモの採掘用具として把握されたが（今村1987・1999）、文脈からは読み取れないものの根茎類用と考えている説がほとんどである（中沢2012bなど）。また、常畑がない以上、土堀具ではあっても農具ではないとの意見もある（勅使河原2006）。ただし、以前から指摘しているように、我が国において本石器はマメ類遺体や圧痕の時空的分布に符合する点（図17）、南インドや近東の先史遺跡における出土マメ類種子の大型化と鍬による深耕が連動している点などを根拠に、これらは主としてマメ類の栽培を含む、攪乱環境（畠・焼畑）の創設・維持に使用された農具であると考えている（小畑2011a）。

動物性食物との比較―骨に残るマメ類の痕跡？＝人骨の炭素・窒素同位体分析

人の摂取した食料資源の比率を相対的に把握できる方法として、人骨の炭素・窒素同位体分析法がある。

泉拓良は、マメ類利用をタンパク質供給源として積極的に評価し、中部高地でのタンパク源の

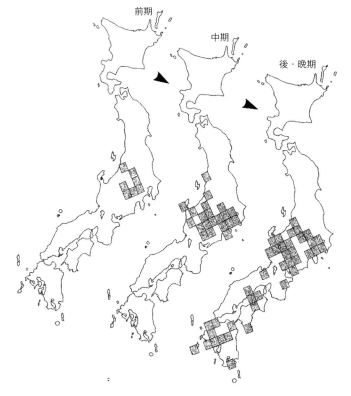

図17　打製石斧高率出現遺跡の変遷（前川2014）
中部・関東地方の縄文時代晩期は、北部九州の弥生時代早・前期と一部重なる。

不足はマメ類で補われたと想定している（泉 2014）。長野県北村遺跡の出土人骨の炭素・窒素安定同位体比が本州の貝塚遺跡と比べ C3 植物域に偏る傾向があり、その理由としてマメ類の利用を想定した。そして、縄文中期の中部高地の繁栄はマメ類を積極的にタンパク源として利用した結果であると考えている。ただし、ドングリ・クリも C3 植物なので一概にマメ類と特定することはできない。しかし、これは当地の縄文人が食料を植物性資源に大きく依存していたことを立証する証拠として十分である。

　ただし、最近、同じ北村人骨を用いた食性分析（アミノ酸同位体分析）の結果、まったく異なる結果が得られた。グルタミン酸とフェニルアラニンの窒素同位体比によって、タンパク質の 54〜70％ は動物性・雑食性キツネと同じで、若干植物に依存するとされたのである（Naito et al. 2013）。

　分析法の理論的な部分には専門家でないので立ち入れないが、この結果を受け入れるとしても、北村遺跡は地域的にも時期的にも議論している対象とは若干異なっており、同じ長野県域であっても地域ごとにモザイク的に異なる生業形態があったのではないだろうか。それは、長野県内でも千曲川上流域の保地遺跡（縄文時代後・晩期）の人骨では遡上するサケの比重が高いこと（Yoneda et al. 2004）などからも裏づけられる。

種ごとの絶対量—クルミのみせかけの比率

　三内丸山遺跡における植物遺存体の炭化・未炭化率と出現率を比較したところ、人為的利用が多かったと考えられる炭化種実の代表格は、クルミ（湿地堆積物中出現率 100％）・トチノキ（同 100％）・クリ（同 83％）・ウルシ（同 50％）・アズキ亜属（同 33％）の順であった（小畑 2014b）。ただし、これらが食本来の相対的な比率を示すものでないことは明らかである。つまり、これは「炭化している＝人為的なもの」でありながら、硬い殻をもつ堅果類は残存しやすく、殻が廃棄されるため残りやすい。その証拠に乾地性堆積物の場合、クルミはすべての試料から検出されている。これに対して、皮が薄くすべてを食するマメ類は残存率が低い。よって、マメ類は本来、この比率が示す以上に多量に食料とされていた可能性が高い。

種ごとの絶対量—多かったマメ類

　また、分析資料の質によっても種類や比率は大きく異なってくる。つまり、マメ関連資料は土壌洗浄によって抽出された炭化（未炭化）種実よりも土器圧痕として発見される比率が高いのである。山梨県における縄文時代早期から晩期までのリスト（佐野 2015）から 23 種の有用植物種実の出土状況を炭化（未炭化）種実と土器圧痕でのそれぞれの種の出現率をもっとも検出種類数の多い中期の場合と比較してみると、まず、炭化（未炭化）種実はきわめて多種（15 種）を含むのに対し、圧痕種実の場合、きわめて限定的な種数（5 種）となっている。そして、特に堅果類とマメ類の出現傾向に大きな差が認められる。炭化（未炭化）種実の中でもっとも多いのが、クルミ（65.2％）であり、次いでクリ（34.8％）が多い。コナラ属（17.4％）・アズキ亜属（17.4％）と続く。これに対して圧痕資料は、アズキ亜属（84.2％）・ダイズ属（73.7％）・マメ科（57.9％）であり、シソ・ミズキ・ニワトコと続く。マメ類とシソ属種実が圧痕種実の主体を占めている。同様の傾向は長野県の縄文時代中期の出土種子の傾向（中沢 2012a）にも現れている（図 18）。

48　Ⅱ部　レプリカ法が明らかにしてきた世界

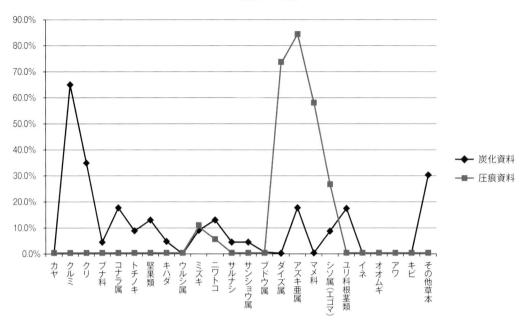

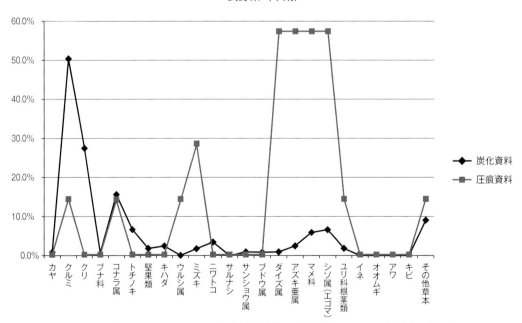

図18　山梨県と長野県における縄文時代中期の炭化種実および圧痕種実の出現率

　これは、クルミやクリ・コナラ属などの堅果類が圧痕資料に現れにくく、反対にマメ類やシソ属種実は圧痕として検出されやすいことを示している。土器圧痕は土器製作時に製作者の周辺に存在した人為的生物体が混入する（される）場合が多い（小畑2014b）。もちろんマメ類やシソ属

種実のみでなく、クルミやクリ・ドングリが存在したことは確かであるが、土器の器壁の厚さより大きなものや土器を毀損しやすいものは除去される場合が多いので、堅果類は土器胎土内に混入しにくいものである。

炭化種実の場合、長野県の中期でクリとマメ類との比は33：11と、マメ類はクリに対して1/3であり、山梨県の中期の場合でも8：4と1/2であるが、マメ類が圧痕調査で高率で検出されるという事実、さらには住居内の炭化物中に一定量マメ類が含まれる点を考慮すると、マメ類は検出資料数よりもさらに多かったと推定される。さらに、圧痕調査が本格的にこれら地域の土器資料に適用され始めてまだ日が浅いことを考えると、今後はより多くの資料が検出される可能性は高い。

(4) クリの再評価

また、最近では、炭化種子の検出を目的とした意図的な土壌の洗浄によって多量のマメ類や堅果類が現れ始めていることも注意すべき点である（会田ほか2015）。縄文時代中期のクリ果実の出土例は少ないとされてきたが（佐々木2012）、中沢の集計（中沢2012a）によると、長野県花上寺遺跡の焼失住居である25号住居址（中期中葉～後葉）内からクリの炭化材とともに多量のクリ炭化種子（4,051点）が検出され、同様の例としては同上向遺跡の縄文時代中期中葉の14号住居内からクリを主体とした炭化物が多量に検出され、同藤内遺跡の縄文時代中期中葉の9号住居址から炭化クリが20ℓ固まって出土している。また同原垣外遺跡では縄文時代中期の土坑からクリが一定量出土しており、土坑に貯蔵された可能性が指摘されている。また、同平出遺跡では縄文時代中期初頭のD4号住居址内の土器の中から約1ℓの炭化クリが検出されている。また炭化材ではあるが、山梨県梅ノ木遺跡の例では3つの住居址の建材はクリが約90％の高率を占めていた（佐野2012）。

クリが屋内に貯蔵されていたことは、長野県目切遺跡から検出されたコクゾウムシの2点の圧痕（会田ほか2015）がその傍証となろう。かつて今村啓爾はこの地域の縄文時代中期のメジャーフードとしてヤマノイモを想定したが（今村1987、Imamura 1996）、その根拠とは堅果類を貯蔵した貯蔵穴が群集する地域（東北日本）と打製石斧を大量使用する地域（中部高地・西関東）が時空的分布域を異にする点であった（図19）。しかし、これは質の異なる考古資料を比較したものであり、中部高地や西関東は、土器に残るコクゾウムシや住居内から多数検出されるクリの炭化果実の存在から見て、クリを貯蔵穴ではなく、主に屋内で貯蔵していた地域・時期であったことを意味している（小畑2016b）。打製石斧は先に述べたように、マメ類栽培との関連で議論すべきである。

土壌からの種実の意図的な検出作業は十分に行われているとは言い難いが、最近会田進らによって多数検出されている（会田ほか2015）。この事実は、遺跡土壌に対する調査者の積極的な働きかけによって資料数が増加する可能性を示している。

図19　今村による打製石斧と貯蔵穴の分布（Imamura 1996 より作成、小畑 2016b）

(5) 種実混入土器の意味

　また、圧痕調査の進展と過去資料の再検討に伴い、種実を意図的に混入した土器の発見が相次いでいる（図20）。これらは中部地方や関東地方、北陸地方に限定されるものではないが、栽培種実を含む有用植物の種子を人為的に混入する点から見て、これらが先史人たちの生活にとってきわめて重要な役割を果たした植物資源であったことを想定するに難くない。

　事例をあげると、まだ種は不明であるが、長野県伴野原遺跡33号住居址出土の縄文中期土器には185点の圧痕が付着したもの[1]、同頭殿沢遺跡出土の久兵衛尾根Ⅱ式土器片に20粒の圧痕が付着したもの、同茅野和田遺跡34号住居址出土土器に30粒以上の圧痕があるものなどのほかに、同目切遺跡の300個以上のアズキ亜属種子を混入したと推定される曽利Ⅱ式の深鉢形土器や同梨久保遺跡55号住居址出土の3,000個余のシソ属果実を混入したと推定される曽利Ⅱ式の浅鉢形土器などが検出されている（会田ほか2015）。また、神奈川県勝坂遺跡から出土した中期後半の深鉢形土器からは70点余のダイズ属種子圧痕が検出されており（中山・佐野2015）、同羽根尾貝塚からは前期の土器に多数の種子らしき圧痕がある土器が紹介されている（神奈川県教育委員会2015）。また北陸地方、富山県小竹貝塚や平岡遺跡からはエゴマ果実を混入した前期後半期の土器片が多数発見されており、うち小竹貝塚の前期末の朝日C～福浦下層式の深鉢形土器は完形復元で1,700個以上のエゴマ果実が含まれていることが判明した（小畑2015d）。

　これらの意味するところは、重要な食料資源である栽培植物の豊穣を祈願したものであった可能性が高い。北欧新石器時代中期の穀物の重要性は土器に混入するという行為から立証されている（Tilley 2003）。

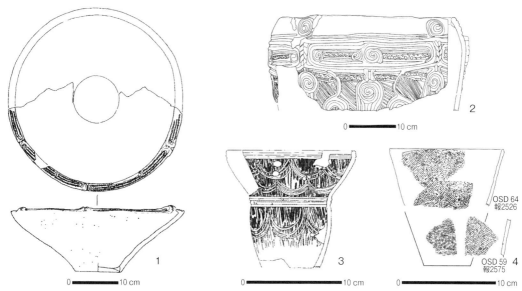

図20　縄文時代の種実混入土器（会田ほか2015、中山・佐野2015、小畑2015d）
1 長野県梨久保遺跡、2 同目切遺跡、3 神奈川県勝坂遺跡、4 富山県小竹遺跡

(6) 植物遺存体分析から見た植物利用の実態

　以上見てきたように、最近の植物学的資料や関連資料の増加から見ると、縄文時代前期後半〜中期にかけての中部高地やその周辺ではクリやマメ類を食糧としていた可能性が高いことが判明した。筆者はこれを栽培植物と考えた。しかし、栽培植物（リョクトウ・アズキ・ウリ・ヒョウタン・エゴマ）の存在を認める勅使河原も、「（縄文時代の）植物栽培は、数千年間という長い間、大きな発展をみせることなく、ついに一時たりとも、縄文人の生産や社会を恒常的に支える経済基盤とはなりえなかったからである。その意味で、縄文時代の植物栽培は、あくまでも獲得経済の枠のなかでの栽培植物の利用にとどまっていた」と、その評価は低い（勅使河原2006・2013）。さらにクリに関しては、環境管理によって維持されたもので、後期になって東日本における寒冷化でクリからトチノキへの利用の重点が移り、また遺跡数が「激減」するため、クリが栽培化までにいたっていなかったと、栽培を否定している（勅使河原2006）。

　議論が「栽培」や「農耕」の定義の問題に矮小化してしまい、植物質食料の本質的な意義という観点を逸脱することを懸念するので、ここではこの議論に深く立ち入らないが、この八ヶ岳西南麓の縄文時代前期・中期の集団が植物性食物に大きく依存し、それが「栽培」もしくは「管理」されたクリやマメ類であったことは間違いない。これとて栽培反論者には限定し過ぎるとの批判を受けるかもしれない。しかし、筆者には、そもそも「植物採集と加工の技術を最大限に利用する生業形態」とはどのようなものをさすのか想像ができない。その理由は、それ以前にも縄文人たちは植物の採集や加工を行い、植物資源を最大限に利用してきたからである。ではなぜこの時期だけ繁栄しえたのか。少なくともいえることは、狩猟の割合を減じるほど植物に依存したということは、植物資源獲得のための作業に多くの労力と時間をかけたことを意味する。それは

結果的に植物性食料の増量をもたらした。では増量とはなにか。この時期、加工技術の進歩で新たな植物性食料が追加された様子は認められない。であれば、資源林（2次林）＝人為生態系（辻誠2009a）の拡大と、その環境下での特化した資源への労働力投下と集約化による資源の増産行為の存在がその背景にあったと考えるのがもっとも理解しすい。その対象となったのは、栄養価が高く、長期の乾燥貯蔵が可能なクリやマメ類であったと考えられる。もし、このような行為がなければ、定住的生活様式のもとでは、人口の増加に比例するように拡大する「恵豊かな」資源林を想定せねばならないが、それは限られた領域ではありえなかったであろう。まさに、辻誠一郎のいう「資源の増産行為」は、この地域の場合、「栽培行為」であったと考えられる（辻誠2009a）。

栽培の開始によって引き起こされる一連の過程として、人間集団の定住化の促進→幼児運搬負担の軽減→出産間隔の短縮化→労働力としての子どもの価値の増大があり、これらは究極的に人口増加をもたらすという点（中村慎1986）も本地域の縄文時代中期の繁栄を理解するうえで重要な理論である。

4　縄文社会の変容と気候変動

(1)　気候変動と社会の変容

八ヶ岳西南麓における縄文集落の衰退は、自然物に頼る社会とそれを基盤に膨らんだ飽和状態の人口と食料不足、そこに中期後半以降の気候の寒冷化（環境の悪化）が追い打ちをかけて崩壊したと考えられている（勅使河原2013）。この寒冷化は日本列島規模で確認できるもので、寒冷化とともに湿潤化が起こった時期とされる（辻誠2013）。この寒冷化による人口減については、中部地方のみならず、関東以西、九州においてもその影響が議論されている。

八ヶ岳西南麓でどのような気候と植生変遷があったのかについての細かな情報はない。しかし、全国的な気候変動の画期（工藤2012）と比較すると、八ヶ岳西南麓での大規模な集落が出現するのはPG Warm-2（温暖期）の後半であるが、集落が増加する時期はPG Cold-1の後半期（寒冷期）に相当している（図21）。これは集落の発達と気候変動が必ずしも一致しない可能性を示唆しており、その発展の背景に先に述べたような自然環境まかせではない人為的な環境への関与を想起させる。

とはいえ、集落の衰退する後期はやはり寒冷化が進む時期であり、衰退の主な原因はそこに求められるであろう。人口減の理由としては、寒冷化以外に流行性の疫病や一時的な災害なども考えられるが、八ヶ岳西南麓の集落の減少の度合いは突然ではなく漸次的であることから、次第に寒冷化する気候の中でクリやマメ類の収量が次第に減っていったことが原因であったと考えられる。栽培化過程にあった当時の栽培植物は、寒冷化を乗り越えるだけの耐性は保持していなかったし、それを克服する高度な栽培技術も当時は存在しなかった。

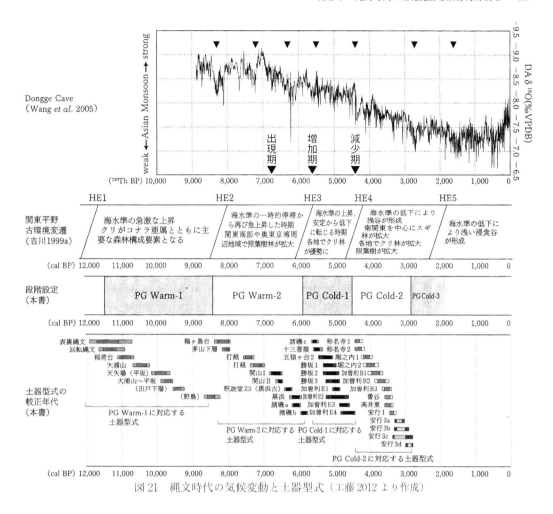

図21　縄文時代の気候変動と土器型式（工藤2012より作成）

(2) 凋落なのか適応なのか

　環境変動と人間社会という視点から見たとき、もう1つ留意せねばならないのは、「継続性」の問題である。つまり、後期の凋落と表現されるが、実際は、遺跡は数を減らしながらも継続している。この地域では、打製石斧主体の遺跡は後期には継続しないが、磨石・石皿主体の遺跡は低地へその立地を変えて継続するという（柳原2013）。これは石器組成や水場に近い低地という立地から見ると、植物性食料の主体がコナラ属やトチノキなどへ移行したためと考えられる。

　佐々木由香によると、縄文時代後期になると東日本では、低地においてトチ塚やトチノキ加工用の水さらし遺構などが増加し、集約化されたトチノキ利用のための技術開発が行われたという（佐々木2012）。また、クリ果実も水場で検出される例が多くなり、トチノキ果実はアク抜きが必要なため、居住地が水場に近づいたのが要因であるという。この点から見て、クリも依然利用され、これにトチノキが加わったと考えた方がよく、クリ林は後期以降も集落周辺に維持されており、これまで本格的には利用されてこなかったトチノキなどの資源を付加して多角的な植物利用

を展開することで、当時の人は寒冷化に適応したとする。

　このような姿は「断絶」ではなく「継続」であり、姿を変えたまさに適応である。縄文時代の集落の繁栄は各地で時代と地域を変えながら継続して行われている。その適応の方法はそれぞれ異なっていたものと思われる。縄文時代のマメ類栽培は、栽培という名称のため、弥生時代の稲作と同じ視点から、全国的に敷衍的に時代とともに拡散したというイメージをもたれがちである。しかし、マメ類栽培の技術が存在した地域はそれが可能かつ必要であった地域であり、その採用は主体的・選択的なものであった。その結果、栽培植物の種類や組成、そしてその依存度は時期や地域によって異なっていたし、そもそもそれらを受け入れない時期や地域も存在した。そのような多様性こそが縄文農耕の本質であり、社会的な繁栄は、それぞれの地域の環境に即した形態の生業によって支えられていたことに留意すべきである。よって、今後はそれぞれの地域や時代ごとに土壌や土器から積極的に植物遺存体の検出に努め、より細やかな議論を進めるべきと考える。

註
1) その後の調査で247点のアズキ亜属種子と若干の他種の種子類が混入していることが明らかになっている（会田ほか2017）。その意味については、V部第2章で詳述している。

第3章　植物考古学から見た九州縄文後晩期農耕論の課題

1　問題の所在と本章の意義

　これまでの縄文農耕論の議論は主に炭化種実に基づいて行われてきたが、近年のレプリカ法（圧痕法）の進展により、炭化種実のもつ時期認定に関する曖昧さが解消され始め、不十分とはいえ、栽培植物の種類やその出現ならびに展開の時期について大まかな傾向が把握できるようになってきた。その中でも特に、中沢道彦らが推進している縄文時代から弥生時代にかけての全国的なアワ・キビ・イネなどの大陸系穀物（小畑・真邉2011）のレプリカ法による探査は、各地でのそれらの出現時期を明らかにしつつある（中沢2014a・2014b）。中沢は九州地方で検出された大陸系穀物の圧痕に関してもその認定にあたって種々の発言をしてきているが、その骨子は、①縄文時代晩期前半以前の圧痕資料は土器型式や圧痕そのものの同定に問題があるもので、九州地方においても、列島全体と同じく、突帯文土器出現期以前にはその伝来はなかった、②ただし現在最古のイネ籾圧痕と評価されている島根県板屋Ⅲ遺跡の前池式土器併行期と同じ突帯文土器出現期にはその伝来の可能性はある、というものである（中沢2014b）。

　筆者は、縄文時代〜弥生時代にかけての農耕化段階を大きく5つに分け、Ⅲa期（7,300〜5,500年前）を東日本におけるマメ・ウルシの栽培開始、Ⅲb期（5,500〜3,500年前）を栽培植物の隆盛と全国的拡散・クリの管理栽培開始とし、この時期に西日本にもマメ類やエゴマの栽培が東日本から伝来し、Ⅳ期（3,500〜3,000年前）に朝鮮半島から大陸系穀物（無文土器雑穀農耕）が流入したと考えた（小畑2013e）。この根拠としたのが、鹿児島県水天向遺跡の入佐式土器古段階のイネ籾付穎果圧痕（小畑・真邉2011）や西日本における土器中プラントオパールの出現状況（宇田津編2004）、そして中村大介らの主張する極東地域における双砣子3期のイネの拡散現象であり（中村大ほか2011）、大陸系穀物の日本列島への第1伝播の時期を縄文時代後期末の天城・古閑段階（3,300年前）に絞り込んだのである（小畑2013e）。しかし、この水天向遺跡のイネ籾圧痕土器に関しては、宮地聡一郎によって弥生時代以降の土器である可能性が指摘された（宮地2013）。これで、これまで九州地方で縄文時代後期以前とされた大陸系穀物の圧痕資料については、ほぼすべてに否定的な見解が提示されたことになる（小畑2008、中沢2009）。

　また、最近の筆者らの調査によって、朝鮮半島の雑穀（アワ・キビ）農耕が時期的に遡り、これらが伝来する可能性のある時間幅が1,000年近くも長くなった。それにもかかわらず、同時期

表6 九州地方における縄文時代中期末〜弥生時代早期の圧痕資料

北部・中九州 (宮地編年)	遺跡名	野生種 サンショウ属	在来栽培種 ダイズ属	アズキ亜属	外来栽培種 シソ属(エゴマ)	アサ
阿高式	大矢(熊本)					
坂の下式	宮之迫(鹿児島)	MNS 1208・1064・1105				アサ?(MNS 1105)
南福寺式	柿原(鹿児島)					
出水式	出水貝塚(鹿児島)					
小池原下層式	田辺開拓第2(宮崎)					
	内野々(宮崎)	★	HUCN015	HUCN015		
	横尾貝塚(大分県)		YKO 0009(ツ)			
	横尾貝塚(大分県)					
鐘崎式	友枝曽根(福岡県)				SNE 0013	
	広原第1(宮崎県)					
北久根山式	南原内堀(鹿児島)					
西平式	西平貝塚(熊本)					
太郎迫式	四箇(福岡)			SKA 0033・0080		
	大野2・3区(佐賀)			OON 0061		
	大野原(長崎県)		ONB 0421・1006・1021・1015(ワ)・ONB 1020(ワ)		ONB 0237	
三万田式	三万田(熊本)		MMD 0007			
	渡鹿貝塚(熊本)					
	中尾山馬渡(宮崎)				NOY 0001・★野添	
	広原第一(宮崎)					
鳥井原式	石の本(熊本)					
御領式	西平貝塚(熊本)					
	上南部(熊本)		KNB 0002		KNB 0027	
	御領貝塚(熊本)					
	江津湖9次(熊本)					
	石の本(熊本)					
	上南部(熊本)		KNB 0001			
天城式(広田古)	重留1次(福岡県)				SGT 0320	
	上南部(熊本)		KNB 0002	KNB 0010	KNB 0014	
	石の本(熊本)					
	ワクド石(熊本)		圧痕①			
	水天向2次(鹿児島)			STM 0039?		
	筆無A(宮崎)					
古閑式古(広田新)	重留1次(福岡)	SGT 1658				
	塚ヶ段(鹿児島)				TKD 0002・0004	
	上加世田(鹿児島)	UKD 0002・0017・0018-1				
	水天向1次(鹿児島)					
	上南部(熊本)					
	石の本(熊本)			YMS 0010	YMS 0009	
古閑式新	筆無B(宮崎)	FNB 0001				
	上加世田(鹿児島)		UKD 0005			
黒川式古	原田十楽(福岡)				JRB 0001	
	礫石原(長崎)		KB 0018			
黒川式中		—	—	—	—	—
黒川式新	肥賀太郎(長崎)		HGT 6966(ワ)		HGT 6538	
	権現脇(長崎)		GGW 2705(ワ)・030326(ワ)			
	玉沢地区条里跡(大分)				TZJ 55-2	
	筆無A(宮崎)					
	正坂原(宮崎)				SYO 0002	
	石井入口(大分)		?ISI 0008(ワ)		ISI 0007	
黒川式新〜宮地Ⅰ期	干河原(鹿児島)	HGB 0008・0009・0010			HGB 0001	
	王子原(宮崎)					
	右葛ヶ迫(宮崎)					
	小迫(鹿児島)			KZK 0009	KZK 0001・0021	
	星原(宮崎)					
宮地Ⅰb期〜Ⅱa期	橋本一丁田4次SX121(福岡)					
	扇田(熊本)					
宮地Ⅱa期	橋本一丁田4次SX102(福岡)					
	橋本一丁田4次SX116(福岡)					
	橋本一丁田4次SX125(福岡)					
	菜畑9-12層(佐賀)					
	東渡瀬1区(佐賀)					

第3章 植物考古学から見た九州縄文後晩期農耕論の課題　57

検出圧痕の種類								
大陸系穀物						家屋害虫	その他	不明種実
アワ	キビ		イネ		オオムギ	コムギ	コクゾウムシ		
			▲YMS 0001						
							MNS 0006・0008・0009・1011 他(21点) KKU 0019 IZK 0008 TKT 0001-1・0001-2 ★ YKO 0010 SNE 0015 HRW 0001 NBU 0005 NBS 0002・0007・0008 ONB 1010・1018 TRS 0021 HRW 0005 NBS 0017 GRS 0001 YMS 0015	★野添(クリ) ハトムギ?(KNB 0024) ニワトコ(EZK 0010)	
▲SGT0359			▲YMS 0003						
▲SGT 0879					▲YMS 006		SGT 0428 KNB 0005・0022・0034 YMS 0014・YMS 0016 STM 0021・0024・0036 FNA 0003 TKD 0005・0010 UKD 0006・0021 KNB 0032	SGT 0157(ナス属)	
			▲STM 0008 ▲YMS 0004					ハトムギ(YMS 0005)・ゴボウ(YMS 0011)	
							UKD 0007・0019-2		
—	—	—	—	—	—	—	—	—
			▲HGT 7922?				HGT 0115・10381 FNA 0002		
ISI 0005 MKS 0001・0002 KZK 0002・0014 HSH 0002			KZK 0001・0023				HGB 0003・0005 OJB 0002・0003 KZK 0013・0015・0016・0018 HSH 0013		
HMI 0027 OGD 0001 ★	HMI 0029		HMI 0026 HMI 0028 HMI 0023 ★ NBT 0230 HHS 0399						

北部・中九州 (宮地編年)	遺跡名	野生種	在来栽培種		外来栽培種	
		サンショウ属	ダイズ属	アズキ亜属	シソ属(エゴマ)	アサ
宮地Ⅱa～Ⅱb古期	曲り田住居址・11層(福岡)					
	権現脇(長崎)					
	新屋敷2次(熊本)				SYS 1020	
	上南部A(熊本)				KNA 0003	
	吉原(熊本)					
	坂元B(宮崎)					
	上中段(鹿児島)					
	橋本一丁田2次SD001-11層(福岡)				HMI 0008 ?	
	橋本一丁田2次SD001-10層(福岡)					
	橋本一丁田2次SD001-9層(福岡)					
宮地Ⅱb期古	山王(熊本)					
	原山1号支石墓下甕(長崎)					
	江津湖9次(熊本)					
	黒土(宮崎)				KRT 1002-4・1011・1015-4	
	稲荷迫(鹿児島)					
宮地Ⅱb期新	橋本一丁田2次SD010(福岡)					
	菜畑8上層(佐賀)					
	市ノ原(鹿児島)					
Ⅱb期古～新期 Ⅱb新期以降	那珂37次SD02-2区埋土(福岡)					
	橋本一丁田2次SK087(福岡)					
	王沢地区条里跡(大分)					
	那珂67次SU24(福岡)					
	那珂67次SU29(福岡)					
	那珂67次SD08下層(福岡)					

★は炭化種実，▲は種実の同定が疑問視されているもの

の九州地方における圧痕調査では大陸系穀物はいまだ発見できていない（小畑・真邉2014c）。

このような状況の中、九州地方では、縄文時代後期の圧痕資料は充実してきたが、弥生時代早期（山ノ寺式・夜臼Ⅰ式期）との間、つまり、中沢が大陸系穀物の伝来時期と想定している突帯文土器出現期（江辻遺跡SX-01期）やそれ以前の黒川式土器期の圧痕調査事例はきわめて少ないのが現状である。

今回は、筆者らが調査を実施してきた事例（表6）を新たに整理し、大陸系穀物の出現期に関する現況と問題点を中心に叙述する。ただし、まだ検討中の資料も多くあり、現時点での暫定的な見解であることをお断りしておく。

2　検出圧痕資料とその概要

(1) 古閑式期以前（縄文時代後期～晩期前葉）

阿高式土器から古閑式（入佐式古段階）土器にかけての圧痕資料を取り上げる。この時期の大陸系穀物として評価を受けた圧痕は、もっとも古いもので、イネ＝熊本県大矢遺跡（阿高式土器）があり、続く時期には同石の本遺跡（鳥井原式土器・古閑式土器）や同太郎迫遺跡（太郎迫式土器）などがある（山崎2007a・2007c）。しかし、これらはイネとしての同定要件に欠ける点から否定された（中沢2009）。さらにアワとして報告された福岡県重留遺跡例（天城式土器・古閑式土器古段階、山崎2007b）も1点はアワとしての要件に欠け、もう1点は炭化物のため検証できないと評価された（中沢2009）。また石の本遺跡の天城式土器のオオムギ圧痕と報告された資料（山崎

検出圧痕の種類								
大陸系穀物						家屋害虫	その他	不明種実
アワ	キビ	イネ		オオムギ	コムギ	コクゾウムシ		
KNA 0001・0004 SMB 0002 KND 0001 HMI 0003? SNO 0001 EZK 0002-2 KRT 1001・1002-3・1015-3 他 INZ 0004 HMI 0018?	KNA 0002 YSI 0001? HMI 0020?	MGD 0109・0022・00228 他7点 GGW 1021・0672・0003・0005 SMB 0001 KND 0003 HMI 0001・0005・0006・0015・0016 NMI 0011 HMI 0014・0017 HRY 0003 EZK 0001・0002-1 ほか KRT 1007-1・1010・1012・1017・1021-1 NBT 1112・1388 ICH 0871・0872・0873						HMI 0009 HMI 0021
		NAK 0006 TZJ 6323 NAK 0008 NAK 0009 NAK 0010-0013						HMI 0002

2007a・2007c）に関してもオオムギ穎果の要件は満たされていない（小畑2008）。イネ籾付穎果としての要件は満たすものの、土器の型式認定により、縄文時代後期ではなく、突帯文土器出現期～弥生時代早期もしくは弥生時代以降のものと評価された例がある（中沢2009、宮地2013）。

これらの公表以後行われた調査によっても確実な大陸系穀物はまだ検出されていない。この時期の圧痕組成は、栽培植物としてダイズ・アズキ・エゴマがあり、これらに野生植物のコナラ属・サンショウ属（カラスザンショウが多い）などの種実、さらにコクゾウムシが加わるものである。マメ関連資料が増加しているのは宮崎県内であり、内野々遺跡からは小池原上層式土器の時期のダイズやアズキが圧痕として検出され、これまで推定されていた九州地方への伝播がさらに後期前葉まで遡ることが明らかになってきた（宮崎県埋蔵文化財センター2011）。アズキの炭化資料も野添遺跡や広原第1遺跡で後期後半～晩期初頭の例が検出されている（宮崎県埋蔵文化財センター2004・2013）。また、鹿児島県内では、アズキ＝塚ヶ段遺跡（上加世田式土器、未報告）、ダイズ＝上加世田遺跡（入佐式土器）の圧痕（小畑・真邉2015a）が追加される。

以上の状況から見て、今のところ、本段階には大陸系穀物圧痕で確実なものは検出されておらず、東日本から伝播したアズキ・ダイズ・エゴマを中心とした畠（畑）作物が栽培された段階であるといえよう（図22）。

(2) 山ノ寺式・夜臼Ⅰ式期以降（弥生時代早期）

本時期には、板付遺跡などから検出された灌漑水田遺構や炭化米により、本格的な水稲耕作が行われたことは明らかである。佐賀県菜畑遺跡では炭化米に加え炭化アワも検出されている（笠原1982）。この菜畑遺跡例は、炭化アワ資料としては北部九州最古のものであろう。本遺跡にお

60　Ⅱ部　レプリカ法が明らかにしてきた世界

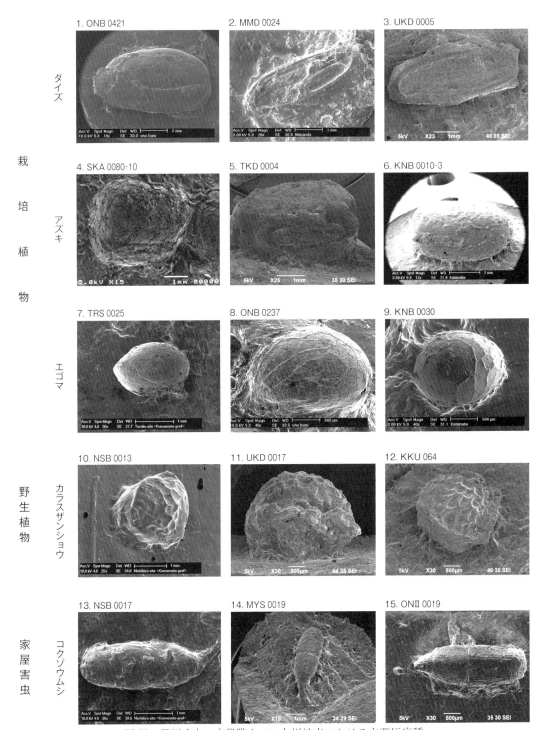

図22　黒川式古・中段階までの九州地方における主要圧痕種
1・8長崎県大野原遺跡、2熊本県三万田遺跡、3・11鹿児島上加世田遺跡、4福岡県四箇A遺跡、5鹿児島県塚ヶ段遺跡、6・9熊本県上南部遺跡、7熊本県渡鹿貝塚、8長崎県大野原遺跡、10・13熊本県西平貝塚、12鹿児島県垣内遺跡、14鹿児島県宮之迫遺跡、15鹿児島県面縄貝塚

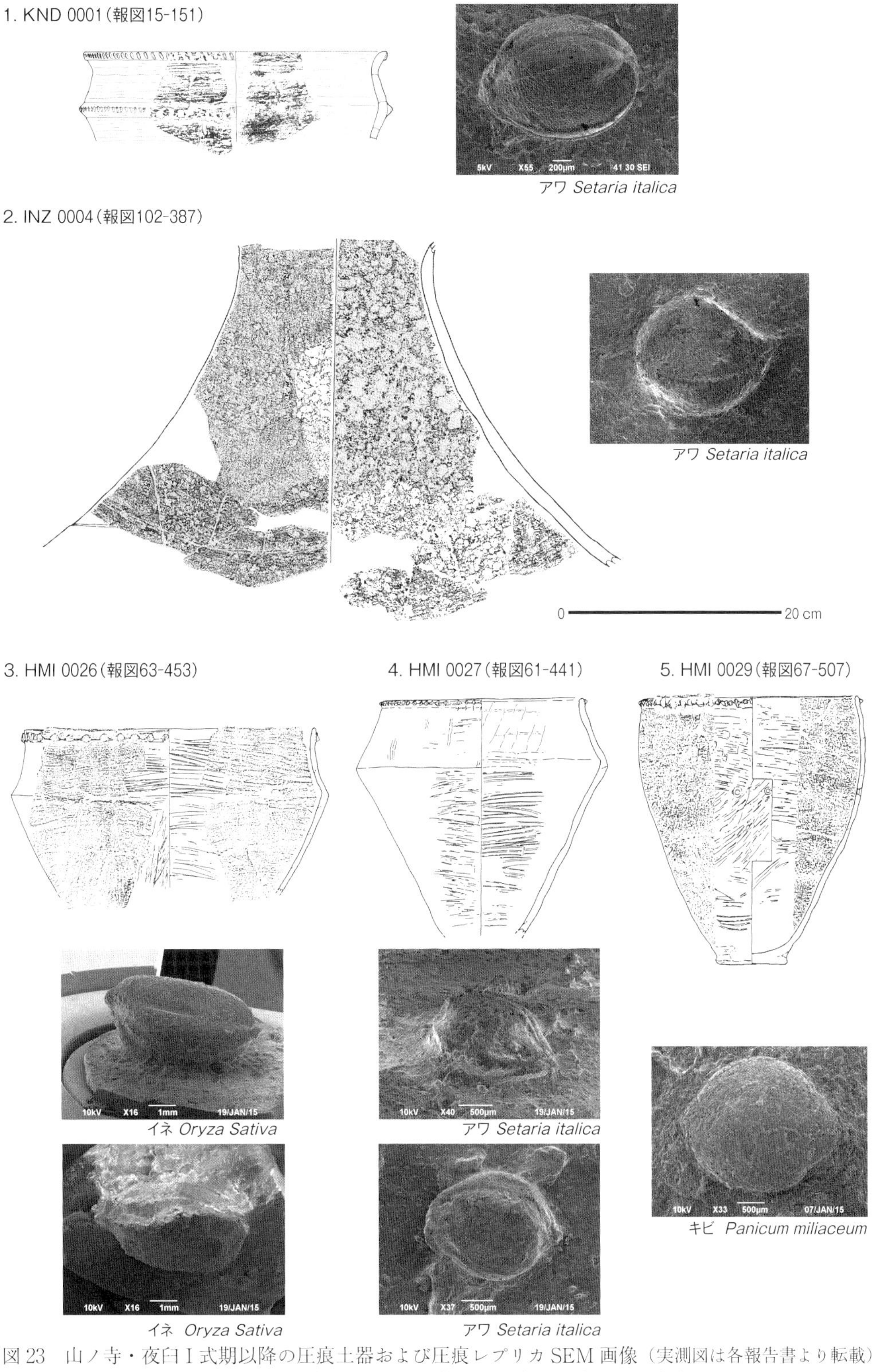

第3章 植物考古学から見た九州縄文後晩期農耕論の課題　61

1. KND 0001（報図15-151）

アワ Setaria italica

2. INZ 0004（報図102-387）

アワ Setaria italica

0　　　　20 cm

3. HMI 0026（報図63-453）　　4. HMI 0027（報図61-441）　　5. HMI 0029（報図67-507）

イネ Oryza Sativa

アワ Setaria italica

キビ Panicum miliaceum

イネ Oryza Sativa

アワ Setaria italica

図23　山ノ寺・夜臼I式期以降の圧痕土器および圧痕レプリカSEM画像（実測図は各報告書より転載）
1 鹿児島県上中段遺跡、2 同稲荷迫遺跡、3〜5 福岡県橋本一丁田遺跡

いては、山ノ寺式・夜臼Ⅰ式期に属する9～12層出土土器1点、8層上出土土器2点からイネ籾付穎果圧痕、12層出土の深鉢の底部からアワ有稃果圧痕4点が検出され、圧痕によっても当該期の大陸系穀物の存在が確認されている（遠藤2013）。これ以前までは、この時期の大陸系穀物の圧痕は、鹿児島県上中段遺跡のイネ籾付穎果の圧痕例（山ノ寺式・夜臼Ⅰ式期、中沢・丑野2003）と筆者らが検出したアワ有稃果圧痕（夜臼Ⅱa式期、図23の1）があるのみであった。宮崎県黒土遺跡はイネ圧痕が報告書発行時から知られていたが、最近都城市内の縄文晩期～弥生時代の遺跡を中心に圧痕調査が実施され、アワを含めた大陸系穀物の圧痕が検出された（中村直ほか2013）。中沢は、坂元B遺跡や黒土遺跡のアワやイネの圧痕は夜臼Ⅰ式～夜臼Ⅱa式期と評価している。そして、これらを加えた全国的な圧痕資料を根拠に日本列島には突帯文土器期を遡る縄文時代晩期前半にイネ・アワ・キビなどの穀類が存在した証拠はないとした（中沢2014b）。

　実は、意外にこの段階の土器の圧痕調査はなされていない。山崎純男は福岡県原遺跡26次調査資料の土器圧痕調査を実施しているが、アワやイネの圧痕が検出されていることのみ紹介し、詳細は報告していない（山崎2012a）。このような状況の中、筆者らは福岡県橋本一丁田遺跡4次SX121から出土した山ノ寺式・夜臼Ⅰ式期の土器からのイネとアワの圧痕を検出している（小畑2018a）。また、同期のSX102とSX125からもイネ籾付穎果の圧痕土器を、そしてSX116からキビ有稃果の圧痕土器を検出した（図23の3～5）。SX121資料は浅鉢などに以前の段階（宮地編年：突帯文Ⅰb期、宮地2008b）の特徴をとどめ、若干遡る可能性もある。このキビの圧痕は島根県三田谷Ⅰ遺跡例（中沢2014a）に並ぶ日本でも最古級の例と考えられる。それ以降の時期の圧痕資料として、橋本一丁田2次SD001・那珂37次・那珂67次などからイネを中心とした圧痕を得ている（小畑2018a）。このほか、福岡県曲り田遺跡からも山ノ寺式・夜臼Ⅰ式期のイネ籾付穎果圧痕が検出されている（遠藤2013）。熊本県内でも弥生早期段階の複数の遺跡からイネ・アワ圧痕（小畑2018b）を、鹿児島県稲荷迫遺跡の夜臼Ⅱa式の壺からアワ有稃果圧痕1点を検出した（図23の2）。

　以上より、山ノ寺式・夜臼Ⅰ式期にはすでに水田遺構や炭化米とともに圧痕においても、イネ・アワ・キビ資料が検出されているので、水稲耕作とともにアワ・キビ・マメ類・エゴマなどの畠（畑）作が行われていたのは確実である。焦点は、これらが突帯文土器出現期もしくはそれ以前に遡るのかという点にある。

(3) 黒川式～出現期突帯文期（縄文時代晩期中後葉）

　黒川式土器は3時期（宮地2008a）もしくは2時期（水ノ江2009）に分けられているが、黒川式土器古段階の圧痕資料はわずかであり、中段階の圧痕資料はまったくない。これは栽培植物がなかったという意味ではなく、この時期の圧痕調査がほとんど行われていないことを意味する。黒川式土器古段階の例としては、長崎県礫石原遺跡のダイズ種子圧痕（小畑ほか2007）、福岡県原田十楽B遺跡のエゴマ果実圧痕（真邉2011a）があるのみである。ただし、この段階は、晩期前葉までの状況と似た様相を示しており、その実態も依然同じであった可能性がある。

　以下は、黒川式土器新段階もしくはそれ以降に該当する可能性のある資料群である。地域的に

第3章 植物考古学から見た九州縄文後晩期農耕論の課題　63

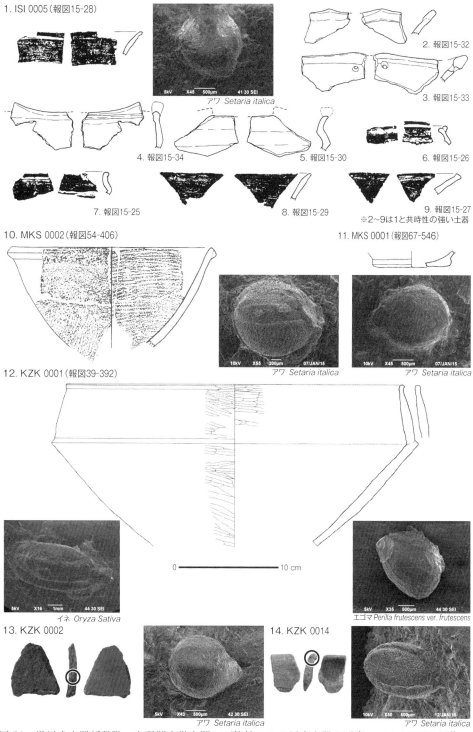

図24　黒川式土器新段階〜出現期突帯文期の可能性のある圧痕土器と圧痕レプリカ SEM 画像
　　　（実測図は各報告書より転載）
　　　　　　　1〜9 大分県石井入口遺跡、10・11 宮崎県右葛ヶ迫遺跡、12〜14 鹿児島県小迫遺跡

は東九州が一部含まれるが、南九州の事例が充実してきている。

　大分県石井入口遺跡出土の黒川式土器新段階と思われる精製浅鉢形土器（竹田市教育委員会1992）からアワ有稃果の圧痕を検出した。アワの特徴をよく示す内穎側は観察できないが、台形状の上面観と背骨状の盛り上がり、果粒状の突起列などから、アワ有稃果と思われる。土器は内面が平坦で外面に浅い沈線をもつ口縁部で、外側に張る胴部が想定できる（図24の1）。本遺跡の縄文土器は後代の遺構の調査時に覆土内から検出されたもので一括性に乏しいが、本圧痕土器が出土した90号住居址の出土資料（図24の2〜9）を見ると、黒川式土器新段階もしくは突帯文出現期（宮地編年：突帯文Ⅰb期）の浅鉢群と類似する。

　なお、大分市玉沢地区条里跡から検出された黒川式土器新段階の精製浅鉢形土器のイネ籾圧痕と報告された資料（大分市教育委員会2006）は実見した結果、イネではないことが明らかになったので付言しておく。

　星原遺跡のアワ有稃果圧痕は組織痕土器から検出されている。また坂元B遺跡例は中沢がいうように、「アワ有稃果か」（中村直ほか2013）でなく「アワ有稃果」と同定してよい資料であるが、組織痕土器が突帯文土器まで残るという可能性から時期的には突帯文土器の段階と評価されている（中沢2014b）。

　問題となるのは右葛ヶ迫遺跡のアワ圧痕2例である。うち1点（図24の10）は「アワとしての認定には慎重な意見がだされている」と、中沢が判断を保留したものであるが（中沢2012c）、レプリカ作成の結果アワと同定できた。本土器は無刻目の断面三角形の突帯をもつ粗製鉢形土器で、鹿児島県小迫遺跡に似た例がある。もう1点は精製浅鉢形土器の平底外面から検出した。本遺跡では刻目突帯文甕や丹塗壺形土器なども検出されているがその量はさほど多くない。

　イネ資料としては、黒川式土器新段階の土器を中心とした長崎県肥賀太郎遺跡で検出されたイネ（？）圧痕（山崎・片多2006）があるが、本資料はイネ籾付穎果の要件を十分に満たすものではない。イネ籾付穎果としての要件を満たす例として、鹿児島市小迫遺跡から出土した精製浅鉢形土器（図24の12）から得られた圧痕がある。この土器はやや内傾する長い中太の口縁部から急角度で胴部が屈曲し、接合部が突帯状を呈する。口縁部も頸部との間に稜線があるように整形されており、やや玉縁状の断面形となっている。丁寧な研磨が施され、外面は丹塗である。報告図とは異なり、山形口縁を成すようである。本土器からはイネとともにエゴマを検出している。小迫遺跡からは本例以外に、土器片2点からアワ有稃果の圧痕が得られた（図24の13・14）。図24の12・14の口縁部は一見すると宮地編年：突帯文Ⅱa期以降に出現する「くの字形浅鉢」（図25の64、宮地2008b）と類似し、刻目突帯文とともに出土することの多い資料を含む一群（上水流遺跡C8類、野間口2007）にも類似タイプが見られる。さらに、宮地編年：突帯文Ⅰb期・Ⅱa期に見られる屈曲し口縁部が開く平口縁の浅鉢（図25の54・65）などにも似る。このような器形の浅鉢（鉢）は「干河原段階」（東2002・2009）の遺跡から比較的安定的に検出されている。しかし、小迫遺跡の例は、口縁部の長さや端部の処理が異なっており、調整法は玉縁状口縁をもつ精製浅鉢などに近く、器形こそ異なるが、干河原段階古段階の「平底沈線文浅鉢」に近い。これらは干河原段階と呼ばれる土器群から検出されたものであるが、王子原遺跡・右葛ヶ迫遺跡・小

第3章　植物考古学から見た九州縄文後晩期農耕論の課題

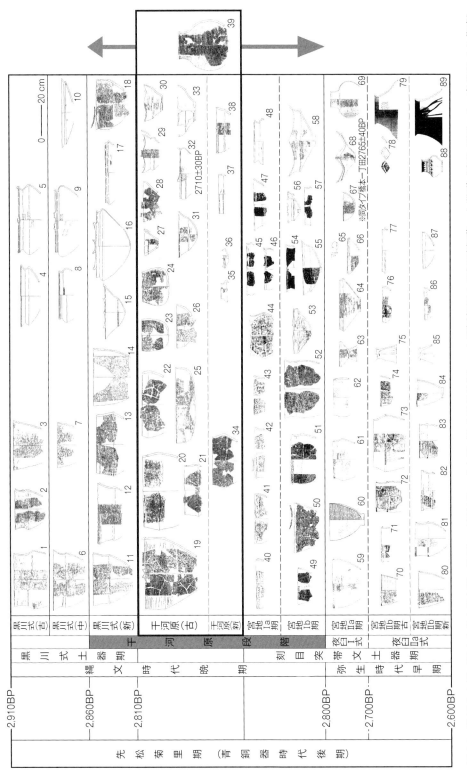

図25　黒川式土器（縄文時代晩期中葉～後葉）～夜臼Ⅱa式土器（弥生時代早期）の土器編年図と千河原段階の土器群（宮地2008a・b、東2009より作成）
1・2大坪、3大原D、4古閑、5・14・15貫、6～10堀田、11・17・18深水谷川、12・16春日台、13榎崎B、19・39許志加里、20・23・24・27千河原、21チシャノ木、22・28・30・31前原、25・26仁田尾、29釘番所後Ⅱ、32・33上水流、34～38中尾、40～48長行、49～58江辻、59・61・64・65・68菜畑、63久保泉丸山、66板付、67・85・89雀居、70～79・83・84・88野多目、80～82・86・87那珂

迫遺跡など比較的刻目突帯文土器が少ない資料群から検出されており、宮地編年：突帯文Ⅱ期を遡る型式である可能性は高い。

3　九州地方における縄文農耕と栽培作物

以上の圧痕の検出状況から、議論のために、暫定的ではあるが、現状での検出状況を参考に、先の農耕化の諸段階（小畑 2013e）を以下のように修正する。

Ⅲ b 期＝縄文時代後期～晩期前葉（黒川式土器より前の段階）：九州への東日本系栽培植物伝播
アズキ・ダイズ・エゴマの栽培植物に野生植物のコナラ属・サンショウ属、それにコクゾウムシが加わる組成。栽培植物は東日本から後期前葉には伝播してきている。

Ⅳ期＝縄文時代晩期中葉～後葉（黒川式土器の段階：干河原段階・宮地編年：突帯文Ⅰ期含む）
この段階の特に後半期に九州においてもアワ・キビ・イネが伝来してきた可能性が高い。これらは同時期の朝鮮半島無文土器文化の穀物組成であり、在来のマメ類やエゴマなどの栽培が加わる。ただし、調査対象や地域に偏りがあり、現状では、朝鮮半島からの伝播経路の問題について議論できる状況にはない。

4　残された問題点

(1)　土器型式とセット関係の認定

今回検出した大陸系穀物は穀物として同定するための植物学的要件はすべて満たしている。よって、問題があるとすれば、各圧痕土器の時期比定である。このことは、炭素年代の方法論に例えれば、炭素年代値は出たものの、較正曲線に載せた際にいわゆる 2,400 年問題にぶち当たったようなものである。穀物圧痕土器の大部分は、九州縄文土器編年の中でその位置がまだ定まっていない干河原段階に相当するため、穀物の時期比定が難しい。この段階の土器の組み合わせの不安定さは、干河原段階の浅鉢（図 25 の 15）は鰭状突起の有無を除くと、干河原（古）段階の浅鉢（図 25 の 31）とほぼ同じ形態をもつし、肩部と口縁直下に沈線をもつ「屈曲直行口縁浅鉢」（図 25 の 37）は干河原段階でも新しい段階のものと評価されているが（東 2009）、黒川洞穴出土土器の中（東 2009 の図 2 参照）にも見られる点などからもうかがい知ることができる。干河原段階は黒川式土器新段階～宮地編年：突帯文Ⅰ期を含み、場合によってはⅡ期の一部を含んでいる可能性もある。

(2)　土器型式の年代差と圧痕種実

さらに、穀物拡散の時期を決めるうえで看過してはならないもう 1 つの問題として、同一型式土器の地域ごとの年代差の問題がある。たとえば黒川式土器新段階の土器が地域によってその使

用開始年代や使用期間を異にすれば、検出された穀物圧痕を単に土器型式差に置き換えることはできない。具体例をあげると、刻目突帯文土器の古い型式と考えられた鹿児島県上中段遺跡の2条突帯甕は、年代測定結果によれば、板付Ⅰ式と共伴する夜臼Ⅱb式の年代値（BP2,500年代）を示しており、北部九州とは200年以上の差がみられる。鹿児島県稲荷迫遺跡の土器群も同様である（藤尾ほか2013）。これは刻目突帯文土器だけに押し込められる問題であろうか。鹿児島県上流水遺跡から出土した干河原段階とされる鰭状突起付の精製浅鉢（図25の32）は2,710±30年BPの年代値をもち、北部九州の山ノ寺式・夜臼Ⅰ式期よりも50年も新しい。土器圧痕種実は土器型式のみでしかその時期を決定できない。果たして土器型式を並行に並べてその前後関係だけで新旧を判断している方法が正しいのか、土器型式と年代値をどう考えるかという問い（水ノ江2009）とも共通する根本的な要解決の課題である。

　この答え次第では、水稲耕作伝播以前に列島各地に見られる「タテのボカシの時間」（藤尾2013・2014）の存在や水稲耕作の影響力や規模の大きさそのものが問われかねない。これは植物考古学分野を超えた土器型式学や年代学などの考古学に課せられた本質的な問いである。

Ⅲ部　X線で見えてきた栽培植物への祈り

第1章　エゴマを混入した土器

　Ⅰ部第2章で述べたように、土器中の潜在圧痕を検出するためには、X線機器を用いる必要がある。ここでは、富山県の縄文時代前期の遺跡から出土したエゴマ果実を混入したと思われる土器にこの手法を適用した事例を紹介する。

1　分析方法

　今回使用した方式は、肉眼のみでなく軟X線機器を用いて土器圧痕のすべてを検出し、それらをX線CTスキャナーやレプリカ法を用いて3D化するという方法である。最初に、肉眼による圧痕検出を行い、レプリカ法を用いて種実・昆虫の同定を行った。その後、資料を軟X線撮影装置（ソフテックス社製EMT-J、特殊カメラ仕様）によって撮影し、画像中で既検出の表出圧痕の位置を確認しながら、それ以外の種子および果実と思われる密度の低い空隙部分の位置と数を記録した。これら潜在圧痕の形状を土器表面で観察した表出圧痕やそのレプリカの形状と比較し、種実を同定した。さらに正確を期するため、潜在圧痕部の3D化を行った。その方法として、①マイクロフォーカシングのX線CTスキャナー（東芝ITコントロールシステム㈱製TOSCANER-32250μPD）を用いる方法、②土器表面を削り圧痕部を露出させた後、従来のレプリカ法を用いて複製品を作成しSEMによって同定する方法、の2つの方法を用いた。この方法の選択は、報告資料および土器の希少性などを判断材料として実施した。欧米での圧痕研究においても、潜在圧痕の存在は古くから注目されていたが、非破壊を好む考古学者がほとんどであるため、実際に破壊法による検出はほとんど行われていないという（Magid and Krzywinski 1995）。

　以上の軟X線を軸とした一連の圧痕検出と圧痕の3D化の方法を「熊大方式」と命名した（小畑2015c、Ⅲ部第2章参照）。圧痕の検出に用いたソフテックス社製のEMT-Jはカメラの入力窓にベリリウムを用いたX線I.I.カメラを使用しており、通常の軟X線機器より解像性が高く、土器などのX線を透過しやすい検査体に適した仕様となっている。

　今回の分析は、表出圧痕に加え、潜在圧痕の数を軟X線機器で確認し、単位面積当たりの圧痕数の復元、その数と圧痕果実の産状の組み合わせを類型化し、さらに、多数の圧痕を検出した土器片から、土器個体を完形に復元した際の胎土中の全圧痕数を推定し、それらを根拠に、果実の意図的な混入行為があったことを立証した。さらに、初心者および熟練者による表出圧痕の検出率の比較や軟X線分析による検出率（潜在圧痕を含む）との差を検討した。

2　分析資料

　今回分析に使用した資料は、富山県文化振興財団埋蔵文化財調査事務所が2008・09年に発掘調査を行った富山市小竹貝塚出土の土器と2012年に発掘調査を行った同市平岡遺跡の土器のうち、エゴマ果実を含む圧痕土器を対象とした。それぞれの圧痕調査の成果はすでに報告済みであり、両遺跡とも圧痕種実の中でエゴマ *Perilla frutescens* var. *japonica* 果実圧痕がもっとも多い（小畑ほか2014、小畑2015b）。小竹貝塚の圧痕土器は縄文時代前期中葉～末、平岡遺跡の圧痕土器は縄文時代前期後葉～末のものである。分析資料の詳細は以下のとおりである。
　小竹貝塚：ODS 5・ODS 8・ODS 15・ODS 55・ODS 59・ODS 64・ODS 69
　平岡遺跡：HOK 6・HOK 7・HOK 14・HOK 21・HOK 24・HOK 28・HOK 38・HOK 61・HOK 66・HOK 84・HOK 89・HOK 138・HOK 151・HOK 153

3　分析結果

(1)　個別土器のエゴマ果実圧痕の産状

ODS 64 土器（図26～29）

　朝日C～福浦下層式の深鉢形土器の口縁部～胴部にかけての破片であり、筆者のもとに届けられたときには、2点の大型（掌大）破片（破片4点・3点接合）と8点の小破片から成っていた。この大型の2点は接合する。表出圧痕のうち炭化果皮と思われる部分以外のレプリカを作成した。これらはいずれもエゴマ *Perilla frutescens* var. *japonica* 果実であった。同定の根拠は、形態とサイズである。これらレプリカは広倒卵形で細く低い隆状の大型網目模様が認められ、カモの嘴状の着点部は基部の大部分を占め、中央にわずかな突起がある（図26のa）。このような形態もつシソ属果実として、シソ *Perilla frutescens* var. *acuta* やレモンエゴマ *Perilla frutescens* var. *citiriodora* があるが、エゴマが一番大きいとされる（松谷1988・1995）。小竹貝塚検出のエゴマ果実の圧痕レプリカの大きさは、長さ1.9～2.5mm、幅1.5～2.5mm、平岡遺跡のエゴマ果実のレプリカの大きさは、長さ1.9～2.9mm、幅1.5～2.8mmであり、いずれもエゴマの範疇に入っていた（小畑ほか2014、小畑2015b）。
　軟X線撮影画像では、エンハンスおよびシャープネスによって鮮明にした画像を観察した。画像中でもっとも目立つのが直径2mmほどの白～灰色に近い円形および倒卵形の像（A）と、同大・同形であるが内部が黒く幅0.2mmの輪状の白色の線で覆われた像（B）である（図26のe1～e4）。これらが重なって見える部分もある（図28のe1～e5）。これらは、表出圧痕とその位置を照合してみると、その一部がそれぞれ果実圧痕と果皮圧痕部と重なり、いずれもエゴマ果実であることがわかる。現生のエゴマの軟X線画像（白黒反転させたもの、図26のe5）と粘土板中に

72　Ⅲ部　X線で見えてきた栽培植物への祈り

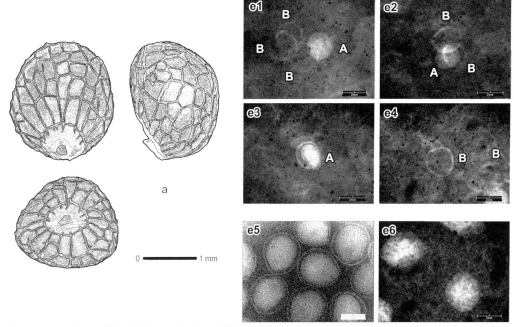

図26　エゴマ果実実測図とODS 64土器中の潜在圧痕および現生エゴマと土器混入実験エゴマの軟X線画像の比較
e1～e4：ODS 64中のエゴマと思われる潜在圧痕の軟X線画像、e5：現生エゴマの軟X線画像、e6：土器混入実験のエゴマの軟X線画像

入れて焼いたエゴマ果実の軟X線画像（図26のe6）と比較しても、これらがエゴマの果実と果皮であることがわかる。潜在圧痕の果実の軟X線画像の中には果皮と種子部分が分離した状態を明瞭に捉えることのできるものが存在する（図26のe3）。また、果皮・果実ともに、それらが破断したようなものも観察できる（図26のe1-Bや図28のe4左上）。X線CT断層画像では、黒い空隙の中には灰色のやや密度の低い輪状のシルエット（図29のg4・g5・g7）が認められ、これらはエゴマの果皮部分が炭化したものと思われる。この空隙を3D画像化したもの（図29のf2・f3・f4）を見ると、網状組織こそ確認できないが、カモの嘴状に突出した着点と偏楕円形の形態をもつことから、これらはエゴマ果実と判断できる。

また、これらの軟X線像の長さと幅をすべて計測して、グラフ上で表出圧痕と潜在圧痕を比較したところ、表出圧痕とほぼ同じ分布域をもっていた。また潜在圧痕の両タイプは長さの度数分布もほぼ重なることから、潜在圧痕A・Bタイプともすべてエゴマ果実と判断した（図30・31）。その結果、総数で477点のエゴマの果実および果皮の圧痕を確認した（図27・28）。表出圧痕と潜在圧痕の比率は65：412であった。

また、初期調査者によって同一個体として判断されていた土器片のうち3点（8・10・11＝本論非掲載）は肉眼および軟X線撮影によっても何の痕跡も認められなかった。これらは、文様や色調はエゴマ果実を含む他の土器片とよく似ているが、口縁部の厚さがそれらに比べると若干薄く、ODS 64とは別個体であると判断した。

第1章 エゴマを混入した土器 73

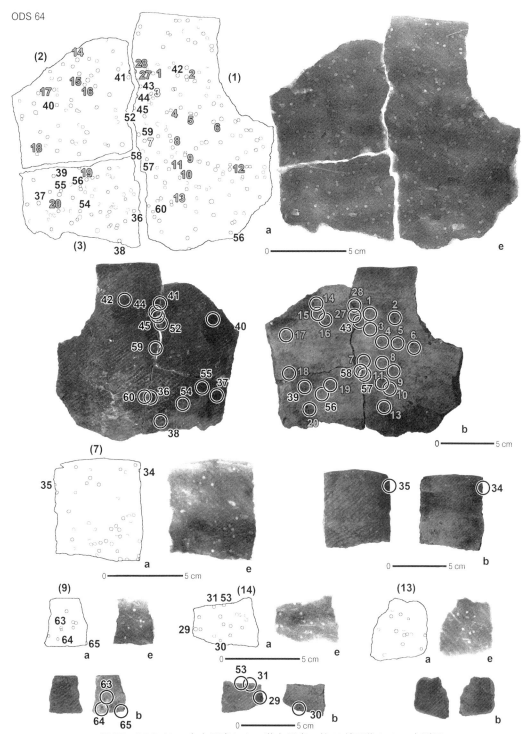

図27　ODS 64 の表出圧痕および潜在圧痕の軟 X 線画像および実測図
図中 a の番号は灰色が初期調査者による表出圧痕、黒色が2次調査者によって検出された表出圧痕、潜在圧痕は番号なし

74　Ⅲ部　X線で見えてきた栽培植物への祈り

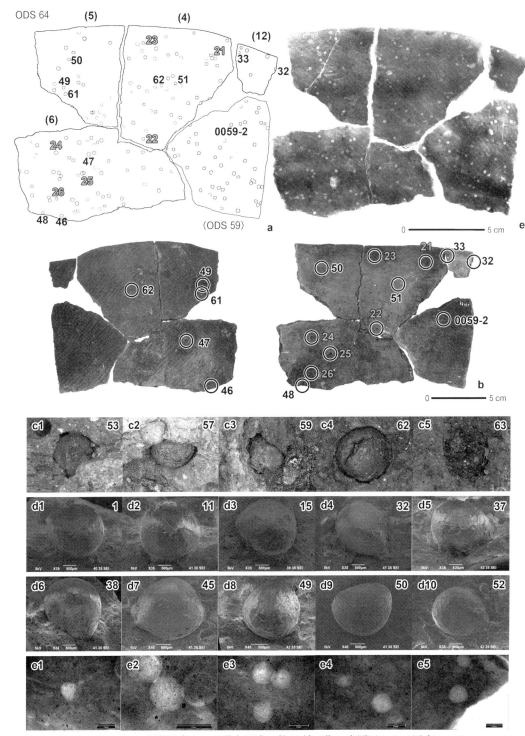

図28　ODS 64の表出圧痕および潜在圧痕の軟X線画像・実測図および圧痕レプリカ
図中aの番号は灰色が初期調査者による表出圧痕、黒色が2次調査者によって検出された表出圧痕、潜在圧痕は番号なし

第1章 エゴマを混入した土器　75

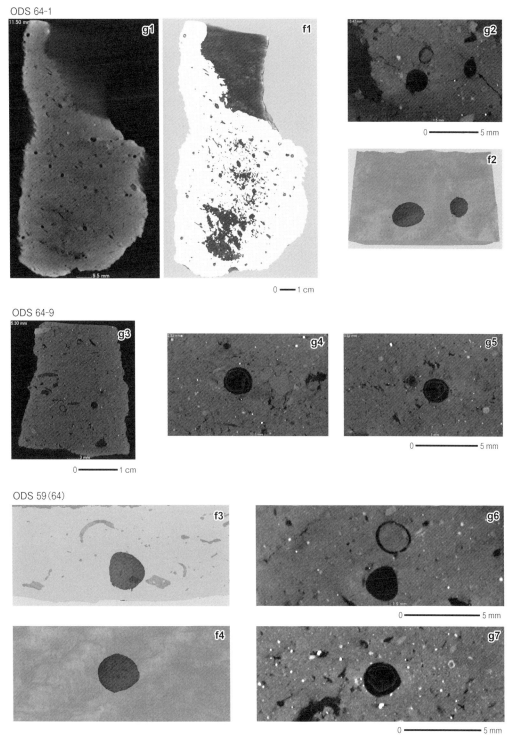

図29　ODS 64 の潜在圧痕の軟 X 線画像と 3D 画像

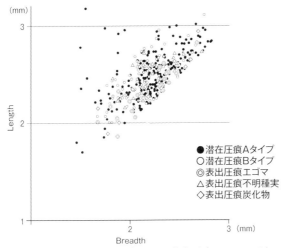

図30　ODS 64の表出圧痕および潜在圧痕のタイプ別の長さと幅の分布グラフ

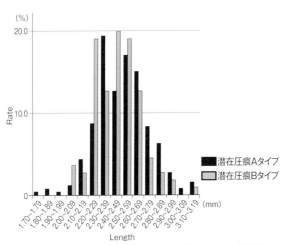

図31　ODS 64の潜在圧痕のタイプ別の長さの度数分布グラフ

ODS 59（図28）

朝日C〜福浦下層式の深鉢形土器の胴部片である。初期圧痕調査によって、内面より1点のエゴマ果実の圧痕が検出されていた。土器を詳細に観察したところ、この他に、断面に直径約2mmの楕円形の圧痕4点が認められ、うち2点は内部に丸い粘土が残存した薄い皮状の圧痕であった。軟X線撮影によって、それらを含む49点の圧痕を確認した。すべてエゴマの果実と果皮と判断した。接合を試みたところ、ODS 64の破片と接合した。表出圧痕と潜在圧痕の比率は1：48であった。

ODS 15（図32）

朝日C〜福浦下層式の深鉢形土器の底部片である。外面より2点のエゴマ果実の表出圧痕が検出されていた。再調査の結果、それ以外に4点ほど直径2mmほどの丸い圧痕を検出した。新たに発見した表出圧痕は、レプリカは作成していないが、レプリカを作成した圧痕と形態的に類似することから、これらは、すべてエゴマ果実と判断した。軟X線撮影で潜在圧痕1点を検出した。表出圧痕：潜在圧痕の比率は7：1である。

ODS 5（図33）

朝日C式〜福浦下層式の深鉢形土器の口縁部から胴部にかけての掌サイズの破片である。肉眼による初期圧痕調査では内面にダイズ属種子の表出圧痕1点が検出されていた。軟X線撮影によって、直径2mmほどの種実らしい空隙11点を検出した。うち圧痕2・5〜12は長さ2.0〜3.5mmの雨滴形もしくは楕円形を呈するものであり、輪郭も明瞭で内部も白く透過している。形態的な共通性をもち、鈍く尖る端部をもつことから、エゴマ果実と推定される。圧痕4は長さ4.06 mm、幅3.36 mmの先端が尖る偏楕円形を呈するもので、表面に長さ0.8 mmの大きさの網状の組織が認められる。種実であれば、サンショウ属の種実に類似する。これら種実と想定されるもの以外に、細い棒状のものや2cmほどの茎か枝状のもの、または四角い形状のものなどが含まれている。ただし、ダイズ属種子と同じ形状の空隙は検出できなかった。エゴマ果実の表出

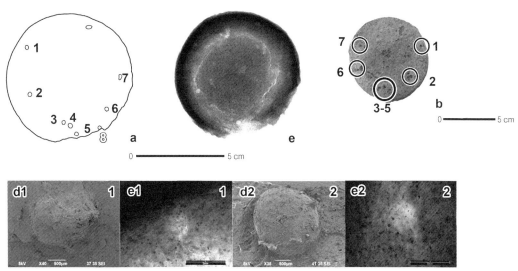

図 32 ODS 15 の表出圧痕および潜在圧痕の軟 X 線画像・実測図および圧痕レプリカ
図中 a の番号は黒色が表出圧痕、白抜きが潜在圧痕を示す

圧痕と潜在圧痕の比率は 0：10 であった。

ODS 8（図 34）

蜆ヶ森 I〜福浦上層式の深鉢形土器と思われる底部片である。全体の約 1/2 が残存している。表出圧痕調査では、5 点のエゴマ果実の圧痕が検出されていた。再調査によって断面に 1 点の表出圧痕を検出した。軟 X 線撮影によって 2 点の潜在圧痕を検出することができた。うち 1 点は長さ 3.08 mm、幅 2.84 mm のややいびつな楕円形状を呈する。形状と大きさは表出圧痕と類似する。よって、これもエゴマ果実の潜在圧痕と思われる。エゴマの表出圧痕：潜在圧痕の比率は 6：1 である。

ODS 55（図 34）

福浦下層〜蜆ヶ森 I 式の深鉢形土器の口縁部小片である。口縁直下裏面から 1 点のエゴマ果実の表出圧痕が検出されていた。軟 X 線撮影によって、その下左 2 cm ほどのところに直径 2 mm ほどの白色の空隙が観察できた。形状や大きさから見てエゴマ果実の可能性が高い。表出圧痕と潜在圧痕の比率は 1：1 である。

ODS 69（図 34）

福浦下層〜蜆ヶ森 I 式の深鉢形土器の胴部の小片である。圧痕調査により、外面より 2 点、内面より 1 点の種実圧痕が検出され、いずれもエゴマ果実の圧痕であった。再調査時に、断面にエゴマ果実圧痕と思われる直径 2 mm ほどの圧痕を 2 点確認した（4・5）。さらに軟 X 線撮影によって 8 点ほどの長さ 2〜2.5 mm ほどの楕円形の白色の空隙が認められた。A タイプ 6 点、B タイプ 2 点の内訳である。これらはすべてエゴマ果実の潜在圧痕と思われる。表出圧痕と潜在圧痕の比率は 5：8 である。

78　Ⅲ部　X線で見えてきた栽培植物への祈り

ODS 5

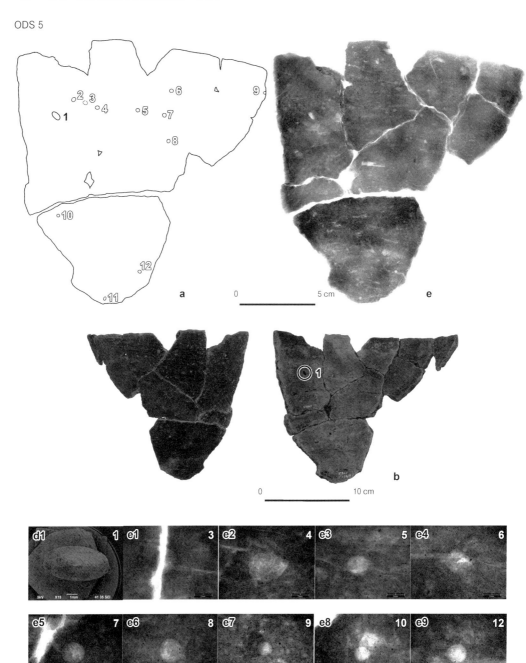

図33　ODS 5の表出圧痕および潜在圧痕の軟X線画像・実測図および圧痕レプリカ
図中aの番号は黒色が表出圧痕、白抜きが潜在圧痕を示す

第1章 エゴマを混入した土器 79

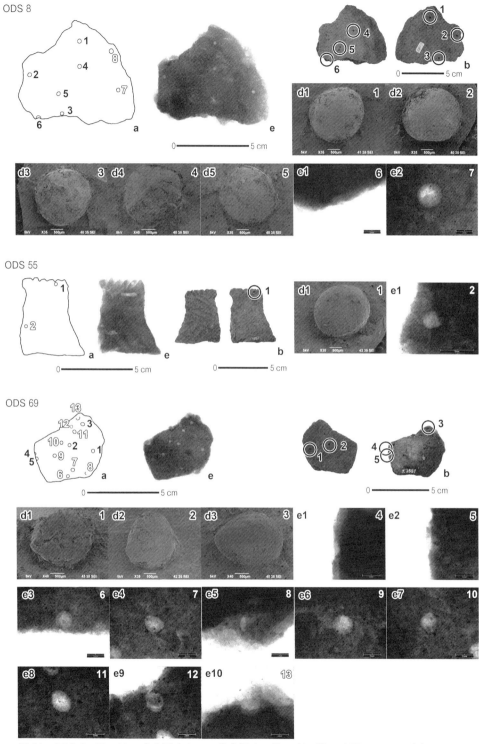

図34 ODS 8・55・69の表出圧痕および潜在圧痕の軟X線画像・実測図および圧痕レプリカ
図中aの番号は黒色が表出圧痕、白抜きが潜在圧痕を示す

80　Ⅲ部　X線で見えてきた栽培植物への祈り

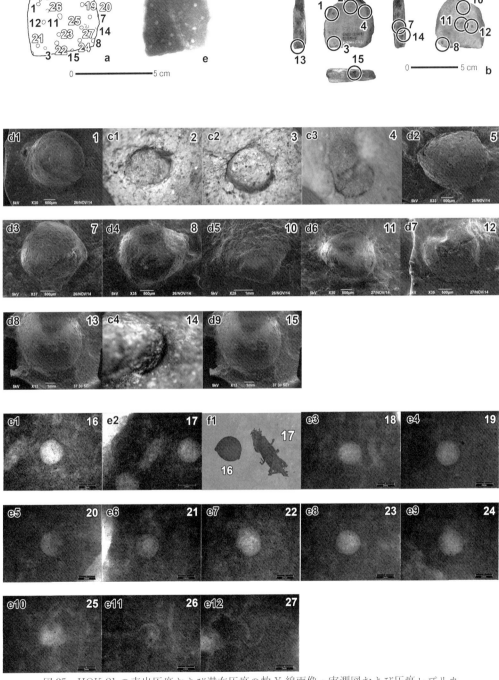

図35　HOK 21 の表出圧痕および潜在圧痕の軟X線画像・実測図および圧痕レプリカ
　　　図中aの番号は黒色が表出圧痕、白抜きが潜在圧痕を示す、アミの圧痕標記は果皮を表す

第 1 章　エゴマを混入した土器　　81

HOK 21（図35）

　明確な型式を特定できないが、縄文時代前期後葉～末の深鉢形土器の底部破片である。内外面からエゴマ果実の表出圧痕13点を検出した。軟X線撮影の結果、12点の潜在圧痕を検出した。潜在圧痕のうち1点（17）は長さ4mmほどの長楕円形であり、他のものは2～3mm前後の長さの楕円形もしくは一端が鈍く尖る楕円形を呈するもの（Aタイプ像）、またはその輪郭部分だけのもの（Bタイプ像）から構成されている。X線CTスキャナーによる撮影を実施したところ、長楕円形の17はコクゾウムシ、楕円形の16はエゴマ果実であることが判明した（図35のf1）。よって、他の楕円形もしくは一端が鈍く尖る楕円形の潜在圧痕はエゴマ果実と推定される。エゴマ果実の表出圧痕と潜在圧痕の比率は13：11である。

HOK 28（図36）

　長さ34mm、幅19mm、厚さ13mmの粘土塊である。表面からはエゴマおよびその果皮と思

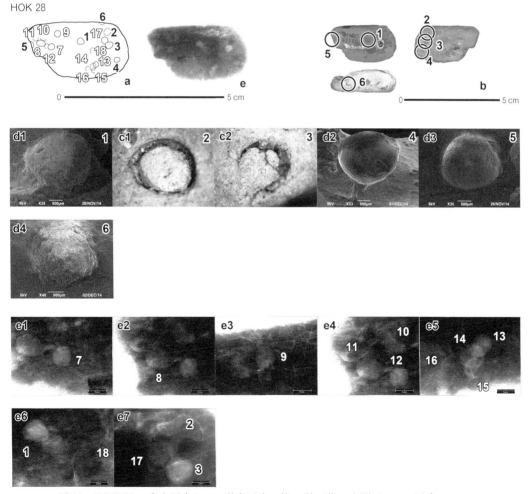

図36　HOK 28の表出圧痕および潜在圧痕の軟X線画像・実測図および圧痕レプリカ
　　　図中aの番号は黒色が表出圧痕、白抜きが潜在圧痕を示す、アミの圧痕標記は果皮を表す

82　Ⅲ部　X線で見えてきた栽培植物への祈り

われる6点の表出圧痕が検出された。軟X線撮影によって、内部より14点のエゴマ果実および果皮と思われる長さ2～2.5 mm の楕円形もしくは円形の潜在圧痕を検出した。表出圧痕と潜在圧痕の比率は6：14である。

HOK 38（図37）

外面に縄文を施した縄文時代前期後葉～末の深鉢形土器の胴部片である。内面と断面から7点のエゴマ果実の表出圧痕を検出した。うち1点（10）は果皮の表出圧痕である。軟X線撮影の

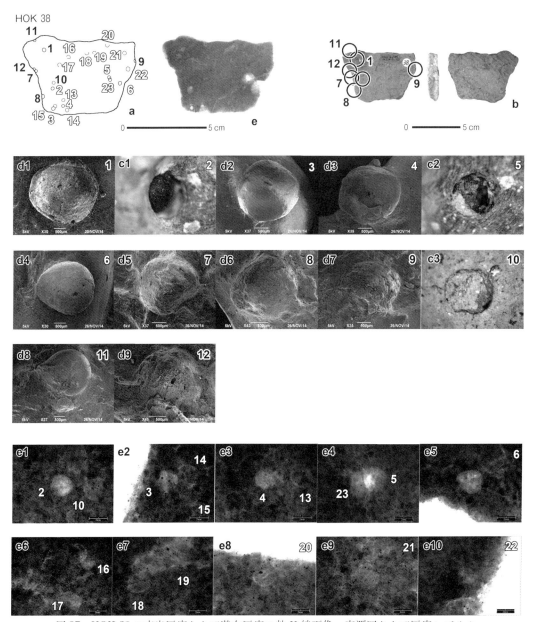

図37　HOK 38 の表出圧痕および潜在圧痕の軟X線画像・実測図および圧痕レプリカ
図中aの番号は黒色が表出圧痕、白抜きが潜在圧痕を示す、アミの圧痕標記は果皮を表す

表7　100cm²換算のエゴマ果実の推定混入個数（推定個数の昇順）

土器番号	表出圧痕 果実	表出圧痕 果皮	潜在圧痕 果実	潜在圧痕 果皮	その他 種実・昆虫	その他 茎・枝・繊維	エゴマ総計	面積(cm²)	単位面積当の推定エゴマ数	果皮の有無	混入タイプ
HOK 6	1		1				2	121.25	2		a
HOK 14	2						2	116.5	2		a
OSD 5	0	0	10		2	○	10	203	5		b
HOK 138	1		1				2	29.75	7		b
HOK 7	1		1				2	25.5	8		b
ODS 55	1		1			○	2	18	11		b
ODS 15	7		1		1		8	70.75	11		b2
HOK 84	2		2				4	31.25	13		b
HOK 24	1		1				2	15	13		b
HOK 89	2		3				5	31.25	16		b
HOK 61	2		1				3	18	17		b
ODS 8	6		1		1		7	38	18		b2
HOK 66	2						2	10.6	19		b
HOK 153	1		2		1		3	12.5	24		b
HOK 151	1			1			2	8	25	○	b
ODS 69	5		6	2			13	15	87	○	c
HOK 38	6	1	6	10			23	24.25	95	○	c
OSD 64	52	14	288	171	1		525	444.75	118	○	c
HOK 21	9	4	10	1	1		24	17.9	134	○	c
HOK 28	5	1	6	8			20	5	400	○	c

結果、これ以外に16点のエゴマ果実および果皮と思われる潜在圧痕を検出した。表出圧痕と潜在圧痕の比率は7：16である。

これ以外に平岡遺跡では、HOK 6・HOK 7・HOK 14・HOK 24・HOK 61・HOK 66・HOK 84・HOK 89・HOK 138・HOK 151・HOK 153から表出圧痕とともにエゴマと推定される潜在圧痕が検出されている。すべて縄文時代前期中葉～末の土器である。それぞれの圧痕の状況は表7を参照されたい。

(2)　ODS 64土器のエゴマ圧痕検出率と復元個数

小竹貝塚出土のODS 64土器およびODS 59土器（以下ODS 64と呼ぶ）について、初期調査者（発掘担当者・整理補助員＝圧痕調査初心者）、第二次調査者（小畑・真邉＝圧痕調査歴8・4年以上の熟練者）のエゴマ果実の部位別検出数および軟X線分析による果実・果皮の数を示したのが表8である。

初心者は33点であるが、この中には熟練者によって削除されたものもある。新たに検出されたものを加え、最終的に66点となった。この肉眼観察によって検出された66点のうち、初心者

表8 ODS 64 の肉眼と軟X線による圧痕調査成果の比較

No.	部 位	初期調査者 外面	内面	断面	計ア	第二次調査者 外面	内面	断面	計イ	軟X線分析 果実	果皮	計ウ	面積(cm²)	備 考
1	口縁部	0	17	0	17	1	13	10	24	90	56	146	107	
2	口縁部付近	0	5	1	6	1	5	1	7	38	17	55	50.75	接合
3	胴 部	0	2	0	2	4	4	1	9	32	29	61	39.25	
4	口縁部	0	3	0	3	1	4	0	5	27	19	46	46.5	
5	口縁部	0	0	0	0	2	1	0	3	13	10	23	27.25	接合
6	胴 部	0	4	0	4	2	4	0	6	42	16	58	51.25	
7	口縁部	0	0	0	0	0	0	2	2	24	19	43	38	
8	口縁部	0	0	0	0	0	0	0	0	0	0	0	—	別個体
9	口縁部	0	0	0	0	0	2	1	3	8	1	9	9	
10	口縁部	0	0	0	0	0	0	0	0	0	0	0	—	別個体
11	口縁部	0	0	0	0	0	0	0	0	0	0	0	—	別個体
12	口縁部	0	0	0	0	0	0	2	2	6	0	6	9	接合
13	胴 部	0	0	0	0	0	0	0	0	9	5	14	14.25	
14	胴 部	0	0	0	0	1	1	2	4	11	5	16	12.5	
合 計		0	31	1	32	12	34	19	65	300	177	477	404.75	
59	胴 部	1	0	0	1	1	0	0	1	40	9	49	40	接合
総 計		1	31	1	33	13	34	19	66	340	186	526	444.75	

は約半分の種子を見逃していたことになる。二次調査によって、内面は31点→34点で、3点増加したのみであるが、外面は1点→13点と追加され、断面も1点→19点と追加された。この結果、すべての面で見逃しがあるが、特に外面と断面での検出率に差があることがわかった。

　軟X線撮影によって、最終的に526点の圧痕を確認しており、総数からすると、初心者の検出率は6.3%で、熟練者でも12.5%と、圧痕全体の1割強以下であった。すべての土器の潜在圧痕の検出率を比較しても、HOK 15やODS 5などの底部資料を除くと、潜在圧痕は全圧痕の4～10割と高率を占めていた。

　分析した資料（ODS 64土器）は大型の破片であるが、口縁部の約1/3周で、底部は存在しない。この土器の全体形を復元し、完形の深鉢形土器に復元したときに、何点の圧痕が存在するのか、推定を試みた。本土器は、

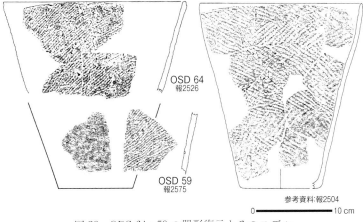

図38　ODS 64・59の器形復元とそのモデル

口径 24.3 cm で、直線的に底部へかけて直線的に窄まる深鉢形土器である。報告書に掲載されたこの土器に類似した 2504 番の土器などから推定して、器高は 25 cm ほどと考えられる。また、土器の胴部の傾きから底部の直径は 10 cm に復元できる（図 38）。このサイズに復元した場合、土器の総表面積は 1,463.32 cm² となる。エゴマ果実圧痕を含む各破片の表面積を合計すると、444.75 cm² となることから、残存率は 30.39% となる。よって、現状で発見された 526 個のエゴマの痕跡は復元個体に換算すると、1,730 個となった。

(3) 単位面積当たりの圧痕数と産状の特質

上述したすべてのエゴマ果実混入土器の外表面の面積を割り出し、単位面積（100 cm²）当たりの個数を推定した。その結果、単位面積当たり 2 個以下のもの、5〜30 個未満のもの、80 個以上の 3 つの群に分かれることが判明した（図 39）。これをもとに、それらのエゴマの果実および果皮別の組成と他の種実や昆虫、植物遺体部位（茎・枝など）の混入状況を合わせると、以下のような 4 つの類型に分類可能であった（表 7 参照）。

Ⅰ類型：単位面積（100 cm²）当たりの個数が 2 個以下のもの。エゴマの果皮は含まない（混入タイプ a：HOK 6・14）

Ⅱ類型：単位面積（100 cm²）当たりの個数が 5 個以上 30 個未満のもで、エゴマの果皮を含まず、他の種実や茎・枝などが入る（混入タイプ b：ODS 5・55、HOK 7・24・61・66・84・89・138・151・153）

Ⅱ b 類型：Ⅱ類型の中でも、圧痕の付く部位が底部外面がほとんどのもの（混入タイプ b2：ODS 8・15）

Ⅲ類型：単位面積（100 cm²）当たりの個体数が 80 個以上のもの。果実の割れたものや果皮を含む（混入タイプ c：ODS 64・69、HOK 21・28・38）

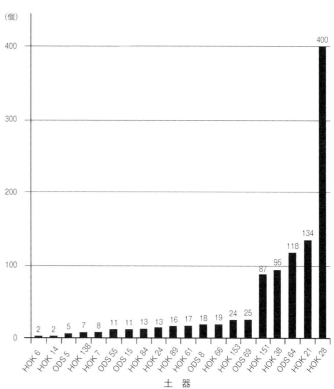

図 39　エゴマ圧痕をもつ土器の単位面積（100 cm²）当たりの推定混入個数

4 考　察

(1) 圧痕検出率の差—初心者と熟練者、そして軟X線—

　圧痕調査の結果を評価する際、表8に示したように、初心者と熟練者で表出圧痕の検出率に大きな差がある点は注意を要する。三内丸山遺跡での圧痕調査の経験では、初心者は大きな圧痕を見つける傾向が高く、熟練者はまんべんなく大小の多種の圧痕を検出していた（小畑2011c）。さらに偽圧痕率も初心者は高かった。今回は、この結果を裏づけるとともに、初心者が表面や断面から圧痕をほとんど検出できていないことを明らかにした。その原因として、外表面に密に施文された文様（縄文）や断面の粗い破口表面が圧痕検出の障害となったためと思われる。ただし、土器表面が滑らかな裏面の場合であってもその検出率は67%であり、3割近くを見逃していることになる。さらなる衝撃は、肉眼検査で検出した表出圧痕そのものの数的評価がいかにあてにならないかという点である。軟X線機器による検査では、ODS 64ばかりでなく、肉眼で圧痕調査を行った場合に比べて、すべての土器で1.5〜8倍近くの圧痕が検出された。これらの事実は、圧痕調査は可能であれば、軟X線機器やX線CTスキャナーを用いて行われるべきことを示唆している。

(2) 意識的混入と意図的混入の峻別

　これまでの圧痕調査研究において1つの土器片から多数の種実が検出された例は少なくない。これらを意図的な混入とするか否かについては、正確な議論がなされていないのが現状である。それは、意図的混入を偶然の混入とどのように区別すればよいのか、というきわめて難しい問題が横たわっているからである。その判断基準の1つとして、十分条件ではないが、土器中の種実圧痕の数の多さがあげられるであろう。しかし、これまでの議論の中でも「多い」という表現が使用されているが、これはきわめて感覚的なものであって、人によってその基準はまちまちである。

　ここで強調したいのは、今回の分析の結果、特定種実の数のまとまりが、種実やその他の混和物の産状とほぼ一致し、類型化が可能であり、それらが意図的混入と意識的混入の区別点となりうる可能性である。今回の分析で採用した単位面積（100 cm^2）当たりの推定種実個数は、ODS 64のように全体形が復元できない小破片にも適応可能であり、それらを同じ基準で比較できるというメリットがある。

　完形土器状態で約1,730個のエゴマ果実が混入していると推定されるODS 64よりも多くのエゴマ果実が含まれているのが、HOK 21土器である。また土製品HOK 28も個体こそ小さいため、個数には限度はあるが、単位面積当たりの推定混入率はODS 64より高かった。ODS 69もこれに次いで多く、単位面積あたりの圧痕数には図39のグラフ上で、ODS 69以前（グラフ左側）の一群とこれらとは大きな開きがあることがわかる。この推定混入エゴマ数が80点を超えるもの

は、混和物の混入状況はすべてcタイプであり、ほとんど枝や茎、その他の種実などを含まない代わりに、エゴマの果皮や割れた果実を含むという特徴があった（Ⅲ類型）。これに対し、単位面積当たりの圧痕数が30個未満のものは、他の種実や茎や枝などが混じる例が多く、さらには一部を除き、エゴマ果皮を含まないという特徴があった（Ⅱ・Ⅰ類型）。また、この30個未満のグループの中のODS 8やODS 15などの底部の場合、表出圧痕の割合が外底面に8割以上集中しており、しかも表出圧痕がほとんどであった（Ⅱb類型）。

Ⅲ類型の場合、そのほとんどがエゴマの果実で構成され、割れた果実や果皮が含まれていることから、エゴマ果実を混入した際に果実同士の摩擦や粘土塊や粘土紐中での加圧によって破砕したか、すでに保存された状態のときに割れていた2つの可能性が考えられる。いずれにせよ、このような状態のエゴマ果実が発生するのは、多量の1ヵ所にまとめられたエゴマ果実の存在が前提であり、土器製作場の床に散らばったゴミとしてのエゴマ果実の偶然の混入ではなく、意図的に粘土紐もしくは粘土塊中に混入された可能性が高い。ODS 64土器の推定混入個数である1,730個はエゴマ果実の場合、ほぼ片手に一杯ほどの量であり、混入の強い意志がなければ胎土中にこれほど多数のエゴマ果実が混入する事態を想定できない。

Ⅱb類型の場合は、表出圧痕が高い比率で含まれることから、土器製作時に土器を安置した製作台にあったエゴマ果実（離型材の役割を果たしたのか？）や乾燥時に乾燥場所の表面（床面や敷物・台など）にあったものが圧痕として残ったものと思われる。よって、単位面積当たりの数は他の例ではこれより多い場合も想定できる。また、Ⅱ類型のうち、図39のグラフ上で、10×10cmの範囲に5個より多く入るODS 5より右側、ODS 69までのものは、土器製作者がエゴマ果実の混入を認識していた可能性が高い。これに反して、エゴマ果実が2個以下のものは無意識（偶然）であった可能性が高く、Ⅰ類型とした。Ⅱ類型は果実の混入を意図したものでない以上、混入を知りながら放置されたⅡb類とともに、「意識的混入」として、Ⅲ類型の「意図的混入」とは区別されるべきである。

(3) 種実の意図的混入の意味

既存研究を見てみると、種実圧痕の成因については、偶然説と非偶然説の2者がある。偶然説の例として、穀物圧痕の成立について、J.M.レンフリューは「粘土はしばしば屋内炉の傍で成形され、炉は調理用にも用いられた。したがって、迷った穀物が食事の準備中にこぼれ落ち、湿った粘土に入り込み、それゆえ容器の器壁中に埋め込まれた」と説明している（Renfrew 1973）。また、山内清男もクルミやドングリではあるが、「当時の土器づくり（女性）の身近に、食料またはその残りかすがあったことをものがたっている」と述べており（山内1969）、屋内とは限定していないが、屋内での作業を想定しているようにも思える。これらは一般的に許容される種実混入のプロセスではあるが、このような屋内での土器作りに関しては、これまでの土器研究においてはあまり注目されてこなかった。屋内環境で土器作りが行われたことは、混入した種実以外に、コクゾウムシなどの家屋害虫の混入状況からも想定される（小畑2013d・2014a）。さらに、最近では竪穴住居址内における生粘土や砂などの原材料の存在からも立証されている（櫛原

2014)。

　竪穴住居内で土器が製作されたとすれば、家屋害虫も含め、圧痕として検出されたネズミの糞やガの糞などの存在、そして食料として持ち込まれたさまざまな種実やそのゴミが散らばったあまりきれいとはいえない環境を想像させる。縄文時代の人々はこのようなゴミに対して意外と無頓着であったのかもしれない。これは先に見た種実の入り方のⅠ・Ⅱ類型であり、無意識および意識的混入を含む。

　問題は、意図的混入（非偶然）、Ⅲ類型の形成理由である。多量の果実混入を見て、通常私たちがすぐに想起するのが、土器胎土に入れられる混和材としての意味である。しかし、アフリカの土器作りの民族事例の研究成果から見ると、混和材の種類と混和の意図はかなり複雑なようである（Gosselain 1999、Gosselain and Smith 2005）。

　アフリカの土器作りの民族事例では、混和材として用いられるのは、通常乾燥した粘土原料のみであるが、これ以外の何かを入れる場合は、他の地点から採取した粘土・ホコリ（塵）・有機物が豊富な土（土壌）・泥・シロアリの巣粘土・砂・小石・岩（石灰岩・片麻岩・片岩・石綿）・鉄鉱石・グロッグ（砕き、すり潰し、篩にかけられた土器）・焼いた土（土器と一緒に焼いた何も入れない原料）・灰・藁・穀物の皮（雑穀・フォニオ・イネ）・草・茎・木の皮・糞（ウマ・ウシ・ヤギ・ロバ）・貝殻・粘土液（粘土と多量の水を混ぜたもの）・石灰液（すり潰し篩にかけた石灰岩と多量の水を混ぜたもの）、もしくは木の皮を煎じたものなど、多種多様なものが使用されている。

　混和材を入れる理由としては、技術的必要性による場合もまったくないわけではないが、意外にも、単なる伝統であったり、調理などと同じ方法や同じ道具（ボウルや石皿）を使用するマナーによるものであったり、象徴的な理由などで行われる場合があるという（Gosselain and Smith 2005）。技術的な必要性の場合、穀物の穎（籾殻）などを入れる理由としては、「粘度」「可塑性」「強度」などを求めるためであるという。興味深いのは、この場合、器種による混入の有無、土器の部位による異なる粘土・混和材の使い分けがあり、籾殻は頸部などに使用されるという。今回分析したエゴマ果実混入土器の場合、特定部位に入らないこと、他の土器には一般的ではないこと、油分を多く含むエゴマ果実は破裂する危険があることから、多量に入れることで土器を毀損する可能性の方が高く、混和材であった可能性は低い。同じく多量に土器に混入されるアズキ亜属やダイズ属の種子なども焼成の際に土器毀損の危険性を増加させるので、イネやアワ・キビなどの穀物粒（有穎果状態）も含めて、種実を入れる行為には技術的な効果は望めない。よって、多量に入る種実は非実用的な意味合いで混入されたと考えるべきである。

　非実用的目的として想起されるものに、「祭祀」的行為がある。「祭祀」的行為と評価されるものとして、エルテベレ土器の装飾土器に穀物が用いられた例（Christopher 1996）やグアムの遺跡からも「祭祀」目的と評価されるイネの混入事例（Hunter et al. 1995）がある。このような土器の圧痕の産状は不明であるが、その他の日常土器に穀物が混入されないこと、交換材という非日常的な特別な食料（穀物）が混入されている点は、特別な意味を込めて意図的に混入した証拠としてよいであろう。また、山梨県酒呑場遺跡の井戸尻式の深鉢形土器の把手部から検出された２点のダイズ圧痕は、把手という脆弱な部分にあるため、意図的に混入されたものと想定されている

（中山 2010）。これも、特別な意味合いを込めて意図的に混入した証拠と評価できる。

　しかし、小竹貝塚や平岡遺跡のエゴマ入り土器は上記のような事例とは共通しない。特別な意味を託された土器であるかもしれないが、エルテベレ土器のように装飾性豊かな土器ではなく、一般的な器形と装飾をもつ土器である。ただし、異常とも思える量のエゴマ果実が意図的に混入されている事実は、「特別な想い」を感じざるをえず、そこには土器の種類を選択しないなど、我々の想像を超えた感覚があった可能性もある。

　「祭祀」的行為と評価される事例に見る種実に託された「特別な想い」は、地域や時代、あるいは個別の事例ごとにさまざまであった可能性もある。ただし、混入された種実に共通することは、それらが当時の食料として貴重なものと想定されるという点である。この北陸地方は、中部地方や西関東などと同じく、縄文時代の前期から多量のエゴマを栽培・使用していた地域として評価でき（小畑ほか 2014・小畑 2015b）、多数発見されているエゴマの炭化果実やエゴマ入りクッキー状炭化物などをあわせ、当地ではエゴマの食料や油料としての重要性が高かったことは容易に想像できる。そしてそれらを利用していた社会にはエゴマの豊穣に対する願いがあったことも想像に難くない。エゴマ果実の土器への混入行為とこの想いが結びついているか否かは検証のしようがないが、現況では、行為に込められた「特別な想い」をエゴマに対する「豊穣」や「感謝」の意と想定しておきたい。

5　結　　論

　上記の各種事例から、種実の非実用的な意図的混入を判断する基準として、以下の4つの要件をあげたい。
　①特別な土器（一部の土器）にのみ混入される
　　例＝エルテベレの穀物入り装飾土器
　②土器の特殊な部位に混入される
　　例＝酒呑場遺跡のダイズ入り土器
　③特殊（貴重）なものが混入される
　　例＝グアムのイネ入り土器
　④多量に混入される
　　例＝小竹貝塚・平岡遺跡のエゴマ入り土器

　これらは、1つの要件のみでなく、複数の要件を満たすものもあるであろう。特に③に関しては、ほぼすべてに共通する要件でもある。④に関しては、今回、小竹貝塚や平岡遺跡の縄文時代前期のエゴマ入り土器の事例から、単位面積（100 cm^2）当たり80個以上のものを「意図的に混入」した土器と判断した。この80個以上という数値は、今後事例が増加すれば、訂正が必要になるかもしれないし、種実の種類とともに、遺跡や文化期ごとに異なることは十分に考えられる。

　圧痕法そのものに関しては、今回の分析によって、肉眼による圧痕調査が熟練度によって大き

な差が出ることを再確認できたとともに（小畑 2011c）、機器を用いた調査とはその検出率が大きく異なる場合があることが判明した。今回のエゴマ果実の意図的混入の基準も軟 X 線によって検出した潜在圧痕を含めたすべての圧痕数が基礎となっている。よって、少なくとも定量的な分析にあたっては、X 線機器による探査を経る必要があること、そしてその際、軟 X 線を用いた本手法が簡便でコストのかからない方法として有効であることを提唱したい。

第2章　表出圧痕と潜在圧痕の比較研究
――富山市平岡遺跡での検証――

1　調査方法（熊大方式）

　前節で紹介した例は、すべて、土器の表出圧痕がきっかけとなり、同種の潜在圧痕の存在が予想される場合にX線機器による調査が適用されたものであり、表出圧痕のまったくないものに適用されたものではない。熊大方式は表出圧痕の有無にかかわらず、圧痕検出当初から軟X線による検査を行う点に特色がある。また、土器の破壊法による潜在圧痕の3D像化（レプリカ作成）を含む点も、本方式の大きな特色の1つである（図40）。

　圧痕調査は、①圧痕検出段階、②3D画像作成段階、③同定段階の3段階に分けることができる。第1段階においては、これまでは肉眼もしくはルーペや実体顕微鏡などを用いて主に土器内外面の表出圧痕と土器片破断面に露出した潜在圧痕をその検査対象としてきた。この段階でX線CTスキャナーを使用すると断層画像は得られるが、そのままでは判断が難しく、種特有のきわめて特徴的な形態を捉えない限り、その後にSTLデータなどの3D画像を作成し、同定を行

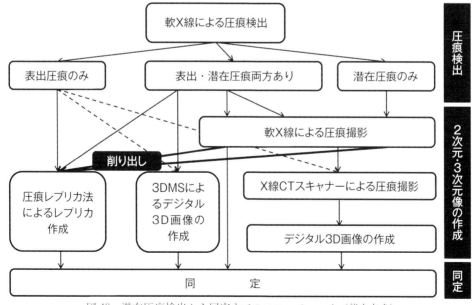

図40　潜在圧痕検出から同定までのフローチャート（熊大方式）

う必要がある。よって、この検出段階に、より簡便で潜在圧痕の形態を把握できる軟X線を使用することで、X線CT撮影のコストを軽減することが可能となる。これは肉眼による調査の際、種実や昆虫の表出圧痕らしき穴を実体顕微鏡で確認するのと同じ行為である。軟X線を使用すると、シャープな拡大画像が得られ、潜在圧痕を容易に検出でき、合わせて入り口の狭い穴の全体形も知りうるので、表出・潜在圧痕の検出が同時に行えるという利点がある。今回の調査にはSOFTEX社製EMT-Jを用いた。調査の速度は肉眼観察による調査よりもかなり落ちるが、圧痕調査の初心者とほぼ変わらない速度で検査が可能である。

　問題は圧痕調査の第2段階である。表出圧痕はレプリカ法によるレプリカ作成がもっとも効果的であるが、潜在圧痕の3D化にはX線CTスキャナーによる撮影が必須である。しかし、この作業は時間と経費がかかり、種実や昆虫ではない、本来の目的でないものを撮影してしまう可能性もある。この無駄をなくすために、まず低解像度で高速撮影し、断層画像を確認して撮影対象を絞り込むことも可能であるが、この撮影自体も時間と経費がかかる。

　このコスト高問題の解決法として、軟X線で確認した部分の土器内面をグラインダーで削り出し、圧痕（空隙）部を露出させて、シリコーンゴムを注入し、レプリカを作成する手法、「削り出し法」が現状では最適な方法と考える（図42）。先に引用したA. A. マーギッドらの論文の中では潜在圧痕の検出に同様の破壊法を用いることは示されていないが、表出圧痕のうち穴（入り口）が小さかったり、胎土内部に圧痕のほとんどが隠れヒビしか表面に露出していない場合、針を用いて圧痕の入り口を開口する手法が紹介されている（図41、Magid and Krzywinski 1995）。このような方法は圧痕調査において一般に許容されている手法である。ここで示す方法は、その作業の延長上にあるが、土器へのダメージは大きく、最大で直径7mm、深さ5mmの半球形の

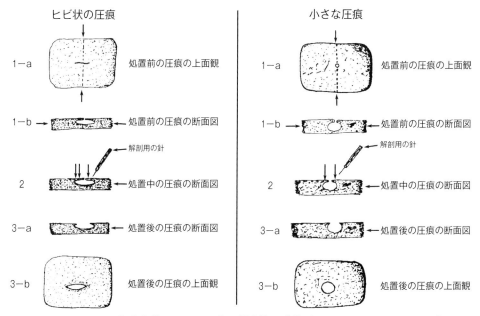

図41　レプリカ作成準備のための圧痕の部分的な破壊（Magid and Krzywinski 1995）

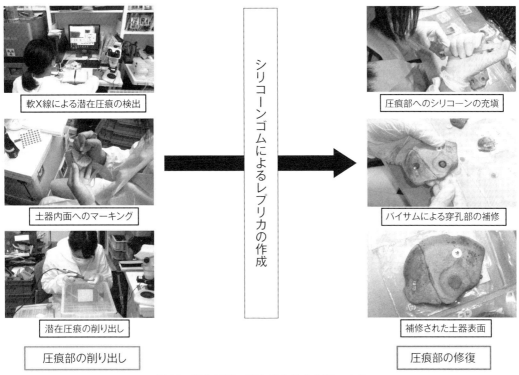

図42　潜在圧痕の削り出し法と修復の方法

穴が形成されることを十分に理解しておく必要がある。

以下にその手順を示す（図42）。

①軟X線機器で透過画像を観察し、圧痕部と思われる部分を特定する。

②土器内面の圧痕部分にシールを貼って印をつける。

③グラインダーを用いて注意しながら圧痕部を露出させる。

④この段階で炭化物が確認された場合は、作業を中止するか、炭化物を抽出し、後の作業に移る。

⑤圧痕部に離型剤を塗り、シリコーンゴムを注入し、圧痕のレプリカを作成する。

⑥レプリカを取り出した圧痕部と削り出した穴の半分までシリコーンゴムを再度注入する。

⑦シリコーンゴムの乾燥後、その上にバイサムを充填し、穴を塞ぐ。

　この手法は、その利点として、精度の高い3D像（レプリカ）を得ることができる反面、土器表面を破壊するため、すべての資料に適応できるものではないという欠点がある。この手法の選択の可否は、調査費などの経済状況と資料の重要度、土器の希少性などの諸状況を総合的に判断して決定される。予算と時間が潤沢にあれば、非破壊のX線CTスキャナーによる撮影・3D画像の作成工程を選択すべきである。筆者らはこの際、マイクロフォーカシングのX線CTスキャナー（東芝ITコントロールシステム㈱ TOSCANER-32250μPD）を使用し、最小で50μm厚の断層画像を撮影している。

2 圧痕調査の対象資料

　今回の調査対象は、富山市平岡遺跡出土土器のうち2種類の抽出法によって選別されたものである（小畑2015b）。1つは、調査担当者があらかじめ圧痕として選別したものを、筆者が再度チェックして種子・昆虫圧痕の候補を絞ったもの（土器番号1～158）、もう1つは筆者が竪穴住居址SI1000・SI1500の覆土中から出土した土器片から圧痕を検出したもの（土器番号159～216）である。このうち、HOK0021・0028・0038については、潜在圧痕を再度調査しており、報告書掲載時点より潜在圧痕数は増加している（小畑2015d）。土器のほとんどは福浦下層式土器・蜆ヶ森Ⅰ式土器・諸磯b式古段階土器・蜆ヶ森Ⅱ式土器であり、検出された圧痕群は縄文時代前期後葉～末に属する。

3　調　査　結　果

(1) 表出圧痕との数の差

　今回検出した潜在圧痕（候補）は、軟X線画像とレプリカを比較するため、種実や昆虫ではないと判断したものもピックアップした。特に159～216の土器に関しては、48点と多数の潜在圧痕候補をあげており、削り出し法によってレプリカを作成し、透過画像との形態比較を行った。その結果、確実に種実であると判断したのは6点（12.5％）であった。報告書実測図掲載土器である1～27番については削り出し作業を行っていないが、軟X線画像から判断してすべて種実・昆虫であると判断した。

　1～158はすべて表出圧痕をもつ土器であり、表出圧痕167点に対し、潜在圧痕は68点であった。これは肉眼による圧痕調査が終了した土器についても、軟X線による潜在圧痕の調査を行えば、圧痕が4割増加すること、圧痕総数235点のうち表出圧痕として検出できたのは7割であることを示している。また、圧痕検出当初から軟X線による調査を行った資料はなく、159～216の土器も調査者による肉眼による圧痕調査を一度経たものである。この場合、圧痕がないと判断された資料であっても、1点の表出圧痕（肉眼による遺漏）と6点の潜在圧痕を検出することができた。

　本資料は最初から軟X線調査を行ったものではないので、本方式を純粋に使用した成果とはいえないが、表出圧痕168：潜在圧痕68点（約5：2）という、4割増しの高い数値は、圧痕研究の定量分析における潜在圧痕の存在意義と、これらの探査の必要性を強く示唆するものである。圧痕探査の当初から熊大方式による圧痕調査を実施していれば、この潜在圧痕率はさらに上昇したであろう。

(2) 定性の違い

　表出圧痕と潜在圧痕のそれぞれの種類数は、不明種実を除くと、表出圧痕の方が多い。表出圧痕では、エゴマ果実（果皮）・ニワトコ核・ミズキ核・コナラ属果皮・タデ科果実・ダイズ属？種子・アズキ亜属（？）種子・エノコログサ有稃果など 8 種確認しているのに対し、潜在圧痕ではエゴマ果実（果皮）・ニワトコ核・コクゾウムシのわずか 3 種である。

　ただし、コクゾウムシは表出圧痕では検出されていない種である。この事実は定性分析においても潜在圧痕の探査を行う必要性を物語っている。

(3) 軟 X 線 2D 画像

　効率的な潜在圧痕の 3D 化のためにも、軟 X 線画像段階で種実や昆虫の識別力を高める必要がある。そのため、今回は、種実や昆虫ではないが、植物遺存体の可能性のあるあらゆる形状の空隙を撮影し、削り出し法によってレプリカを作成し、それらと対比した。

　その実例は図 43～45 に示している。これを見ると、種実の軟 X 線画像は、空隙部分がより白く、胎土部分との境界が鮮明な線となって現れている。また、全体形も整った円や楕円、三角形などを呈しており、棒状のものは茎もしくは枝であった。コクゾウムシの場合、3 つに分かれた体節の特徴から、軟 X 線画像のみでコクゾウムシと判断できた。一方で、それ以外の全体形が不整形なものや、空隙部分の白色が薄く、周囲との境界が不明瞭なものは、種を特定できない植物の皮もしくはその他のものであり、種・部位などは不明であった。

　図 43～45 には今回不明であったものも含め、特徴的な軟 X 線画像を提示しているので、観察眼育成の素材とされたい（写真右上数字が土器番号と圧痕番号）。

4　考　　　察——コストと同定の矛盾をどう解決するか——

　種実などの生物の種の同定には、タイプ標本に基づく形態的特徴の規定があり、それに基づいて同定がなされる。そこには厳密性が求められ、決定的な診断点を欠く場合は「近似種」などと表現される。その際、資料個々が基本であり、それら 1 つ 1 つの形態的特徴が比較対象となる。このような同定法を「植物学的同定」と呼ぶならば、個々の資料（特に破片資料）は決定的な診断点を欠くものの、種が確実な個体と同一遺構や集中区から一緒に出土し、その形態の一部が一致もしくは類似する場合は、同一種として捉えるという立場は、「考古学的同定」と呼べるであろう。これは生物学では許容されないが、考古学の場合は可能と考える。ただし、注意すべきは、このような「考古学的同定」には「仮定」が入るもので、すでに解釈の部類に入ったものとして扱うべきである。

　潜在圧痕を同定する際に、①土器表面削り出しによるレプリカ、② X 線 CT 撮影による 3D 画像、③軟 X 線による 2D 画像（透過画像）という、3 種類の同定対象資料（2 次元・3 次元画像）が

III部　X線で見えてきた栽培植物への祈り

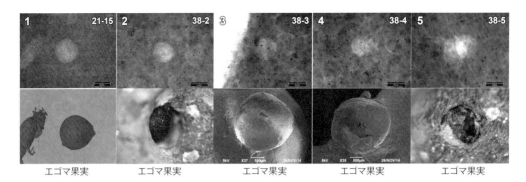
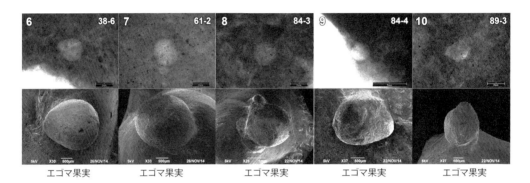
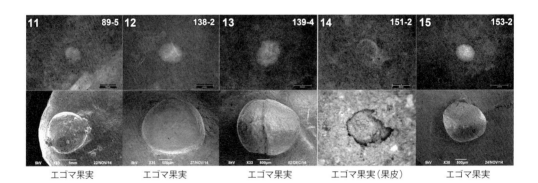
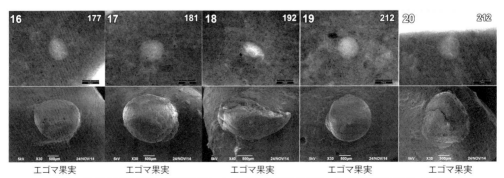

図43　軟X線2D画像（透過画像）とレプリカSEM画像・X線CT3D画像の比較1

第 2 章 表出圧痕と潜在圧痕の比較研究　97

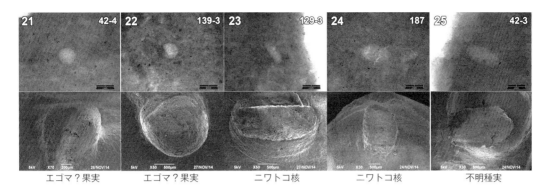

エゴマ？果実　　エゴマ？果実　　ニワトコ核　　ニワトコ核　　不明種実

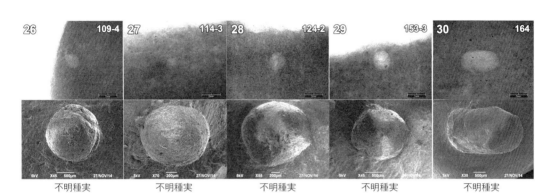

不明種実　　不明種実　　不明種実　　不明種実　　不明種実

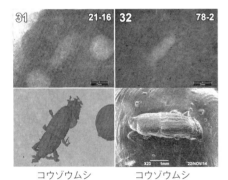

コウゾウムシ　　コウゾウムシ

図44　軟X線2D画像（透過画像）とレプリカSEM画像・X線CT3D画像の比較2

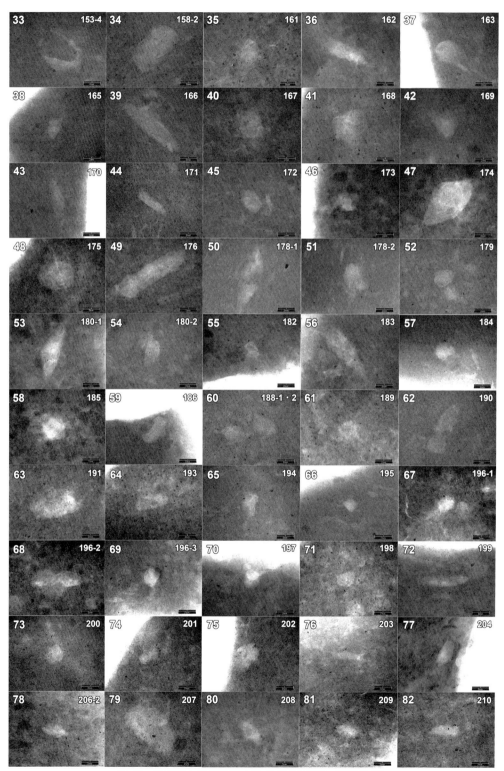

図45 種不明の潜在圧痕の軟X線2D画像（透過画像）

あった。これらをコストパフォーマンスと同定の精確性の相関から見てみると、同定率を上げるためには、コストが高くなること、土器破壊率が高くなることなどから、同定の精確性の向上には限界があることが判明した（図46）。たとえば、もっとも低いコストで、もっとも精確性の高い同定、つまり植物学的同定と同じレベルで同定を行えるのは、レプリカである（図46のA）。しかし、

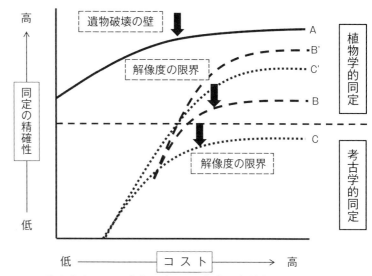

図46　熊大方式による潜在圧痕の3D像化の各種方法と同定率の相関概念図
A：削り出しによるレプリカ、B：X線CT3D画像（潜在圧痕のみ）、B'：同（表出圧痕あり）、C：軟X線2D画像（潜在圧痕のみ）、C'：同（表出圧痕あり）

これは土器破壊を前提としており、破壊できる土器の数には限界がある。これに対して、軟X線2D画像は次にコストが低いが、その分、同定の精確性がもっとも低い（図46のC）。X線CT3D画像はもっとも高コストであるが、軟X線2D画像に比べると、同定の精確性は高く、場合によっては植物学的同定レベルに近い精確性を有する（図46のB）。ただし、これらは解像度に限界があり、コストをかけてもそれ以上の精確性は期待できない。X線CTの場合、被撮影物の大きさが大きくなれば解像度は低くなる。5cmほどの土器片であれば、コクゾウムシの点刻がかろうじて表現されるが、マイクロフォーカスのX線CTの限界解像度5μm厚の断層画像を撮影しようと思えば、土器片を、圧痕部を中心に幅1〜2cmほどに削り出さねば不可能である。非破壊の場合、現状では50μm厚の断層画像が限度であり、エゴマの3D画像では表面の網状組織は明瞭に表現されていない（図43の1参照）。軟X線の場合は、機能的には10μmの分解能があるが、透過画像であるため、これが向上しても同定の精確性にはさほど効果はない。

　ただし、X線CT3D画像や軟X線2D画像の同定は、同一土器から同じ形状の表出圧痕が検出され、それらの種が同定されれば、その形状比較が同定の助けになり、同定率も向上する（図46のB'・C'）。ただし、これもレプリカ（A）より同定の精確性は劣る。これはまさに、丑野毅が指摘した「CTやソフテックスを使う場合、どの程度まで胎土の中を表現できるのかが問題である」という指摘そのものである（丑野2013）。しかし、私たちは機器の性能の向上を待つだけでなく、現在できる範囲で最高の成果を得るように努力せねばならない。このために、各種種実や昆虫の軟X線2D画像やX線CT3D画像の蓄積を図り、最終的にはこれらをもとに同定できるようになること、つまり「考古学的同定」の精度を高め「植物学的同定」に近づける努力をすべきである。その過程においては、資料価値とのバランスを熟慮しながら、破壊法をも恐れず、経

験と基礎資料を蓄積すべきと考える。

5 結　　論

　微細種実・昆虫の潜在圧痕を探すためのもっとも効率的な方法として、軟X線機器を用いることを推奨する。ただし、同定のための3D画像化の各種方法には機器の解像度の限界や遺物破壊の問題があることを十分に留意して使用すべきである。軟X線の使用は、種実・昆虫の潜在圧痕の検出ばかりでなく、その他の植物質混和材の包含状況を知ることができるという利点もある。

　土器胎土分析においては、これまでは鉱物や砂礫などの無機物混和材が主に注目されてきたが、植物質混和材も土器製作に関わる重要な情報源となりうると考える。さらに、土器胎土内部に植物性炭化物が残存している可能性があり、条件がよければ、付着炭化物のない土器でも年代測定が可能となる。

　軟X線による土器胎土内部の潜在圧痕の探査は、種実や昆虫圧痕の探査以外の広域な研究分野への展開の可能性も秘めている。

第3章　X線CTが明かす縄文時代栽培植物の起源

1　問題の所在と本章の目的

　2015年2月に福岡市で開催された九州縄文研究会（テーマ：九州縄文晩期の農耕を考える）の席上、縄文時代後期〜弥生時代早期の栽培植物の動向について発表した（小畑2015a、Ⅱ部第3章参照）。圧痕資料を基軸に当該期の栽培植物や有用植物の組成を比較してみると、縄文時代晩期前葉古閑式までの土器には大陸系穀物（イネ・アワ・キビ・ムギ類）の痕跡は認められず、アズキやダイズ、エゴマなどのそれ以前からの栽培植物が組成するのに対し、山ノ寺式・夜臼Ⅰ式土器段階以降は確実に大陸系穀物が増加する。しかし、両時期の間の黒川式土器新段階〜刻目突帯文出現期にはアワやイネなどの大陸系穀物をもつ土器がわずかに存在するが、その編年的・年代的な位置付けは研究者間で一様ではなかった。筆者が例示した穀物圧痕土器について、研究会の席上、宮地聡一郎は、大分県石井入口遺跡のアワ入り土器を宮地編年（宮地2008b）の刻目突帯文土器Ⅰb期（刻目突帯文出現期新相段階）に、鹿児島県小迫遺跡出土のイネ入り土器を刻目突帯文土器Ⅱa期（夜臼Ⅰ式併行期）と評価し、結果的にはこれらの資料は大陸系穀物の流入時期に関する従来の考え（中沢2014b）を遡るものではなかった。また、もう1つのアワ入り土器である宮崎県右葛ヶ迫遺跡の無刻目突帯文土器に関しては、桒畑光博が松添式（黒川式土器新段階併行期）としたが、宮地は不明であると答えを留保した。その後、宮地はこの土器を刻目突帯文土器Ⅱa期に比定した（宮地2016）。これらの見解から、現在では、中沢道彦が検出した宮地編年Ⅰb期の福岡県江辻遺跡第4地点SX-01出土の外反口縁浅鉢土器と筆者が提示した石井入口遺跡出土の浅鉢形土器のアワ圧痕が九州地方ではもっとも古い穀物資料例となっている（中沢2017）。

　この研究発表の時点で筆者は、黒川式土器干河原段階（東2009）の土器は、黒川式土器の新段階から宮地編年の刻目突帯文Ⅰ期を含み、場合によってはⅡ期の一部を含む時間幅のある土器群と考えていた。その理由は鹿児島県上水流遺跡の干河原段階とされる鰭付浅鉢形土器は2710±30 ^{14}C BPの年代値をもち、北部九州の山ノ寺・夜臼Ⅰ式土器の最古の年代値よりも50年新しいからであった。黒川式土器新段階と同干河原段階については、従来深鉢形土器を基準とした編年によって時期差として位置付けられていたが、浅鉢形土器を基準とすると、干河原段階は刻目突帯文出現期（宮地編年Ⅰb期）に併行する段階とされた（宮地2017）。しかし、先の上水流遺跡の干河原段階の土器は、その後の山ノ寺・夜臼Ⅰ式期以降まで年代が下るもので、同一型式土器の使用時間の地域的な傾斜現象と判断される。このような土器そのものの使用時期（期間）の地域

による傾斜については、黒川式土器（縄文晩期系土器）を3～5群に分け刻目突帯文土器期や弥生時代前期まで残存するとする藤尾慎一郎（藤尾2007・2009）や黒川式土器を刻目突帯文土器出現期（長行遺跡・江辻遺跡第4地点SX-01段階）と併行する時期におく宮本一夫（宮本2011）などの考えで示されている。よって、土器から検出された圧痕穀物を土器型式ごとに並べても穀物拡散の真の姿は見えてこない。

　本章は、この問題を解決するために、佐賀県嘉瀬川ダム関連縄文遺跡群を対象に、X線機器を用いて潜在圧痕をあぶり出し、それらを土器型式（器種組成）・炭素年代測定値・出土遺構・出土位置による共伴関係の点から検討し、当地における大陸系穀物の出現時期について検証を行ったものである。ここでは、当該研究における潜在圧痕の重要性とともに土器型式のみによる時期決定が危険であることを提言する。

2　潜在圧痕とその調査法の問題点

　土器表面上で観察される種実や昆虫の圧痕は、本来は土器粘土中に混入したものが偶然表出したものがほとんどで、外面から押し付けられたものはきわめて少ない。よって、土器粘土（器壁）内にも種実や昆虫は存在し、それらを一般的な外部から見える「表出圧痕（exposed cavity）」に対し、「潜在圧痕（unexposed cavity）」と称した（真邉2011b、真邉・小畑2011）。この潜在圧痕の検出法は、通常X線機器を用いて行われる。

　X線CT法は、第1に非破壊法であるため土器に悪影響を与えないという点で優れている。また、3次元化によるあらゆる方向からの外形・断面の観察、精密な計測が行える点でも同定に効果的である（真邉2011b）。さらに、表出圧痕であってもレプリカ法（丑野・田川1991）では再現できない、コクゾウムシの脚部のようにシリコーンゴムが入りにくい細かな部分や本体から遊離してシリコーンゴムがとどかない部分（特に昆虫の脚や触角）などの復元も可能である。

　しかし、土器圧痕の調査におけるX線CT法の欠点といえば、精度とコストの反比例である（小畑・金三津2015）。X線CTスキャナーで土器（片）を撮影する場合、長時間かければかける（断層厚を小さくする）ほどその分精度が高くなる（真邉2011b）。しかし、X線CTスキャナーの試料台では通常土器（片）1個体しか撮影できず、しかも精度を上げるために時間がかかれば、悉皆調査（山崎2005）が大きな成果をあげてきた圧痕調査にとって足かせとなる。つまり、多数の土器（片）を対象に調査する圧痕法では1回の撮影に数時間を要する場合もあるX線CT法では時間がかかり過ぎ、圧痕の探査には不向きなのである。そこで、Ⅲ部第2章で示したように、軟X線で潜在圧痕を探査し、X線CTスキャナーもしくは破壊法によって最終確認する手法を提唱した（小畑2015c・小畑・金三津2015）。

　これに対し、佐野隆は、これら手法の実践は非現実的としながらも、中部高地における縄文時代中期のマメ類に注目する中で、遺跡ごとの食料資源としての依存度を検証するために、表出圧痕のみでは十分でないと述べている。そして、「次善の策としては、特定の資料群で表出圧痕と

潜在圧痕を観察して、表出圧痕と潜在圧痕の量的な関係を把握し、表出圧痕が圧痕全体の無作為抽出サンプルをみなしうるかどうかを評価してみるのもよいだろう」と提言している（佐野2017）。本章はまさに佐野の指摘した表出圧痕の可能性の実験的試みの1つであり、その検証でもある。

3　分析資料と分析方法

(1)　調査対象資料とその概要

今回分析に用いた資料は、佐賀県教育委員会が2000年度より実施した佐賀市富士町地内の嘉瀬川ダム建設工事に伴う発掘調査で出土した、縄文時代後期～弥生時代早期の土器群である（表9）。これら遺跡は佐賀県と福岡県の県境に聳える背振山地の山々に囲まれた高原状の丘陵地・山地およびその間を流れる河川の谷底平野・河岸段丘上に立地する（佐賀県教育委員会2007・2009・2012）。

4つの遺跡・地区資料はそれぞれ、大野遺跡2・3区：縄文時代後期後葉（三万田式土器）→西畑瀬遺跡5S・7区：縄文時代晩期前葉（黒川式土器古段階）→東畑瀬遺跡6T区上層：縄文時代晩期中葉（黒川式土器中段階）→東畑瀬遺跡1区：縄文時代晩期後葉（黒川式土器新段階）～弥生時代早期の4段階に区別可能であり、当地域における穀物流入時期を時間的に検証できる可能性をもっている。

(2)　土器圧痕調査とその方法

調査対象とした土器は報告書に実測図が掲載されたもの全点である。軟X線による調査は2014年4月より開始し、2018年度春にかけてその一部をX線CTスキャナーによる撮影を行った。

圧痕探査は、表出圧痕調査もかねて軟X線機器で行った。このため、潜在圧痕以外にも軟X線画像から表出圧痕の所在が判明した例がある。表出圧痕のレプリカ作成については、通常我々が実施している福岡市埋蔵文化財センター方式（比佐・片多2005）に基づいて行った。潜在圧痕に関しては、軟X線画像を観察し、その大きさや形状から種実や昆虫の可能性のあるものを抽出し、種実や昆虫である可能性の高いものからA・B・Cの3段階に評価した。Aは軟X線画像で種実や昆虫であることが明瞭なもの、Bはその可能性があるもの、Cは輪郭がやや不明瞭で

表9　調査遺跡一覧

	遺跡・調査地点	所在地	調査期間	報告書
1	大野遺跡2・3区	佐賀県富士町大字大野・下無津呂	2000・03	佐賀県教育委員会2007
2	西畑瀬遺跡5S・7区	佐賀市富士町大字畑瀬	2002～06	佐賀県教育委員会2009
3	東畑瀬遺跡6T区上層	佐賀市富士町大字関屋	2007	佐賀県教育委員会2012
4	東畑瀬遺跡1区	佐賀市富士町大字関屋	2000～02	佐賀県教育委員会2007

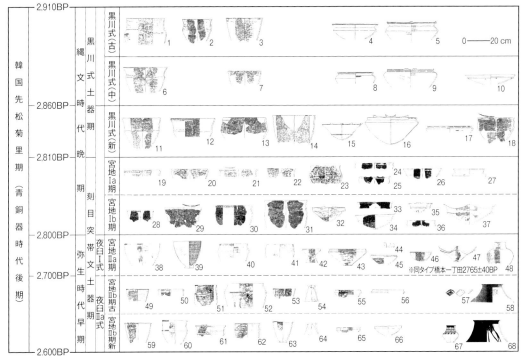

図47　縄文時代後晩期中葉〜弥生時代早期の土器編年図（小畑 2016a）
1・2 大坪、3 大原 D、4 古閑、5・14・15 貫・井手ヶ本、6〜10 堀田、11・17・18 深水谷川、12・16 春日台、13 榎崎 B、19〜27 長行、28〜37 江辻、38・40・48 橋本一丁田、49 諸岡、41・43・44・47 菜畑、42 久保泉丸山、45 板付、46・64・68 雀居、49〜58・62・63・67 野多目、59〜61・65・66 那珂

可能性は低いが、わずかにその可能性があるものとした。撮影コストを抑えるため、同一個体の土器に同形同大の軟 X 線画像のあるものはその時点でレプリカにより種実を同定するなど、撮影候補を必要最小限の点数にとどめ、それらを業者に委託して X 線 CT スキャナーにより撮影した。その後、断層データから復元された STL 画像を観察して同定を行った。形状が明瞭なものは軟 X 線画像段階で同定したものもある。

(3) 宮地による黒川式土器から刻目突帯文期の編年

ここでは、大野遺跡を除く西畑瀬遺跡・東畑瀬遺跡の土器の分析にあたり、浅鉢形土器を基本とした宮地による編年（宮地 2008a・2008b・2017）を基準とした。図 47 は理解を助けるために、それらを 1 枚の編年図にまとめたものである（年代観は筆者による、小畑 2016a）。これらを総合した編年案を以下「宮地編年」と呼ぶ。かつて宮地は干河原段階を刻目突帯文 I 期相当としていたが（宮地 2008b）、黒川式土器に系譜をもつ胴張浅鉢や外反口縁胴張浅鉢と干河原段階の特徴的な浅鉢である内彎口縁胴張浅鉢や波状口縁内彎浅鉢の共伴関係の検討から、同 I b 期に絞り込んだ（宮地 2017、表 10）。

表10 宮地による縄文時代後期〜弥生時代早期の広域編年表（宮地2017）

西日本の時期区分	九州地方	中・四国地方	近畿地方	北陸地方	東北地方
後期末	広田式（北部）・天城式（中部）上加世田式（南部）	岩田第四類（瀬戸内）	滋賀里Ⅰ式	八日市新保Ⅰ〜Ⅱ式	瘤付土器第Ⅲ〜Ⅳ段階
晩期前葉	古閑式古段階（北〜中部）入佐式古段階（南部）		滋賀里Ⅱ式	御経塚式	大洞B1式
晩期前葉	古閑式新段階（北〜中部）入佐式新段階（南部）	川棚条里式（瀬戸内）	滋賀里Ⅲa式	御経塚式	大洞B2式
晩期中葉	黒川式古段階	原田式古段階（山陰）	篠原式古段階		大洞BC1式
晩期中葉	黒川式中段階	原田式中段階（山陰）	篠原式中段階	中屋式	大洞BC2式
晩期中葉	黒川式新段階	原田式新段階（山陰）谷尻式（瀬戸内）	篠原式新段階	中屋式	大洞C1式
晩期後葉	刻目突帯文土器Ⅰa期（広域）	前池式（瀬戸内）	滋賀里Ⅳ式	下野式	大洞C2式前半
晩期後葉	刻目突帯文土器Ⅰb期（広域）干河原段階（南部）	前池式（瀬戸内）	滋賀里Ⅳ式	下野式	大洞C2式前半
晩期後葉（弥生早期）	刻目突帯文土器Ⅱa期（広域）山ノ寺・夜臼Ⅰ式（北部）		口酒井式		大洞C2式後半
晩期後葉（弥生早期）	刻目突帯文土器Ⅱb期（広域）夜臼Ⅱ式（北部）	津島岡大式・沢田式（瀬戸内）	船橋式	長竹式	大洞A1式

4 分析結果

　検出した圧痕の種類は、昆虫（貯蔵食物害虫含む）・栽培植物・生有用植物・野生植物・動物糞に分類できる。不明種を除くと、野生植物種として、カラスザンショウ・コナラ属・ツブラジイ・ヌスビトハギ・ニワトコ近似種・ガンピ属、栽培植物として、アズキ・エゴマ・イネ・アワ・キビなどがある。不明種実の中にアサに似たものが1点あるが、特定できなかった。昆虫で種が判明したのはコクゾウムシのみであり、もう1点はオサゾウムシ科のゾウムシ類である。

　遺跡ごとの検出圧痕の種類と数は表11に示したとおりである。

　大野遺跡2・3区では同一個体にアズキ種子の表出圧痕1点（接合面により一部欠落）と潜在圧痕1点（完形）を確認した。潜在圧痕はイノコヅチ1点が含まれる。調査総点数における圧痕検出率は1.6％と、4地点中もっとも低い。

　西畑瀬遺跡5S・7区では3点の潜在圧痕を検出したが、栽培植物は検出できなかった。野生植物としてエノコログサ1点がある。圧痕検出率は4.5％と2番目に低い。

　東畑瀬遺跡6T区では表出圧痕1点は不明種実であった。潜在圧痕のうち4点は、軟X線画像上の丸く小さな形状がアワを想起させたが、アワやキビではなかった。潜在圧痕には、エゴマ1点とカラスザンショウ果実が1点含まれる。圧痕検出率は5.6％であった。

表11 遺跡・地区別の表出圧痕・潜在圧痕の種類と数および検出率

番号	遺跡名 調査地点名	調査点数 (圧痕土器)	表出圧痕数 種類別	潜在圧痕数 種類別	検出率 〈潜在圧痕率〉
1	大野遺跡 2・3区	258 (4)	1 ◎アズキ 1	5 ◎アズキ 1 イノコヅチ 1 不明種実 3	1.6% 〈83%〉
2	西畑瀬遺跡 5S・7区	66 (3)	0	3 エノコログサ 1 不明種実 2	4.5% 〈100%〉
3	東畑瀬遺跡 6T区	89 (5)	1 不明種実 1	6 ◎エゴマ 1 カラスザンショウ 1 不明種実 4	5.6% 〈86%〉
4	東畑瀬遺跡 1区	359 (31)	18 ●アワ 1 ◎アズキ 1 ◎エゴマ 4 カラスザンショウ 5 堅果類 3 果皮 3 ネズミ糞 1	34 (4) ●イネ 2 ●アワ 4 ●キビ 6 (1) ◎アズキ 1 ◎エゴマ 2 カラスザンショウ 6 ガンピ属 3 ニワトコ近似種 1 ヌスビトハギ 1 (1) 不明種実 5 (2) コクゾウムシ 1 甲虫 1 ネズミ糞 1	8.6% 〈65.4%〉

◎在来栽培植物、●大陸系穀物
（　）内数字は軟X線画像のみから判断したもの

　東畑瀬遺跡1区では18点の表出圧痕を検出できた。この中にはアズキ種子とエゴマ果実、カラスザンショウの果実（果皮）が含まれる。大陸系穀物としてアワ有稃果1点を検出した。これらアワの表出圧痕はアワ有稃果の潜在圧痕のシルエットを確認した際に気付いたもので、軟X線機器による観察がなければ見逃していた可能性もある。これに対して、潜在圧痕は34点であり、その中にはアワをはじめイネやキビなどの大陸系穀物はもちろん、アズキやエゴマなどの在来の栽培植物も一定量含まれていた（図48）。これ以外に潜在圧痕として、カラスザンショウ、ヌスビトハギなどの植物種子、コクゾウムシや甲虫などの昆虫圧痕を検出している。4つの地点中、圧痕検出率が8.6%ともっとも高い。

図48　軟X線で検出・X線CT3D画像で復元した潜在圧痕とその種類
a：軟X線画像、b：X線CT3D画像

5　考　察

(1) 圧痕検出率の評価

　50点以上の圧痕を検出した東畑瀬遺跡1区における全圧痕数に占める潜在圧痕率は65.4％と、圧痕の半分以上が潜在圧痕であった。特に大陸系穀物であるイネやキビはすべて潜在圧痕であり、潜在圧痕の調査がなければ、穀物としてはアワ1点のみが認知されるだけであった。エゴマやアサ近似種も加えれば、栽培種の71％は潜在圧痕として検出されている。

　これは潜在圧痕が定性的にも定量的にも重要であることを意味し、潜在圧痕調査の必要性を強く示唆している。今回の事例研究では、表出圧痕が圧痕全体を代表しないという結果となった。

(2) 圧痕土器の型式別・時期別評価

　東畑瀬遺跡1区の土器群には大陸系穀物（アワ・キビ・イネ）が存在した。それ以前の栽培植物は大野遺跡2・3区のアズキのみであった。よって、当地域における大陸系穀物の出現時期は、東畑瀬遺跡1地区の時期のどこかにあるといってよい。しかし、本地点の土器は黒川式土器新段階から刻目突帯文土器期までの時期幅をもつため、そのどの段階であるかを検討せねばならない。

　この東畑瀬遺跡1区の土器群について、当初、藤尾慎一郎らは山ノ寺式土器に伴う黒川式

（系）土器と評価していたが、炭素年代測定の結果、これらが2,800 ^{14}C BP代の年代値をもつことから、山ノ寺式土器は共伴せず、それ以前の「黒川式新」とした（藤尾・小林2007）。その後、藤尾は黒川式土器をこの時点での3段階説から5段階説に変更した（藤尾2009）。ここでは、突帯文土器と共伴しない黒川式単純期を古と新の2段階に分け、東畑瀬遺跡1区資料がその新段階（新相）の基準資料としてあげられている。この黒川式単純期と突帯文土器との年代値の境界は、突帯文土器の最古年代である2,765 ^{14}C BPに35 ^{14}C BPを加えた2,800 ^{14}C BP年とした。本遺跡から出土する土器の主体はこの黒川式土器新段階のものであるが、刻目突帯文土器も多数出土しており、その主体は深鉢Ⅱ類（逆くの字屈曲）、深鉢Ⅲ類（砲弾形）であり（宮本2011）、それらの刻目突帯は口縁部よりやや下がった位置にあって古相は示すものの、すでにⅡc類が成立している（宮本2011）ことから、山ノ寺・夜臼Ⅰ式土器段階（宮地編年Ⅱa期）であると考えられる。しかし、それ以外にSK1133などからは刻目が大振りの突帯文土器も出土しており（佐賀県教育委員会2007）、宮地編年Ⅰ期に遡る可能性もある。わずかではあるが、板付Ⅰ～Ⅱa式土器併行期のものも一部存在する（佐賀県教育委員会2007）。

（3） 炭素年代測定値の比較

本遺跡群からは12個の炭素年代測定値が得られている（表12・図49）。うち縄文時代後期の年代を出したものを4点除外し、黒川式（縄文晩期系）土器に限ると、東畑瀬遺跡に関連するもの

表12　東畑瀬遺跡1・3区の炭素年代測定値

番号	登録番号	遺跡・地区	土器型式	測定機関番号	炭素14年代	暦年較正 cal BC（2σ）（％）は確率密度	δ13C	出典
1	HGH1 0073 (04001850)	東畑瀬1区	黒川式新段階 SK1133	Beta-184542	2840±40	1,125cal BC－900cal BC　95.4%	－25.3	藤尾・小林2007
				PLD-5637	2800±25	1,020cal BC－890cal BC　93.8% 870cal BC－850 cal BC　1.6%	－26.5	藤尾・小林2007 パレオ・ラボ2007
2	HGH1 0269 (04001848)	東畑瀬1区	黒川式新段階	Beta-184543	2860±40	1,190cal BC－1,175cal BC　1.4% 1,160cal BC－1,145cal BC　1.7% 1,130cal BC－915cal BC　92.4%	－26.0	藤尾・小林2007
3	HGH1 0333 (04001849)	東畑瀬1区	黒川式新段階	Beta-184541	2850±40	1,185cal BC－1,180cal BC　0.4% 1,150cal BC－1,145cal BC　0.3% 1,130cal BC－905cal BC　94.8%	－25.6	藤尾・小林2007
				PLD-5636	2775±25	1,000cal BC－840cal BC　95.4%	－26.6	藤尾・小林2007 パレオ・ラボ2007
4	HGH1 0252 (04001838)	東畑瀬1区	黒川式新段階※	PLD-5635	2790±20	870cal BC－850cal BC　1.5% 1,110cal BC－890cal BC　93.9%	－26.6	パレオ・ラボ2007
5	HGH1 (04001791)	東畑瀬1区	黒川式新段階	PLD-5638	2840±25	1,090cal BC－910cal BC　95.4%	－26.4	パレオ・ラボ2007
6	HGH1 0318 (04001642)	東畑瀬1区	黒川式新段階※	PLD-5639	2735±30	930cal BC－810cal BC　95.4%	－26.4	パレオ・ラボ2007
7	HGH3 (06002211)	東畑瀬3区	黒川式新段階	PLD-5641	2840±25	1,120cal BC－1,100cal BC　1.1% 1,090cal BC－910cal BC　94.3%	－26.4	パレオ・ラボ2007
8		東畑瀬1区	SK1101（炭化材）	PLD-5640	2875±25	1,130cal BC－970cal BC　95.4%	－25.7	パレオ・ラボ2007

※年代値は突帯文土器並行期であり、黒川式新段階の定義とは異なる

は8点（1区7点、3区1点）である。東畑瀬遺跡1区SK1101（表12の8）は木炭であり、ほかはすべて土器付着炭化物が試料となっている。年代値は、もっとも古いものが2,860±40 ^{14}C BP（2）であり、新しいものは2,735±30 ^{14}C BP（6）である。器種別では、粗製直口深鉢形土器5点（2・3・5・7・8）、粗製鰭付深鉢形土器1点（4）、粗製鰭付浅鉢形土器1点（1）である。先の藤尾の定義（2,800 ^{14}C BPを境界年代とする）によると、黒川式単純期新相段階が5点（1～3・5・7）、刻目突帯文土器に伴うものが2点（4・6）である。両者の境界にある1と4の鰭付土器は型式的に宮地編年黒川式（新）に属する。

以上より、東畑瀬遺跡1区の炭素年代測定値は、新古間で125年間ほどの幅があり、土器型式的にも黒川式土器新段階から刻目突帯文土器段階のものを含むことが判明した。この両時期間には年代的

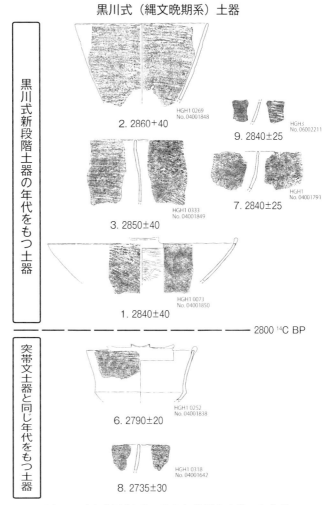

図49 東畑瀬遺跡群の炭素年代測定土器と年代値

空隙があるとも考えられるが、先の遺構出土土器の中には宮地編年Ⅰ期に属する精製浅鉢も散見される。これは年代の空隙を埋めるとともに、土器の異型式による器種組成を示す可能性がある。それは、刻目突帯文土器群にはそれに相応する逆「く」字形浅鉢が組成していない。これは黒川式土器新段階または宮地編年Ⅰ期の浅鉢が継続して使用された可能性を示している。

(4) 圧痕種実の入り方

A群：黒川式土器新段階（縄文晩期系）土器と、B群：刻目突帯文土器の2群に分けて種実圧痕の種類を比較してみる。圧痕種実は、野生種として、コナラ属堅果類・ニワトコ近似種・ヌスビトハギ・カラスザンショウがあり、栽培種として、アズキ・エゴマが在来種、アワ・キビ・イネが大陸系種である。

基本的にA群にはSK1118から出土したHHT1 0021とHHT1 0022のアワ入り土器2点（お

110　Ⅲ部　X線で見えてきた栽培植物への祈り

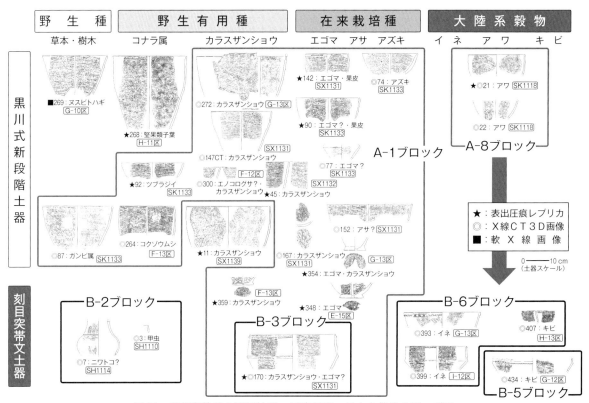

図50　東畑瀬遺跡1地区検出の圧痕種実・昆虫と検出土器の所属

そらく同一個体）以外は大陸系穀物を含んでいない。これに対し、HHT1 0170のカラスザンショウ・エゴマ入り土器を除くと、B群土器はイネやキビなどの大陸系穀物を含む例が4例あり、イネやキビをもつことが特徴である（図50）。

(5) 土器の空間的分布

　これら土器の出土状況を見てみると、A群の空間的分布の中心は、調査区の中心であるF-13区、F-12区、G-13区にかけて存在する3個ほどの小ブロックの集合体である。ここではこれらを一括しA-1ブロックとする。その内部にはSK1133やSX1131などの遺構を含む。さらに、その南側のF-11・G-11区には密な分布域があり、A-2ブロックとする。その南西側にA-3ブロックとA-4ブロックがある。A-5ブロックはこれらとやや離れた西側のB群土器の集中区間にある。これに対しB群土器はより西側に分布域をもち、遺構を伴うB-1やB-2ブロックのほかに、A-1ブロックに重なるように小さな集中区をもつ。特徴的な点は調査区のもっとも西側に位置する集中区（B-6ブロック）であるが、これは遺構は伴わないものの、B群でもっとも多量の刻目突帯文土器がここに集中しており、ここから出土した刻目突帯文深鉢形土器にイネやキビの圧痕をもつものが集中していた（図51）。

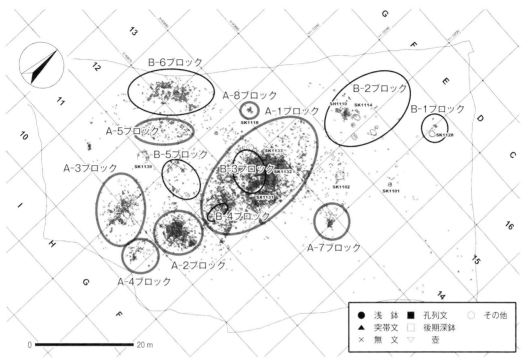

図51 東畑瀬遺跡1地区における遺物集中区と各種土器の出土状況

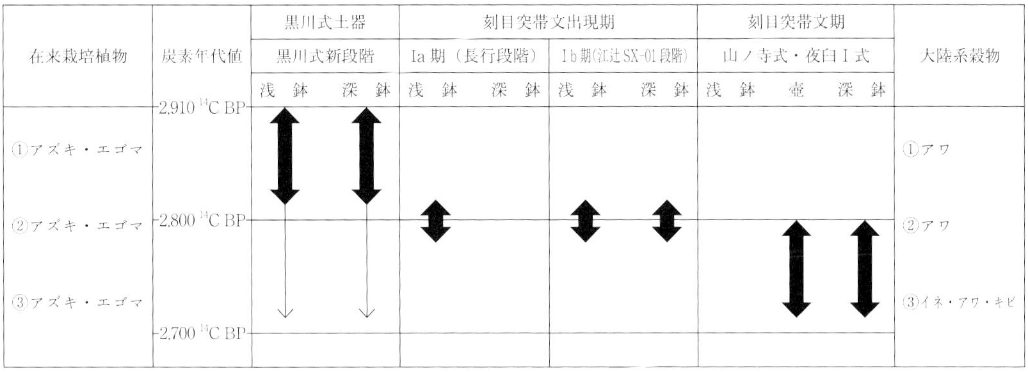

図52 東畑瀬遺跡1地区における栽培植物の所属想定時期
刻目突帯文出現期（宮地編年I期）の年代的位置や年代幅については、年代値のデータがなく予測に基づいたものである

(6) 栽培植物圧痕の所属時期

　東畑瀬遺跡1区の栽培植物の種実圧痕の組成を土器型式との関連で整理すると、栽培植物の変遷は、以下の3案に絞りこむことができる（図52）。もちろんこれより多様な案も提示できようが、ここでは最大公約数として提示する。

　アズキやエゴマなどの在来の栽培植物は九州地方では縄文時代後期以降にはすでに存在しており、カラスザンショウなどの有用植物も黒川式土器新段階を遡る。よって、これらは黒川式土器新段階の本遺跡にも存在していた可能性がある。その主体をなすものは、本遺跡のA-1ブロッ

クを中心に出土した粗製深鉢形土器群に伴う栽培植物群である。

　大陸系穀物の流入時期は、アワ圧痕を伴う晩期系組成深鉢の所属時期如何にかかっている。これがが黒川式土器新段階の深鉢形土器であれば①案として、この時期にアワが流入してきた可能性もある。②案はわずかに出土している刻目突帯文土器出現期土器（宮地Ⅰ期）に伴う可能性である。この場合、アワ入り土器はこの段階の深鉢形土器かこの時期まで残存した黒川式土器新段階の深鉢形土器ということになる。③案はこれらの土器が刻目突帯文期（宮地Ⅱa期）まで残る場合である。

　可能性としては、③案がもっとも高い。その理由は、先に見たように、大陸系穀物の大部分（土器片6例中4例）が刻目突帯文土器に伴って検出されている点と黒川式（晩期系）土器と刻目突帯文土器群は出土地点（遺構）や集中ブロックの分布範囲が異なっている点にある。本調査地点は中世遺構平面図に見る等高線から判断すると、山地（東：図51右下）から河川部（西：同左上）にかけて40mで2mほど落差がある。東西方向の土層図を見ると各層に左下がり（東から西へ）の傾斜が見られる。また、E14区〜G14区にかけての土層図では連続する層は9層以外にない。この点から判断すると、本地区の遺物は異なる複数の層に含まれることになり、それらの層序は西側の層が東側の層より上位にくる傾向が読み取れる。このような状況は、東側（高地部）にあった黒川式土器新段階の包含層の上に、西側（低地部）を中心に刻目突帯文土器を含む遺構やブロックが形成された可能性を示唆している。黒川式土器新段階が主となるA-1ブロック内に刻目突帯文土器が全体に広がらず、狭い範囲に集中して分布することや刻目突帯文土器のブロックは浅鉢や孔列文土器などと排他的に分布する点もこの点を裏付けている。その所属時期が問題であったアワ圧痕を含む粗製深鉢形土器を出土したSK1118もこの西側の低地部に分布している。

　結論として、本遺跡では、黒川式土器新段階の時期に在来種を栽培していたが、その後、刻目突帯文土器の時期に大陸系穀物が導入された可能性が高い。その時期は宮地編年Ⅱa期と考えられる。本遺跡ではこの時期まで在来の晩期系土器が煮沸具として使用されていたものと考えられる。ただし、これは確率の問題であり、①説や②説がまったく否定されたことを意味しない。③説も詳細な記録（情報）がない中での判断であり、状況証拠といえ、今後記録類を再査して再検討せねば決定的とはいえない。ただし、現時点で可能性が1番高い案として提案する。

6　結　　論

　穀物圧痕資料が少ない縄文時代晩期後葉〜弥生時代早期にかけての土器圧痕調査の方法とその評価に対する検証法およびその結果をここで提示した。

　栽培植物組成に関しては、従来の説（中沢2014b・2017、宮地2016）と同じく大陸系穀物は刻目突帯文土器出現期を遡らない可能性が高かった。潜在圧痕と表出圧痕の問題については、表出圧痕が栽培植物全体を反映せず、潜在圧痕探査の必要性が再認識された。

さらに、今回の分析で見えてきたことは、地域によっては古い型式の土器が残存するため、穀物や栽培植物の種実の年代を決める際には、土器型式の上限年代値だけで判断してはいけないという点である。その確実性を高めるためにも、我々は今一度それらを遺跡に差し戻して検証せねばならない。これは既存の最古資料と呼ばれる大陸系穀物に関しても同じである。①編年基準の明瞭な型式的特徴、②炭素年代値、③穀物（種実）圧痕の3拍子を備えた理想的な資料（土器）はいまだ存在しない。特に今回分析した時期の土器群ではそれらが器種によって偏る傾向があった。現状でできることは、分析の精度を高めるためにも、できるだけ多数の潜在圧痕を探し出し、圧痕の出土傾向と土器型式の関係を意識しながら、意図的かつ効果的な年代測定を行うことである。

　潜在圧痕の調査は、機器やコストの問題があり、実行が難しい部分はあるが、資料が少ない当該期の圧痕研究では、「有る無し」の懸念を払拭して検討を行うためにはきわめて有効な手法である。今後のX線CT技術の発達と普及に期待したい。

Ⅳ部　コクゾウムシと家屋害虫

第1章　ヨーロッパ・地中海地域における昆虫考古学研究

　一般に集落が通年もしくは1年の大半利用されるようになると、食物の貯蔵が行われるようになる。それは食料が少なくなる時期（冬季）の安定した食料補給のためである。集落（人口）の規模が大きくなれば貯蔵食料の量も必然的に多くなる。また、人がそこに1年以上の定住を続ければ、不定期の食料の欠乏に備えて、数年規模の長期的な貯蔵という危機管理の戦略がさらに加えられるであろう。大規模集落においては定住化に伴う植物性食料貯蔵施設が一般化する。そして、長期間の定住用の施設であれば、そこには特定の加害食用植物に寄生する家屋害虫が発生している可能性がある。つまり、クリやドングリなどのデンプン質食物は低湿地の貯蔵穴以外に、貯蔵穴や住居内でも乾燥保存が行われており、それらを食害した害虫の痕跡が必ず存在するはずである。

　本章はこのような視点に立ち、これまで主に環境史や周辺環境の復元に用いられていた我が国の昆虫考古学の研究動向を振り返り、資料として把握しにくかった家屋害虫、特に貯蔵食物害虫を土器圧痕によって抽出するための方法と理論を確立しようとする試みの1つである。このため、ヨーロッパ・地中海地域の遺跡出土の害虫の諸例を紹介するとともに、現代害虫の生態的・生理的研究の成果から明らかにされた昆虫の害虫化プロセスの理論をもとに、縄文時代における貯蔵形態やその規模の類推のための手がかりを模索したものである。

1　研究の経緯と本章の目的

　筆者はこれまで縄文時代の栽培植物を「圧痕法」を用いて調査・研究してきた。その過程の中で、植物種実や微小貝に混じって、縄文土器の中から昆虫の圧痕を検出することがあった。そのもっとも代表的なものはコクゾウムシ *Sitophilus zeamis* Motsch. の圧痕である。コクゾウムシは当初イネ伝播の証拠と考えられてきたが（山崎2005、小畑2008）、イネ伝播の経路や時期と異なる遺跡での発見により、現在では乾燥性のデンプン質貯蔵食物を加害していた可能性が高くなった（Obata et al. 2011、小畑2011a・2012a・2012b）。土器圧痕ではこのコクゾウムシが昆虫や小動物圧痕のほとんどを占めているが、コクゾウムシ以外にもさまざまな昆虫が発見されている。特に青森県三内丸山遺跡で実施した圧痕調査では、コクゾウムシ以外の家屋害虫を多数検出した（小畑2013a）。もちろんこれまで三内丸山遺跡においても昆虫化石の調査はなされ、その組成から本

遺跡は都市的環境の遺跡として評価されている（森 1999a・1999b・2001・2002・2009a）。

　ただし、これまでの筆者らの圧痕調査の経験によると、土器圧痕として検出される生物体は、植物種実を含め、昆虫も人為的に改変（anthropogenic）された環境に人間とともに共生する（synantoropic）ものが多く含まれる可能性が高いという感触を摑んでおり、土器圧痕資料を利用した家屋害虫・貯蔵食物害虫の研究が可能ではないかと考えた。つまり、圧痕として検出される昆虫類は、これまで低湿地などから出土する昆虫化石とは質的に異なり、従来の研究手法では描ききれなかった人間と昆虫の密接な関係史を探るうえできわめて重要な情報を提供している。特に貯蔵食物を食害する害虫は、先史時代の貯蔵物や貯蔵形態の復元のみならず、農耕の伝播や人の移動、交易などをも復元できる可能性を秘めている。先のコクゾウムシの日本や東アジアにおける進化過程も未解決の重要な問題として残されている。よって、本章は、この分野で研究の進んでいるイギリスをはじめとするヨーロッパ地域、エジプトや地中海地域の昆虫考古学（Archaeoentomology）の先端研究の成果を渉猟し、それらについて紹介するとともに、上記課題に関する手がかりを得ようというものである。

2　昆虫考古学研究の歴史と問題点

⑴　昆虫の特性と家屋害虫の定義

昆虫の考古資料としての特性
　昆虫の種類は、現在 100 万種以上が知られていて、推定される種数は 300 万〜500 万といわれる。そしてそれらが地球上に現れたのは約 4 億年前で、400 万年前に出現した人間よりもはるかに旧い時代から栄えていた。したがって、我々人間は地球上に現れたときから昆虫とは深い関わりをもっていたといえる（日本家屋害虫学会 2003）。

　昆虫の繁殖に必要な環境および彼らが要求する食物は種によって決まっているため、昆虫は非常に小規模な住環境を反映する。また、変温動物であるため、ほとんどが気温に鋭敏に反応する。たとえば、第 4 紀堆積物から出土する甲虫相を見ると、高い移動性をもつ甲虫が植物よりも気温の変化により鋭敏に反応していることがわかる。甲虫相は過去における気温の敏感な指標であり、甲虫による微気候の推測はほぼ妥当といえる。なぜなら、甲虫の種は彼らの求める気候の中では進化的に安定しており、気候や環境の変化ストレスに直面すると、遺伝的な適応よりむしろ、適当な場所に移動し食物選択を広げることで適応を果たしているからである（Dena 2000）。昆虫は第 4 紀の間、少なくとも数百万年の間、形態的・生態的・生理的にもほとんど変化しなかったこと、環境史復元にきわめて有効な指標であることはよく知られている（Buckland 1990、Buckland et al. 2004）。

　環境指標として有利な昆虫のもつ特性としては、
　①種類と個体数が多く、生息域がいたる所にある（資料の豊富さ・広域性）
　②特定の生息環境を示す（分布の局所性）

③同定がしやすい（個性的形態）
④数百万年間、形態的・遺伝的変化に乏しい（遺伝的安定性）
⑤温度変化に敏感で、それに伴い居住域を移す（高移動性）
などがあげられる。

　これらが環境復元の根拠として利用されることはよく知られているが、人為的な環境の復元にも有効であることは意外と知られていない。貯穀害虫・食虫昆虫・食植物昆虫などは、人間の食物、食物貯蔵、利用様式、食物の種類、建築方法、そして農耕や牧畜などの他の人間生活の詳細についても雄弁である。そして、寄生虫や共生昆虫などは、衛生状態や健康、人間の集住状況や拡散パターンについての証拠を提供する。さらに食肉虫やハエ類は人間や動物の遺体の法医学的な証拠ともなる（Elias 2010）。また、貯穀害虫は、農耕の伝播、人の移動（ローマ軍の進軍など）、交易などの証明の有力な手がかりとなる（Panagiotakopulu 2000）。

昆虫化石の遺跡内での産状

　昆虫は嫌気性の堆積物の中から植物遺存体に次いでもっとも一般的に発見される同定可能な大型化石とされる。その堆積物の代表である低湿地遺跡を掘ったことのある考古学者なら誰しもが虹色に輝くその光沢のある外殻片を見たことがあるであろう。また、糞や穀物などの物質が炭化するとその中に含まれる昆虫も保存される場合がある（Buckland 1990）。昆虫はキチン質[1]の外殻をもつため、湿潤であれ乾燥であれ、埋没環境が安定しさえすれば遺存状態はよい。特に甲虫の外殻は永続性があり、普通のハエは蛹状態で残りやすい（Dena 2000）。このため、研究の対象物となりやすい。

　考古学的な残存状況には以下の4態がある（Panagiotakopulu 2000）。
①湿った条件下（泥炭層・湖・井戸など）、これは通常北方地域の残り方である。
②炭化による残存＝炭化した種子とそれに関連する害虫は人為的原因で起こる場合もあるし、火山噴火などでも起こる。残存状況は被熱の期間や温度、酸素と湿度のレベルなどで異なり、炭化の度合いもそれらの要因により異なり、遺跡ごとに異なる。
③乾燥による残存＝非常に乾燥した地帯の遺跡の特徴であり、化石は完全な形で発見される。
④無機物に置換され、鉱化（無機化：Mineralization）することで残る。方解石の厚い層によって完全に昆虫の外殻（昆虫学）が覆われ、同定根拠が見えにくいが、内部の空間（抜け殻：cavity）は土器圧痕と同じく、同定根拠を示す可能性が高い。

　最古のグラナリアコクゾウ *Sitophilus granarius* L. の化石は土器圧痕であるという（Panagiotakopulu 2000）。これは、④の抜け殻（内部空間）とよく似た残存状況である。ただし、土器内の圧痕は土器焼成による熱によって生物体が焼けて形成されるもので、まれに圧痕内部に炭化した昆虫が残存している場合がある。両者の化学変化の違いを考慮すると、新たに「⑤土器圧痕」を加えることができる。以下、①〜③を「生体化石」、④・⑤を「無機化石」と呼び、土器圧痕の場合、単に「圧痕」と表記する。我が国の考古学遺跡における無機化石の好例としては、古墳時代の墓から出土する鉄器のさびにハエの蛹が抜け殻（囲蛹殻）として残る例がある。

　我が国では、湿潤な気候環境のため、①の低湿地遺跡から発見される水漬けの生体化石が研究

対象の主体となってきた。これらは植生や土地景観の自然的・人為的変化を反映するものの、上述したような貯穀害虫や人間との共生昆虫など、人の生活に関わる昆虫を抽出するという点では弱い。しかし、糞や穀物などの物質が炭化するとその中に含まれる食糞性・食植物性昆虫（貯穀害虫）が保存される場合があるし（Buckland 1990）、遺跡周辺の低湿地や泥炭層の土壌中のみでなく、生贄として泥炭層に葬られた人間の遺体やエジプトのミイラなどからも食肉性昆虫の類が発見されることがある（Elias 2010）。また、英国の青銅器時代の井戸中から発見された昆虫の組成は、それらが家畜用の井戸として使用されたことを証明し、宝石や金製品を出土するきらびやかな中世遺跡から発見された昆虫たちは、私たちのイメージに反して、その街がきわめて不衛生であったことを立証する（Elias 2010）など、調査対象を単なる低湿地堆積土に限定せず、遺跡から得られるさまざまな資料を検出候補と想定して意識的に昆虫を抽出しようと働きかけることで、より細やかな人為的環境や人間生活の復元に大きな成果がもたらされることがわかる。土器ももちろんこの例外ではない。土器圧痕として発見される昆虫や小動物は、土器という文化的・人為的造形物を媒体とするため、土器製作場という人為的な環境や土器製作の工程および方法を知るうえできわめて重要な情報をもちうる可能性があるのである。

害虫の文化的分類

　害虫という分類群は生物学的には存在しない。それは、人間の貯蔵食物の中で発見されるほとんどすべての昆虫の種が野外の貯蔵施設・鳥の巣・蟻塚・げっ歯類の巣の中・土の上の熟した種子や果実の上・落葉層・木の皮の下、もしくは死肉の上からも発見できるからである。ほとんどの貯蔵食物昆虫は安定した食料（栄養基）と繁殖基を求めて活発に広い範囲を動き回る。そしてそれらが、栄養基の人工的な堆積の中もしくは上で大量発生した時に初めて貯蔵食物害虫となるのである。この「貯蔵食物害虫」という生活型はそれ自体、生態学的視点からは実際に存在しないという（Plarre 2010）。

　この点から見て、害虫は人為的な微環境に生態的適応を果たした昆虫であり、貯蔵食物害虫は食料の貯蔵という行為が永続的になされることで持続可能な昆虫といえ、人為的環境なくしては生存しえない「栽培植物」と同じ生物群である。これはすこぶる文化的な分類群といえる。ただし、栽培植物が人間に有益であるのに対し、貯蔵食物害虫は人間との競争者であり、被害を与える。

　一般に人間に危害を加える害虫の1つとして私たちはしばしば「家屋害虫」という呼び方をする。「家屋害虫」とは、家屋そのものを加害する害虫という狭い意味と、家屋の内外に生活して人間生活に何らかの負荷を与える小動物群をさす広義の意味をもつ場合がある。この家屋害虫の中で、屋内型は①食植物性昆虫・②食肉性昆虫・③雑食性昆虫・④食菌性昆虫に分類できるが、穀物や穀粉などの植物質貯蔵食物を食害するのは、①の食植物性昆虫である（日本家屋害虫学会 2003）。この中にはコメ・ムギ・トウモロコシなどデンプン質の穀類を加害するコクゾウムシ・ココクゾウムシの類、アズキを加害するアズキゾウムシなどがある。ただし、粉状になると、穀類の種類を問わずノシメマダラメイガやノコギリヒラタムシなどの食害を受ける。前者は健全粒に加害する1次性害虫、後者は破砕穀物や粉を好んで食害する2次性害虫に分類され、さらに湿

Dermestidae（カツオブシムシ科）

幼虫（体長約9mm）　成虫（体長約2.8～5.3mm）
★*Attagenus pellio* L.
（シラホシヒメカツオブシムシ）参考資料
Attagenus unicolor japonicus Reitter
（ヒメカツオブシムシ）

幼虫（体長約4mm）　成虫（体長約1.7～3.2mm）
Anthrenus verbasci L.
（ヒメマルカツオブシムシ）

Nitidulidae（ケシキスイムシ科）

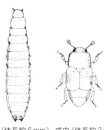

幼虫（体長約6mm）　成虫（体長約3mm）
Carpophilus hemipterus L.
（クリヤケシキスイ）

Cucujidae（ヒラタムシ科）

幼虫（体長約4.5mm）　成虫（体長約3mm）
Oryzaephilus surinamensis L.
（ノコギリヒラタムシ）

幼虫（体長約3.5mm）　成虫（体長約2mm）
Cryptolestes ferrugineus Steph.
（サビカクムネヒラタムシ）

Bostrychidae（ナガシンクイムシ科）

幼虫（体長約3mm）　成虫（体長約2.1～3mm）
★正面はチビタケナガシンクイ成虫
Rhizopertha dominica F.
（コナナガシンクイ）

Anobiidae（シバンムシ科）

幼虫（体長約4mm）　成虫（体長約1.7～3.6mm）
Stegobium paniceum L.
（ジンサンシバンムシ）

幼虫（体長約4～5mm）　成虫（体長約1.7～3.1mm）
Lasioderma serricorne F.
（タバコシバンムシ）

Ptinidae（ヒョウホンムシ科）

 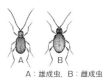

A：雄成虫．B：雌成虫
成虫（体長約1.9～3mm）　成虫（体長約2.3～3.3mm）
Ptinus fur L.　*Gibbium aequinoctiale* Goez.
（ヒョウホンムシ）（ニセセマルヒョウホンムシ）

Tenebrionidae（ゴミムシダマシ科）

幼虫（体長約6mm）　成虫（体長約4mm）
Tribolium castaneum Hbst.
（コクヌストモドキ）

Trogositidae（コクヌスト科）

成虫（体長約6～10mm）
Tenebrioides mauritanicus L.
（コクヌスト）

Bruchidae（マメゾウムシ科）

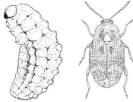

幼虫（体長約6mm）　成虫（体長約3～3.5mm）
★*Bruchus* sp.（マメゾウムシ属）の参考資料
Acanthoscelides obtectus Say.（インゲンマメゾウムシ）

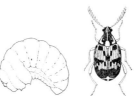

幼虫（体長不明）　成虫（体長約2～3mm）
★*Bruchus* sp.（マメゾウムシ属）の参考資料
Callosobruchus chinensis L.（アズキゾウムシ）

Curculionidae（ゾウムシ科）

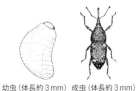

幼虫（体長約3mm）　成虫（体長約3mm）
★*Sitophilus granarius* L.
（グラナリアコクゾウ）の参考資料
Sitophilus zeamais M.（コクゾウムシ）

0　　　3mm

図53　ヨーロッパ・地中海の考古遺跡から出土する主な貯蔵食物害虫と近似種（各文献より）

気で傷んだものや菌を食するゴミムシダマシやヒラタムシの類の周辺害虫に分けることができる（吉田ほか 1989、図53）。

(2) 我が国における昆虫考古学の研究と害虫の評価

　我が国でも遺跡から出土する昆虫の研究は個別的な分析報告やそれに基づいた研究があるが、それらを体系的に整理し、昆虫考古学の概念的整理を行っているのは森勇一である。森によると、古環境の推定の指標性昆虫は次の6種類に分類されている（森2004）。水域環境（流水性・止水性・湿地性）・植生環境（草原性・訪花性・森林性）・栽培および農耕（稲作害虫・畑作害虫）・汚物集積（食糞性・食屍性）・地表環境（湿潤・砂地乾燥・林床内）・気候推定（寒冷型・温暖型）である。これらは昆虫が人為的改変を含む環境復元の指標として有利なことを示している。

　ただし、ここで示される昆虫相は「都市」や「里山」などの景観および生活環境を表すもので、「トイレ」や「ゴミ廃棄場」などの一部を除いて、微環境を示してはいない。また、害虫として扱われるのはコクゾウムシ（金沢・宮武1990、奈良国立文化財研究所1992、宮武1995、森2000）を除き、稲や畑作物の害虫であり、いわば野外型の昆虫群ばかりである。同様に昆虫と人の関係を概述した初宿成彦らの著書においても、遺跡出土の昆虫遺体が示す周辺環境が述べられているだけである（大阪市立自然史博物館1996）。このような中、宮武頼夫は意識的に屋内害虫という分類群を作り、平城京址の長屋王邸・藤原麻呂邸出土のクッキー状の炭化物の中に入ったコクゾウムシを紹介し、粉についたまま固められた可能性を指摘している（宮武1999）。さらに平城京から発見されたノコギリヒラタムシやゴミムシダマシなどの貯穀害虫を紹介している（宮武1999）。

　しかし、総じていえば、我が国の昆虫考古学的調査や研究においては、家屋害虫に関する研究はきわめて低調であるといわざるをえない。貯蔵食物害虫もコクゾウムシを除いてはほとんど知られていない。これは研究手法というよりは、検出される資料上の制約であり、調査・検出手法の限界かもしれない。このような状況を打開するのが、土器圧痕資料と考えられる。それは、これら家屋内の害虫に関して、2012年時点で筆者らはコクゾウムシ105例を含め137点の昆虫・小動物圧痕を検出しているからである（小畑2012b）。また三内丸山遺跡においてコクゾウムシ属の生体化石107点を確認しているが（小畑2013a）、これらが家屋害虫である可能性は、それが同じ遺跡において土器圧痕としても検出されるからである。さらには家屋内に生息していたゴキブリの卵までも検出している（Ⅳ部第3章参照）。以上より、土器圧痕からは人間と共存していた生物が検出される度合いが高く、圧痕昆虫は家屋害虫もしくは家屋に棲みついた昆虫である可能性が高い。

3　海外における昆虫考古学の研究と成果

(1) 最近の研究動向

　ヨーロッパや地中海地域では害虫の研究が盛んである（Buckland 1990）。考古学的環境の研究に

昆虫を用いることは北ヨーロッパのよく確立された科学的技術とされる（Panagiotakopulu 2000）。最近この手法が地中海やエジプト地域へも拡大された（Panagiotakopulu 2000・2001）。エジプトの昆虫考古学的研究は150年以上の歴史をもち、神聖なスカラベの同定はエジプト研究者の間で古くから注目されていた。世界中の博物館やカイロ大学に現代の昆虫の膨大なコレクションが保存されているにもかかわらず、エジプトにおける甲虫相のリストは1976年まで公表されておらず、研究が立ち遅れていた。しかし、最近では、エジプトの考古学遺跡から出土する昆虫相に注目が注がれるようになってきた。このエジプトの考古学的昆虫を対象とした研究の中で、E.パナギオタコプルは遺跡出土の昆虫相を、食肉相（carrion fauna）・食穀物相（grain fauna）・食種子甲虫（seed beetle）に分類し、その意味を論じている（Panagiotakopulu 2001）。また、同氏によって、エジプト地域の研究にギリシャの青銅器時代遺跡アクロティリ（Akrotiri）を代表とする地中海地域の調査研究の成果を加えた著書が出版されている（Panagiotakopulu 2000）。この中で同氏は、地中海地域の遺跡では、分類学・化石埋没学・サンプリング・処理法などのさまざまな要因で考古昆虫学的情報が欠如していること、また、多くのヨーロッパの国々と異なり、ギリシャは考古昆虫学的研究の長い歴史をもっていないため、ギリシャの甲虫目（Coleoptera）の完全な比較コレクションを欠いており、甲虫相のための最新の同定基準もないことを指摘している。このため、同定にはもっとも近いエジプトとキプロスのリストが利用されているが、これらは異なる生物地理学の地域に属しており、不十分であるという。また、甲虫目と同じように、考古遺跡から頻繁に発見される双翅目（Diptera）の幼虫であるウジの場合は、現代の昆虫相の情報を欠いており、多くの種の幼虫段階の記載もないため、蛹の同定が非常に難しいことが指摘されている。

このような制約にもかかわらず、同書にはこれら地域の考古遺跡から発見された貯蔵食物害虫を中心とした昆虫の出土例が網羅されている。

(2) 考古遺跡から検出された家屋害虫

E.パナギオタコプルは同書の中で甲虫目を中心とした家屋害虫について紹介している（Panagiotakopulu 2000）。この中には、ハエ・蚊・ブヨを含む双翅目（Diptera）、蟻（Formicidae）、蜂などの膜翅類（Hymenoptera）、ノミ目（Siphonaptera）やシラミ目（Anoplura）、ダニ目（Mites）なども記載されているが、ここでは先のエジプトでの研究（Panagiotakopulu 2001）や貯穀害虫に関する研究（Buckland 1990）を加えて、甲虫類、特に貯蔵食物害虫、その中でも代表的な穀粒や植物性食品の害虫について紹介する（表13・図53）。貯穀（貯蔵食物）害虫は、穀物（食品）部位と加害様式から見て、健全粒に加害する1次性害虫、破砕穀物や粉を好んで食害する2次性害虫、湿気で傷んだものを食害する周辺害虫に分けることができる（吉田ほか1989）。なお、以下の文中の記述で特に文献の指示がない場合は、上記文献（Panagiotakopulu 2000）に依拠していることをお断りしておく。

1次性害虫

a. ゾウムシ科　Curculionidae（図54のa）

コムギ・ライムギ・オオムギ・トウモロコシ・オートムギ・ソバ・雑穀・ヒヨコマメ・クリ・

ドングリ・コーンフレイクなどを食害する1次性害虫の1つである、ゾウムシ科のグラナリアコクゾウムシ *Sitophilus granarius* L. とココクゾウムシ *S. oryzae* L. は、インド・近東がその起源地と考えられている[2]。コクゾウムシ *Sitophilus* 属の甲虫は、エジプトではおよそ紀元前2,300年ごろにサッカラ（Saqqarah）の階段ピラミッドの下の1つの墓中に堆積したオオムギの中から発見された例と、それより600年古い同じサッカラの別の墓からの発見例がある。また、第6王朝（紀元前約2323-2150年）のイチェティス（Ichetis）女王の墓からも記録されている。これらはグラナリアコクゾウムシと思われる。確実なグラナリアコクゾウのもっとも古い例は土器圧痕であり、セルビア（Servia）の新石器時代遺跡から発見されている。ギリシャでは中期青銅器時代のクレタ（Crete）島のクノッソス（Knossos）と後期青銅器時代のサントリーニ（Santorini）島のアクロティリの例がある。最近、ドイツのゲッティンゲン（Gottingen）近くの前期新石器時代の遺跡（紀元前4935-4800年）例が南西ヨーロッパでもっとも古いものとされ、これはローマ軍侵入前の本種害虫の拡散例として、地中海を通って西ヨーロッパへ農耕が拡散した証拠もしくはギリシャからロシア南部、ドナウ川に沿ってオオムギが伝播した証拠と考えられている（Plarre 2010）。

これに対して、ココクゾウムシは、現代ヨーロッパでは穀物の積荷の外来種となっており、ヨーロッパやアフリカでは先史時代もしくは古典古代の記録もない。最古の考古学的記録は紀元前100年前の馬王堆漢墓からもので、英国では、その最初の記録はサザンプトン（Southampton）の15世紀のトイレ遺構からものである。コクゾウムシはヨーロッパ・地中海・エジプトの考古資料としては発見されておらず、文献史料も含めて、東アジアでは日本の縄文時代の例がもっとも古い（Obata et al. 2011）。

b. マメゾウムシ科　Bruchidae（図54のb）

本科の幼虫は主としてマメ科植物の種子を食害して成長する。野外で生育中のマメの莢にしか産卵しない種と、屋内の貯蔵マメに直接産卵する種がある（吉田ほか 1989）。

ヨーロッパ・地中海地域で発見されるマメゾウムシ類のほとんどが畑の中のマメの種子を加害する野外型である。マメゾウムシでなく、加害されたマメそのものが報告されている。紀元前3500年ごろのマメゾウムシに加害されたエンドウマメ *Pisum sativum* がウクライナやイタリア北部のベルヴェルデ（Belverde）の早期新石器遺跡から報告されている。また種レベルまでは同定されていないが、マメゾウムシの幼虫が紀元前2000年ごろのトロイ（Troy）から発見されている。成虫としては、英国では少なくとも鉄器時代にはソラマメゾウムシ *Bruchus rufimanus* Bohe. が存在している。*Bruchus rufipes* Hbst.（和名不明）がギリシャの後期青銅器時代遺跡アクロティリから発見されている。この *Bruchus rufipes* は中央ヨーロッパと地中海地域では普通のマメ畑害虫である。いくつかの他の種が中部エジプトのコム・エル・ナナ（Kom el-Nana）のビザンチン期の資料から得られている。英国でも *Bruchus atomarius* L.（和名不明）とクロマメゾウムシ *Bruchus loti* Payk. がテムズ川（Thames）流域のラニミード（Rynnymede）の新石器時代遺跡から発見されている。これらは自然の昆虫相の一部もしくは作物用の種とともに輸入されたものと考えられている。

これらマメゾウムシ *Bruchus* 属は近東起源の害虫であり、紀元前5,000年には北ヨーロッパや

表13　考古遺跡から出土する主な貯蔵食物害虫と各地における初出時期

学　名（和　名）	食　性	起源地	英　国
Coleoptera　（鞘翅目）			
Carabidae　（オサムシ科）			
Laemostenus terricola Hbst.	食肉性	—	1st C AD
Clerdae　（カッコウムシ科）			
Necrobia violacea L.（ルリホシカムシ）	腐肉・魚・骨・穀類	—	10-11th C AD
Necrobia rufipes Deg.（アカアシホシカムシ）			
Dermestidae　（カツオブシムシ科）			
Dermestes frischii Kug.（フイリカツオブシムシ）		—	
Dermestes carnivorus F.（ネアカカツオブシムシ）		—	
Dermestes laniarius Ill.	死骸・死肉・骨	—	青銅器時代
Dermestes ater Deg.（トビカツオブシムシ）		—	
Dermetes lardarius L.（オビカツオブシムシ）		—	青銅器時代
Dermestes sp.（カツオブシムシ属）		—	完新世早期
Trogoderma persicum Pic.	穀物	インド・アジア？	
Trogoderma granarium Everts.（ヒメアカカツオブシムシ）			
★*Attagenus pellio* L.（シラホシヒメカツオブシムシ）			4th C AD
●*Anthrenus verbasci* L.（ヒメマルカツオブシムシ）	穀物・羊毛・絹織物	インド エジプト？	
Anthrenus museorum L.			
Anthrenus sp.（マルカツオブシムシ属）			4th C AD
Thorictodes heydeni Reitt.（ホソマメムシ）	穀物・マメ類	—	
Trogositidae　（コクヌスト科）			
●*Tenebroides mauritanicus* L.（コクヌスト）	穀物・粉・害虫	地中海	1st C AD
Nitidulidae　（ケシキスイムシ科）			
●*Carpophilus hemipterus* L.（クリヤケシキスイ）	穀物・吸湿粉		
Omosita colon L.（キボシヒラタケシキスイ）	カビ・キノコ・古い	ヨーロッパ	青銅器時代（新石器時代）
Nitidula bipunctata L.	骨・古い皮・腐肉		青銅器時代
Cucujidae　（ヒラタムシ科）			
●*Oryzaephilus surinamensis* L.（ノコギリヒラタムシ）	加害された穀物	—	1st C AD
Oryzaephilus sp.（ヒラタムシ属）		—	1st C AD
Cryptolestes turcicus Grouv.（トルコカクムネヒラタムシ）	加害された穀物・乾燥	—	
●*Cryptolestes ferrugineus* Steph.（サビカクムネヒラタムシ）	果物・木の実	英国	1st C AD
Colydiidae　（ホソカタムシ科）			
Aglenus brunneus Gyll.	糞・穀物残滓	英国？	ca. 3200BC
Bostrychidae　（ナガシンクイムシ科）			
●*Rhizopertha dominica* F.（コナナガシンクイ）	穀物・イモ	インド	15th C AD
Anobiidae　（シバンムシ科）			
●*Stegobium paniceum* L.（ジンサンシバンムシ）	デンプン質・穀物		青銅器時代
●*Lasioderma serricorne* F.（タバコシバンムシ）	乾燥動植物質	近東	
Ptinidae　（ヒョウホンムシ科）			
●*Gibbium aequinoctiale* Goez.（ニセセマルヒョウホンムシ）※	穀物・植物質・人糞	地中海・熱帯	
Gibbium sp.（マルヒョウホンムシ属）			
Niptus hololeucus Fald.（キンケヒョウホンムシ）	デンプン質・腐木	—	4th C AD
Tipnus unicolor Pill. & Mitt.	藁・麦藁・穀物片	—	1st C AD
●*Ptinus fur* L.（ヒョウホンムシ）	乾燥動植物質	—	青銅器時代
Tenebrionidae　（ゴミムシダマシ科）			
Palorus subdepressus Woll.（コヒメコクヌストモドキ）	加害されカビがふいた穀物	—	2nd C AD
Palorus ratzeburgi Wissm.（ヒメコクヌストモドキ）		—	1st C AD
●*Tribolium castaneum* Hbst.（コクヌストモドキ）	加害された穀物	インド	4th C AD
Tribolium sp.（コクヌストモドキ属）		含アフリカ起源種	2nd C AD
Alphitobius diaperinus Panz.（ガイマイゴミムシダマシ）	穀物・粉・皮・骨	—	2nd C AD
Gnathocerus cornutus F.（オオツノコクヌストモドキ）	穀物・飼料	—	

第 1 章　ヨーロッパ・地中海地域における昆虫考古学研究　　*125*

ドイツ	イタリア	ギリシャ	トルコ	イスラエル	エジプト	イラン	ウクライナ	中　国	アメリカ
15th C AD					306BC-30BC ca. 1224BC ca. 2600BC 1353BC ca. 1000BC 1353BC 4th C AD			1st C BC 1st C BC	ca. 1650AD
15th C AD 15th C AD		ca.1500BC			1353BC 2nd C AD				ca. 1650AD ca. 1650AD
15th C AD 1st C AD 15th C AD	79AD	ca. 3000BC ca. 1500BC ca. 1500BC ca. 1500BC ca. 1500BC			ca. 1336BC 2nd C AD 2nd C AD 2nd C AD 1900-1800BC 1900-1800BC ca. 1327BC ca. 1327BC 1550-1050BC	2400BC			
15th C AD 15th C AD 1st C AD									ca. 1650AD
		ca. 1500BC			ca. 1350BC ca. 1327BC 2345-2181BC ca. 1350BC				ca. 1650AD

学　名（和　名）	食　性	起源地	英　国
Tenebrio opacus Duft. *Tenebrio molitor* L.（チャイロコメノゴミムシダマシ）	腐敗しかけた穀物・粉・肉片	—	1st C AD
Bruchidae（マメゾウムシ科） ★*Bruchus loti* Payk.（クロマメゾウムシ） *Bruchus atomarius* L. *Bruchus rufimanus* Bohe.（ソラマメゾウムシ） *Bruchus rufipes* Hbst.	マメ類	近東？	5400-3500BC 青銅器時代 鉄器時代
Curculionidae（ゾウムシ科） ★*Sitophilus granarius* L.（グラナリアコクゾウ） *Sitophilus oryzae* L.（ココクゾウムシ）	穀物	インド？・近東？ インド？	1st C AD

●図53に図・写真のあるもの、★図53に参考図・写真のあるもの
※『貯蔵食品の害虫』では *Gibbium aequinoctiale* Boiel.

西ヨーロッパにもその痕跡が認められ、紀元前3000～2000年ごろには広範な分布域を示している。17世紀にはノルウェーのスメレンブルグ（Smeerenburg）島（北緯79度）まで達している。そのうちのエンドウゾウムシは現在の野外種であるが、日本へは明治年間に侵入したとされる（安富・梅谷1983）。

我が国に一般的なアズキゾウムシと同じセコブマメゾウムシ *Callosobruchus* 属のマメゾウムシは、コム・エル・ナナのビザンチン期の資料から発見されている。このコム・エル・ナナで発見されたセコブマメゾウムシ属はインド起源と思われ、4世紀にはここまで拡散していたことがわかる。

このほか、属レベルであるが、マメゾウムシ属は紀元前12世紀のギリシャのティルヌス（Tiryns）、アカシア属の種子を加害するものが紀元前1900～1800年ごろのエジプトのカフン（Kahun）で発見されている。またマメゾウムシ属甲虫はツタンカーメン（Tutankahamun）の墓やファラオ（Pharao）期のアマルナ（Amarna）からも報告されている。レンズマメ *Lens culinaris* の中に発生したマメゾウムシ類が215±48 BCの年代をもつエジプトの堆積物から、また、加害された *Vicia ervilia*（和名不明）の種子がイスラエルのダン（Dan）で紀元前11世紀のものが発見されている。

我が国の考古学的記録にはこのマメゾウムシ類はまったくでてこない。アズキゾウムシは屋内型のマメゾウムシであり、原産地がインドから中国南部であり、アズキが中国から伝わった3～8世紀ごろ日本へ侵入したとされている（安富・梅谷1983）。しかし、アズキの起源は縄文時代にもあり、その正確な起源地と侵入時期については不明である。少なくとも、縄文時代に栽培が開始されたアズキやダイズに被害を及ぼす在来のマメゾウムシはいなかったことになる。この点、コクゾウムシとは対象的である。

c. ナガシンクイムシ科　Bostrychidae（図54のc）

基本的に木竹材を食す食材性の科であるが、ごく特殊なものが貯蔵種子類を加害する（吉田ほか1989）。

コナナガシンクイ *Rhyzopertha dominica* F. は、インド起源もしくはアフリカ起源とされる。エジプトのカフン遺跡（紀元前1900～1800年ごろ）の植物遺存体中から記録されている。このほか、

ドイツ	イタリア	ギリシャ	トルコ	イスラエル	エジプト	イラン	ウクライナ	中　国	アメリカ
			ca. 2000BC						
	前期新石器時代		ca. 2000BC	11th C BC	1900-1800BC		3500BC		
		ca. 1500BC							
ca. 5000BC	79AD	ca. 3000BC		9th-7th C BC	2630-2611BC				ca. 1650AD
								1st C BC	ca. 1650AD

ツタンカーメンの墓（紀元前1345年）の供献壺、ローマ時代のエジプトの石切り場であるアマルナのモンス・クラウディアヌス（Mons Claudianus）の作業員の村やコム・エル・ナナのビザンチン修道院遺跡から発見されている。これ以外には、サントリーニ島の後期青銅器時代の遺跡（紀元前3500年ごろ）でも発見されており、クレタ島とエジプトの交易を通じてアフリカからもたらされたという説もある。我が国への侵入時期についてはよくわからない。

2 次性害虫・周辺害虫

　d. コクヌスト科　Trogositidae（図54のd）

　木材害虫などを捕食し、益虫となっているものも多いが、以下の種とホソチビコクヌスト *Lophocateres pusillus* Klug が穀類などを直接食害する（吉田ほか1989）。

　コクヌスト *Tenebroides mauritanicus* L. は、穀粉の害虫であり、その起源は地中海と考えられているが、もっとも古い発見は英国のローマ時代（紀元1世紀）のヨーク（York）にある。

　e. ヒラタムシ科　Cucujidae（図54のe）

　朽木・樹皮下などに生息しており、ほとんどの種が貯穀を加害しない。しかし、ヒラタムシ *Oryzaephilus* 属とカクムネヒラタムシ *Cryptolestes* 属の数種は直接穀粉を食害する（吉田ほか1989）[3]。

　〔ヒラタムシ属　*Oryzaephilus* sp.〕

　ノコギリヒラタムシ *Oryzaephilus surinamensis* L. とオオメノコギリヒラタムシ *Oryzaephilus mercator* F. は世界中で知られている穀物と穀物製品の害虫である。ノコギリヒラタムシは特にグラナリアコクゾウムシが加害した穀物を2次的に加害する。倉庫・製粉所・穀倉のある農家、ビール製造所の地下倉庫などで見られる。成虫は肉食で、穀物の中の他の害虫の幼虫を食べるが、まれに自身の種の幼虫も食することがある。暖房のない貯蔵所で越冬可能であるが、18度以下では発育できず、22度以下では増殖できない。彼らの元来の基本的な食料は樹皮であるが、その世界的な分布は交易によるものと思われる。貯蔵食物害虫となる以前は鳥の巣が適応した生態系であった。地中海でのもっとも古い例は、マケドニアのマンダロ（Mandalo）の新石器遺跡からのもので、エジプトのツタンカーメンの墓（紀元前1345年）、ギリシャのアクロティリの後期青銅器時代のものが知られている。ノコギリヒラタムシはローマ帝国の西側の領域に広がってい

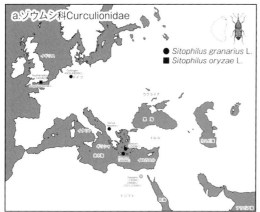
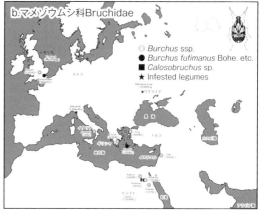
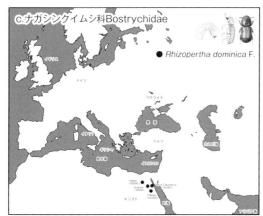
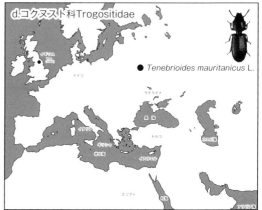
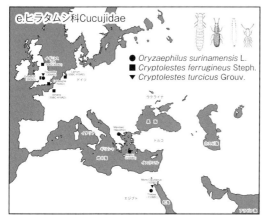
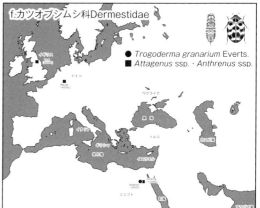

図54　主な害虫の時期別分布1

るが、オオメノコギリヒラタムシの生体化石は記録されていない。この種が最近日本でも散見されるという。平城京など奈良時代の遺構からの検出例があり、この時期が日本への侵入時期であれば、中国やシルクロードを通じて西アジアなどから輸入された菓子などに入ってきたのだろうか。しかし、西欧ではノコギリヒラタムシと常に出現するグラナリアコクゾウムシは日本をはじめとする東アジアでは未検出であり、どこでコクゾウムシと入れ替わったのだろうか。

〔カクムネヒラタムシ属　*Cryptolestes* sp.〕

サビカクムネヒラタムシ *Cryptolestes ferrugineus* Steph. は、穀物・木の実・粉製品・乾燥果実、それらの関連する食料品の2次加害者であり、元来、カビや有機廃棄物を食する昆虫であった。英国では樹皮の下で発見されてきたが、おそらくそこが本来の居住場所であり、そこで越冬する。化石の記録は、英国のサセックス（Sussex）州の1世紀に属するフィッシュボーン（Fishbourne）の堆積物やヨークの1世紀と4世紀の堆積物、そして、ウスターシャー（Worcestershire）州のドロイトウイッチ（Droitwich）の4世紀の焼けた穀物の堆積から発見されている。また、ローマ時代のものとしてオランダのラウリウム（Laurium）とフランスのアミエンズ（Amiens）がある。

トルコカクムネヒラタムシ *Cryptolestes turcicus* Grouv. は、貯蔵食料品に加害する。製粉所からの記録がある。温暖な気候で増殖するため、この化石の最初の記録はエジプトのローマ時代の砦であるモンス・クラウディアヌスからのものである。日本では1968〜69年の植物防疫所による全国の穀類貯蔵倉庫の調査でこの2種が分布していることが確認された。ただし、カクムネヒラタムシとともに比較的、近年に定着した害虫と考えられている。起源地は不明。

f. カツオブシムシ科　Dermestidae（図54のf）

本来、乾燥した動物質を食物とする科で、毛皮・羊毛・貯蔵動物質の害虫であるものが多い。このうち、ヒメアカカツオブシムシとその近縁種（マダラカツオブシムシ *Trogoderma* 属）のいくつかは穀物のみで繁殖が可能であり、ヒメカツオブシムシ・ヒメマルカツオブシムシとその近縁種（ヒメカツオブシムシ *Attagenus* 属・マルカツオブシムシ *Anthrenus* 属）は植物質も食する。このように穀物を直接食害するほか、貯穀害虫の遺骸も食する（吉田ほか1989）。

ヒメアカカツオブシムシ *Trogoderma granarium* Everts. は、日本には未分布で、アジア・ヨーロッパなどに分布。カツオブシムシ類の中でもっとも貯穀に適応しており、乾燥・高温や絶食に特に強い（吉田ほか1989）。その起源ははっきりしていないが、エジプトに多い貯穀害虫で、暑さと乾燥に適応しているため、インド起源ではないかと想定されている。コム・エル・ナナのビザンチン期の資料に存在する。

ヒメマダラカツオブシムシ　*Trogoderma inclusum* Reitt は、ヒメアカカツオブシムシと *T. versicolor* Creutz.（和名不明）と一緒にエジプトで知られてきた。ヒメアカカツオブシムシ属の甲虫はエジプト起源、もしくはローマ時代に紅海交易の結果としてもたらされたものであるという説がある。ただし、インド起源という説もある。

マルカツオブシムシ *Anthrenus* 属はアマルナの紀元前1350年ごろの墓作りの作業員の村から発見されており、その中にはエジプト在来の害虫として知られる *A. coloratus* Reitt.（和名不明）が含まれている。*Attagenus unicolor* Brahm（和名不明）はエジプトできわめて一般的な甲虫で、家の中や製粉所の床の上・倉庫・穀倉・乾燥した動物質の上では普通に発見される。アマルナの遺跡からは非常にたくさん発見されている。最近では *A. astacurus* Peyer.（和名不明）が同遺跡で確認されている。

g. シバンムシ科　Anobiidae（図55のg）

本来食材性で、枯れ木や樹皮を食するものがほとんどであるが、ジンサンシバンムシ *Stegobi-*

*um panice*um L. をはじめ 4 種が穀類を直接食害するか、その貯蔵庫で発見されている（吉田ほか 1989）。

ジンサンシバンムシ *Stegobium paniceum* L. は、さまざまなデンプン質食料の加害者である。しかし、他の食品・薬品・香辛料・たばこ・虫・植物コレクションなども加害する。耐寒性に優れ、英国ではハトの巣でたくさん発見される。英国の青銅器時代の記録がある。西古北極圏（北アフリカ～北欧）に広い自然の分布をもつ。エジプトでのもっとも古い記録は、カフン遺跡の資料にあり、その年代は紀元前 1900～1800 年ごろである。ツタンカーメンの墓の供献品やおよそ紀元前 1400 年ごろのデル・エル・メディナ（Deir el Medina）のクハ（Kha）の墓からも発見されている。

タバコシバンムシ *Lasioderma serricorne* F. の加害様式はジンサンシバンムシによく似る（吉田ほか 1989）。タバコ・皮・乾燥野菜・トウガラシ・コリアンダー・ヒメウイキョウ・乾燥イチジク・イーストなどを加害する。その繁殖には少なくとも 19 度以上の温度、30% 以上の湿度が必要である。温帯から熱帯起源と思われる。ツタンカーメン墓の容器の 1 つから発見されている。また、ラムセス（Rameses）Ⅱ世のミイラからもこの種が発見されている。しかし、アクロティリやアマルナの青銅器時代後期の資料にあることは、タバコシバンムシはその当時の害虫相の一部であり、その起源は新世界ではなく近東である可能性を示唆している。

h. ヒョウホンムシ科 Ptinidae（図 55 の h）

元来鳥の巣などの生息場所としていたものが多く、基本的に腐肉食性であるが、一部の種は種子類を直接食害して生活することも可能である（吉田ほか 1989）。これらは飛翔せず、交易によって偶然に移動させられた。

〔マルヒョウホンムシ属 *Gibbium* sp.〕

ニセセマルヒョウホンムシ *Gibbium aequinoctiale* Goez. は、好んで人糞にトンネルを作り、姉妹種より若干高い温度（33 度ほど）を好む。現代中部エジプトでは食料品を加害している。

セマルヒョウホンムシ *Gibbium psylloides* Czen. は、家・ホテル・製粉所・穀物倉庫で記録されてきたが、穀物・パン・イースト・ケーキ・ワタ・種子など、さまざまなものを加害する。今日のアマルナでは、ニセセマルヒョウホンムシが優勢であるが、ファラオ期のアマルナではセマルヒョウホンムシが数多く発見されている。また、同種は初期中王朝期の兄弟の墓のミイラやツタンカーメンの墓から発見されている。さらに、イラクのシャフリ・ソフヤ（Shahr-i Sokhya）でおよそ紀元前 2900～2400 年ごろの堆積物の中から発見されている[4]。マルヒョウホンムシ属は、モンス・クラウディアヌスのローマ時代の砦からの報告がある。

キンケヒョウホンムシ *Niptus hololeucus* Fald. は、現在は熱帯には存在していないが、世界中に分布している。貯蔵所や家の害虫であるが、同時にミツバチ・スズメバチや鳥の巣でも見かける。本来は鳥の巣に棲んでいたもので、幼虫はトウモロコシ・粗挽き粉・オートムギ・他のデンプン質の食料品・朽木などで育つ。他の虫の遺体片も食するが、成虫は繊維を好むようである。この種は飛翔できず、その拡散を人に依存している。4 世紀のヨーク、中世のロンドン、15 世紀のドイツのリネランド（Rhineland）のネス（Neuss）で化石が記録されている。

Tipnus unicolor Pill. & Mitt（和名不明）は、飛翔できない甲虫で、元来の居住地は社会性昆虫（ハチやアリ）・哺乳動物・鳥の巣であったようである。納屋や馬小屋の藁や麦藁のゴミの中、穀類片の中などでも発見される。野外では、鳥の巣や朽木から報告されているが、マーモットやネズミの穴・マルハナバチの巣などからの報告もある。考古学的なもっとも古い例は、ローマ時代の英国であり、そこでは人間とともに存在する局面が広がったものと思われる。南ヨークシャのソーン・ムーアズ（Thorne Moors）にローマ時代を遡る可能性のある例があったが、ヒョウホンムシ *Ptinus* 属と訂正された。

　i. ゴミムシダマシ科　Tenebrionidae（図55のi）

　コクヌストモドキ　*Tribolium castaneum* Hbst. は、野生種がインドで見つかっており、ここが起源地と目されている。寒い気候では生きていけない。まれに木の皮の下で発見されるが、熱帯以外では暖房された家の中に限られる。穀物の加工食品を加害する。

　ヒラタコクヌストモドキ　*Tribolium confusum* Jacq. は、本種の学名はコクヌストモドキと長年混乱されてきたという事実に由来する。デンプン質食物を食する。コクヌストモドキより寒さに強い。穀物倉庫・製粉所・倉庫などから発見される。

　このほかに同属の害虫として、*Tribolium madens* Charp.（和名不明）と *Tribolium destructor* Uytt.（和名不明）がある。いずれも製粉所と農場の貯蔵穀物の害虫である。ヒラタコクヌストモドキと *T.destructor* はアフリカ起源とされるが、南アメリカ起源という説もある。

　紀元前3000年紀中ごろのエジプトの墓からコクヌストモドキ *Tribolium* 属が報告されているが、コクヌストモドキかヒラタコクヌストモドキであるかは不明である。紀元前1000年ごろの壺の中の供献品からヒラタコクヌストモドキが発見されている。コクヌストモドキはエジプトでそれより500年古いものが記録されている。それ以外に、ギリシャのアクロティリ、エジプトのファラオ期のアマルナで検出されている。そこにはヒラタコクヌストモドキも存在する。また、エジプトのモンス・クラディアヌスのローマ人駐屯地からの資料にも含まれている。英国のウスターシャー州のドロイトウイッチにある4世紀のローマ人の別荘からノコギリヒラタムシとサビカクムネヒラタムシとともにコクヌストモドキが発見されている。また、同国のヨークやチチェスター（Chichester）の後期ローマ時代の井戸からも検出されている。英国のトウチェスター（Towcester）の4世紀の井戸から発見されたヒラタコクヌストモドキとトルコカクムネヒラタムシは、植物大型化石の記録では外来の証拠が何も示されなかったが、地中海地域の食品の輸入を示唆する証拠と考えられている。コクヌストモドキ *Tribolium* 属の属レベルの同定は、エジプトでは第6王朝（紀元前2323～2150年）まで遡っている。

　ヒメコクヌストモドキ *Palorus ratzeburgi* Wissm. は、製粉工場・穀倉で湿気を含んだコムギやオオムギや穀粉からの発見が多い。グラナリアコクゾウが加害したカビのふいた穀粒を加害し、グラナリアコクゾウムシの糞の表面を食する。しかし、他の害虫を捕食することもある。エジプトのアマルナの作業員たちの村で、ブタの糞から発見されている。2世紀のフランスのアミエンズ、オランダのラウリウムの難破船、ヨーク、カルリスル（Carlisle）の諸例は、この害虫が食料とともにロンドンなどからローマ人たちによってヨーロッパ中に運ばれたことを示している。

コヒメコクヌストモドキ *Palorus subdepressus* Woll. は、今日のエジプトの貯蔵穀物と穀粒破片の中から記録されている。その生息域はヒメコクヌストモドキと同じである。今ではほとんど世界中に広がっているが、現代の英国には定着していない。エジプトのアマルナのファラオ期、英国のウォーリックシャー（Warwickshire）州のアルセスター（Alcester）の2世紀ローマ時代のピットから記録されている。

コゴメゴミムシダマシ *Latheticus oryzae* Water. は、高い温度が必要で、店舗や船舶から輸入された穀類やその副産物とともに発見される。エジプトのような暖かい国では穀倉・製粉所・穀物貯蔵所などで発見されることがある。もっとも古い記録はアマルナのファラオ期からのものである。

コメノゴミムシダマシ属 *Tenebrio* sp. は、エジプトのモンス・クラウディアヌスで発見されている。チャイロコメノゴミムシダマシ *Tenebrio molitor* L. とコメノゴミムシダマシ *Tenebrio obscurus* F. が今日のエジプトで知られているが、前者はトルコのトロイですでに青銅器時代に現れている。しかし、英国のすべての化石記録は後者であり、地中海から最近広がったことを示している。

j. ケシキスイムシ科　Nitidulidae（図55のj）

当科は成虫・幼虫ともに傷果を吸汁したり、腐敗植物を食するものが多い。このうち主としてデオキシイ *Carpophilus* 属の数種が、穀類など、特に吸湿粉を加害する（吉田ほか1989）。キボシヒラタケシキスイ *Omosita* 属とフチケケシキスイ *Nitidula* 属は菌類・死肉・古い骨や皮と関係があり、そのためしばしば害虫となる。キボシヒラタケシキスイ *Omosita colon* L. は英国の新石器時代遺跡、サリー（Surry）州のラニミードを含むいくつかの遺跡で記録されており、*Nitidula bipunctata* L.（和名不明）がウィルトシャー（Wiltshire）州のウィルスフォード（Wilsford）の青銅器時代の井戸から発見されている。これらはすべてヨーロッパ起源と思われる。

k. カッコウムシ科　Clerdae

大部分の種が捕食性または腐肉食性として知られ、益虫となっているものが多いが、ホシカムシ *Necrobia* 属のものは、貯蔵動植物の害虫となっている（吉田ほか1989）。

アカアシホシカムシ *Necrobia rufipes* Deg. はエジプトのミイラの体内から数多くの発見があるが、ルリホシカムシ *Necrobia violacea* L. はエジプトからは発見されていない。10世紀まで英国には出現しておらず、旧世界起源と考えられている。

l. ホソカタムシ科　Colydiidae

食菌性または捕食性。朽木などに生息する種を多く含む科であり、輸入木材の樹皮下や穀類などに混入して発見されることがある（吉田ほか1989）。

Aglenus brunneus Gyll.（和名不明）は、飛ばない盲目の虫で、森の落葉層の下に本来の生息地がある。現在では世界的な広がりをもつ。地下貯蔵室・馬小屋・皮なめし用の穴・暖房室の肥料の下・カビのふいた麦藁の下・古い骨の間・干し草の中・ウシ小屋・トウモロコシ製粉所のゴミの中で記録されており、キノコなども食害する。また、非常に古い穀物の屑から発見されたこともあり、現在ではその分布は人間に完全に依存しているようである。エジプトでは、モンス・クラ

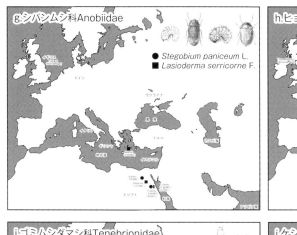
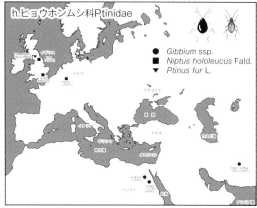
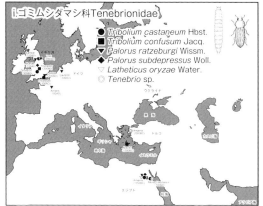

図55 主な害虫の時期別分布2

ウディアヌスのローマ時代の石切場の砦から発見されている。英国のサマーセット（Somerset）州のスイート・トラック（Sweet Track）の新石器時代の堆積物からの発見物は元来の生息域である森の木片や葉の堆積物に由来するものと考えられる。これに対し、鉄器時代のオックスフォードシャー（Oxfordshire）州のファルモール（Farmoor）、ローマ時代のヨークとその後の時代の諸遺跡からの発見物は人間が関与したものであり、モンス・クラウディアヌスでの発見は、最終的に貯蔵食品によってヨーロッパから導入されたことを反映している。

4　昆虫の害虫化のメカニズム

(1)　貯蔵食物害虫化徴候群

　貯蔵食物害虫の穀物への適応は、内共生バクテリアの働きによって、デンプン質に富んだ偏った栄養素での成長が可能になったこと、食用植物種子内で幼虫の発育の全期間を完結する成長パターンを習得したためであり、これらは鳥やげっ歯類などの非人間生物が種子を採集し貯蔵するという行為に対処するために得られた性向であり、これがおそらく穀物の寄生者になる重要な要

素であったと考えられている（Plarre 2010）。

　このような人間と家屋害虫の密接な関係の成立は、先に示した昆虫のもつ環境変化に対応する生態変化による適応性の高さによるもので、遺伝的変異の範囲内で人間が作り出した微環境に適応し、人間に依存する生活型へと変化させている。野生植物の栽培行為が始まると、植物は遺伝的形質を変えながら人間にとって有用な形質へと変化していく。これらの変化を栽培化徴候群（Domestication syndromes）といい、種子散布能力の低下や種子の大型化などはその代表格である（Fuller 2007）。害虫の場合、「共生」ではなく「寄生」であるので、人間側にはメリットはまったくないが、人間が定住生活を送るようになり、食物の貯蔵を行うようになって以来およそ10,000年の年月の間、貯蔵食物害虫は人間との一方的共生を図るために進化を遂げてきた昆虫群といえる。この進化の過程を「貯蔵食物害虫化」（以下「害虫化」と略記）、その貯蔵食物害虫化によって現れる生態的特質を「貯蔵食物害虫化徴候群（SPPS: Stored Products Pest Syndromes）」（以下「害虫化徴候群」と略記）と呼ぶこととする。

　その代表的な徴候とは以下の4点があげられる。
　①休眠性の喪失
　②非飛翔性
　③成虫の非摂食性
　④多化性

(2)　害虫化徴候群とその生理的メカニズム

飛べない（飛ばない）成虫

　これらを示すよい例として、マメ類を加害するマメゾウムシ Bruchidae 科の昆虫がある。害虫マメゾウムシ類にはその生活型に野外型と屋内型の2種がある。野外型は成虫が畑の未熟なマメの莢に産卵し、孵化した幼虫はマメ粒の中に食入してマメの成熟とともに育つもので、日本で確認されている害虫マメゾウムシ類のうち、ソラマメゾウムシとエンドウゾウムシがこれに属する。これに対し、屋内型はアズキゾウムシとヨツモンマメゾウムシで、幼虫は完熟したマメだけで生活を繰り返すことができる（梅谷1987、図56）。同様に、コクゾウムシ属の中でも、グラナリアコクゾウと我が国のココクゾウムシは屋内型であり、彼らは完全に人間が作り出した人工的な穀物貯蔵システムに適応しており、特にグラナリアコクゾウは今日まで自然の貯蔵場からは発見されていない（Plarre 2010）。これに対し、コクゾウムシは屋内型である

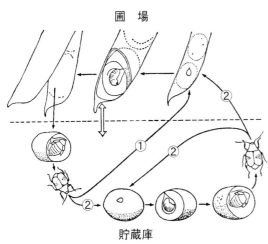

図56　食用マメを加害するマメゾウムシ類の2つの生活環（渡辺1986）

が、ムギ畑での圃場加害も記録されており、野外型と屋内型の折衷型の生活型をもつ。コクゾウムシは8月ごろから越冬場所へ移動を開始し、休眠する。春先に花の蜜を吸密し、6月ごろ倉庫にムギが運び込まれると、貯穀場所へと侵入する（吉田ほか1956・1989）。

この人間の作りだした貯蔵食物の栄養基の中で1年間を過ごすグラナリアコクゾウやココクゾウムシは基本的に飛翔できない（Plarre 2010）。通常、種子と乾燥植物質はほとんど水分を含まない。よって、昆虫は乾燥食物の中の炭水化物の異化を通じて水を得たり、呼吸による蒸散によって微気候に影響を与えることが可能である。このような適応はコクゾウムシ属を含む多くの貯穀害虫の中に見られる。グラナリアコクゾウは、ココクゾウムシに比べて乾燥に対して寛容である。呼吸による水の損失を最小限に抑えること、つまり気体の代謝と呼吸孔のそれぞれのより長い閉鎖時間を必要とするすべての行動をやめることによって、乾燥を弱め、砂漠や穀物備蓄のような乾燥環境の中で選択的な有利になるものと考えられる。基礎代謝に関しては、昆虫が飛ぶために必要とされる酸素は10～100倍高い。そのためには呼吸孔を通じた呼吸によるガスの増加が必要で、飛翔中は呼吸孔は完全に開いている。砂漠に住む甲虫の多くの種が癒着した翅鞘をもっている。それによって腹部の呼吸孔の周りに下翅鞘の部屋を発達させており、そこはほとんど水蒸気で満たされている。翅鞘の後端の上にある気体交換のための細長い孔は自然の呼吸孔として機能し、呼吸による水の損失を最小限に抑えている。グラナリアコクゾウも胴体の呼吸孔は癒着した翅鞘によって覆われている。成虫のココクゾウムシは、肉体的には可能であるが、ほとんど限られた飛翔行動しか見せない。それゆえ、ココクゾウムシにおける飛翔行動の制限は、極限の乾燥状態への適応への傾向を反映しているようである（Plarre 2010）。

マメを加害するヨツモンマメゾウムシの成虫には、飛翔型と非飛翔型があり、形態的にも異なりが見られる（梅谷1987、図57）。飛翔型は翅が長く、飛ぶためのエネルギーとなる脂肪量も多いのに対し、非飛翔型は脂肪が少ない代わりに、腹の中には成熟した卵がつまっていて羽化直後でもすぐに交尾・産卵を行う。つまり非飛翔型の方が増殖に適しているといえる。非飛翔型である屋内型の害虫に飛翔型が発生するメカニズムは、貯蔵マメの中で幼虫密度が高くなることで、その新陳代謝で出た熱の影響により発育の遅れた個体（飛翔型）が発生するという。つまり、非飛翔型が増殖する中で密度が高くなり、飛翔型が出現することで野外へ移動し、植物上のマメに産卵、収穫によってふたたび貯蔵マメの中へ運ばれるというしくみである。この成虫の2型は屋内と野外を結ぶとともに、野外のマメを仲立ちにして分布を広げるのに効果的である。また、野外でも餌の豊富なときにはそこで増殖し、やがて餌が不足してき

図57　ヨツモンマメゾウムシの飛翔の2つの型（梅谷1987）

たときには飛翔型が現れて他へ移動するという有利な適応である。このような条件は貯蔵マメでしか起こりえない。貯蔵マメはヒトによって消費されるので、野外への脱出が不可欠である。貯蔵マメでは餌を食べないマメゾウムシ類は野外で摂食して延命し、屋内貯蔵マメへの再侵入、産卵、またはマメ畑の完熟マメへの産卵、マメの収穫による貯蔵マメへの再侵入という循環を繰り返して繁殖する（梅谷1987）。

冬期休眠後のコクゾウムシが花の蜜を吸う姿が目撃されているが、コクゾウムシもこの点から見て野外型と屋内型の2型をもっているといえる。ただし、コクゾウムシの飛翔範囲は、伝播源（農家の穀倉）から400 mを越えないという（吉田ほか1956）。

上述したように、ヨーロッパ・地中海域の考古学遺跡から発見されている害虫の中にも屋内型で飛翔性をもたない種が4種類ほど存在していた。また、目が見えない種もあり、人間および加害物の移動が無ければ、拡散が不可能で、その拡散をまったく人間に依存していた。この点から見ても、コクゾウムシ属も人為的な栄養基の移動・運搬がなければ広範囲の拡散が不可能な害虫といえる。

なぜ種子の中で育つのか

コクゾウムシ属甲虫の繁殖と、栄養基盤として穀物粒への移行のため、もう1つ重要なことは、共生バクテリア、いわゆるSOPE（Sitophilus Oryzae Primary Endosymbionts）の所有である。これらのバクテリアは成虫甲虫の細胞質の中に自由に存在しているが、卵母細胞を通じて卵形成の間に複雑な伝達によって次世代に引き継がれる。彼らは寄生主と栄養素の効果的かつ効率的な代謝のための相互作用を行っている。コクゾウムシ属甲虫は追加の栄養素がなければ穀物の上での幼虫の成長に極度の遅延を引き起こしたり、成虫の飛翔能力を失なってしまう。しかし、この内部共生者を保持することで、コクゾウムシ属のそれぞれの種はさまざまな栄養素と繁殖基の質にはほとんど無関係に適応できた。この性質は、デンプンは豊富であるものの、偏った栄養しか与えない穀粒の上で発達するための重要な要件の1つである。その証拠に、*Sitophilus linearis*（和名不明）はタマリンドの上で生活するが、共生バクテリアをもたない。それゆえ、この種は追加の栄養素なしでは穀粒上で発達することはできない（Plarre 2010）。

多くのコクゾウムシ属は、他の植物群の果実の上と同じように、フタバガキ科やコナラ属の堅い殻の種子の中で繁殖するが、この種子で繁殖するグループのいくつかの種は、落葉層もしくは土壌層の上やその中にある種子の中で孵化し、幼虫や蛹のときに宿主を離れる。この代表格はコナラシギゾウムシ *Curculio dentipes* Roel. やクリシギゾウムシ *Curculio sikkimensis* Hell. などである。これに対し、他の種は彼らの食物植物の一部の中で蛹になり、成虫になるまでそこを離れない。コクゾウムシ属のすべての種が、すべての幼虫期の発達を植物種子の中で完結するという事実は、宿主として穀粒を利用するために身に着けた性質である。このような適応は、人間による穀物貯蔵が始まる前に、鳥やげっ歯類のような動物たちが穀粒を採集し、それを将来の消費のために安全な場所にデポしていた頃に遡る。この動物たちの「食物貯蔵」はいつも樹上や幹枝の中、もしくは地面深くで行われたため、昆虫たちにとって「貯蔵種子」から蛹化のために土壌層の上に移動することは非常に困難であったと思われる（Plarre 2010）。

それゆえ、コクゾウムシ属が貯蔵種子中もしくは自然の野生形態の2つ以上の環境で発達することは、新石器時代に人間による植物の栽培と備蓄が始まる前にすでに行われていたと考えられる。人為的な貯穀に対する加害は南西アジアの山岳森林近くの地域で起こったと想定されている（Plarre 2010）。そこは人間が山岳森林から採集したドングリと一緒に穀物を貯蔵したところである。しかし、それらは多様な狩猟や採集資源の中では1つの構成要素を形成するに過ぎない。その種類や構成も安定的なものではなく、人為的な貯蔵施設においても、害虫の栄養基と繁殖基の利用は断続的にならざるをえなかった。よって当時は、純粋な人為的貯穀の中だけで繁殖するコクゾウムシ属の一群は発生しにくかったものと思われ、その時期には、貯穀に寄生した甲虫と自然の居住区中の甲虫の間に高いレベルの遺伝子拡散があったと考えられる。また、貯穀害虫のゾウムシ類は、適度な温度であれば食物がなくても数ヵ月生き延びることがよく知られている。よって、適度な時期の繁殖生態と変化する食物資源への適応がすでにコクゾウムシ属の間には存在していたに違いない。それは、野外での彼らの潜在的な自然の食用植物であるフタバガキ科の種とコナラ属の種が、一定しない時間で熟する種子をもっていたためである（Plarre 2010）。

なぜ短命で何回も産卵するのか

　屋内型のマメゾウムシ類には、交尾や産卵のために、成虫になってから食物を必要としないという共通した性質がある（梅谷1987）。このような成虫は、羽化したときにはすでに交尾・産卵できるまで成長していなければならない。しかし、この仲間にも立派な口器があり、成虫が野外の花に来て花粉を食べている姿がときおり観察されている。また、餌を食べさせると、長生きをするという実験結果がある。その際、交尾をさせないとさらに寿命が延びることがわかっている。これに対し、年に1回発生する野外型のマメゾウムシ類（摂食型）は1年間の生活史を幼虫の育つマメの生育に合わせて調節する仕組みを身につけている。つまり、秋に羽化した成虫は休眠して冬を越し、翌年にマメが実をつけるまで産卵を待つことができる。これに対し、屋内型は1年に何回も発生する多化性の性質がその基盤になっている。つまり、屋内型のマメゾウムシ類は、完熟した貯蔵マメ上でマメを摂食できないため、生き延びる戦略を、栄養分を産卵に回しその発生回数を増やす（短期間に生活を繰り返す）という生態へ変化させて適応したものと考えられる。これは、上記のコクゾウムシ属と同じく、野外では熟期の定まらない1年中いつでも種子がみられるマメ科植物（候補：リョクトウの野生種）を寄生主としていた先適応を示している（梅谷1987）。

　以上を要約すると、寄生主の種子粒の中で完全な発育を行うこと、バクテリアとの内共生、そして乾燥環境の中で水分の損失を防ぐための飛翔行動の減少、成虫の非摂食と多化性などは、人間による種子貯蔵の開始以前に、動物の種子貯蔵に対応していたころの先適応であり、結果的にこれらすべてが、人間とともに存在する貯穀害虫として成功裏に生き残るため有利に作用したものと考えられる。そして、先史時代には、少なくとも穀物や種子の局所的な交易（人為的移動）の可能性がなければ、害虫化し始めていた集団の拡散は不可能であり、彼らの人為的貯蔵食物への「適応実験」は失敗していたものと考えられる。しかし、幸運にも、人間たちによる種子の蓄えと共有、そして貯蔵地域を多季節にわたって利用するという人間の行為によって、食物の伝送

による彼らの「普及の機会」が作り出されたのである（Plarre 2010）。

5 考　　察

　上記のように、ヨーロッパ・地中海の昆虫考古学研究および現代の害虫生理学の研究の成果を概観して、次の2点について検討してみたい。1つは害虫などの検出例の多さに関する問題点、もう1つは害虫の適応に関する問題点である。

(1) 検出状況

　ヨーロッパ・地中海地域における考古遺跡からの昆虫類の検出状況を見てみると、その特徴として、①肉食害虫を含め、今日世界的に見られる害虫が存在する、②検出される害虫は、ハエなどを除くと、貯穀・貯蔵食物害虫が主体を占める、③その中には1次性・2次性・周辺害虫が存在している、④加害された穀物やマメ類が検出されている、などの点があげられる。

　我が国の考古遺跡ではほとんどこのような状況は望めないが、このような多種・多様な害虫が検出される理由として、泥炭層よりも、乾燥状況や炭化状態で検出されることが多いという遺跡環境が大きく作用しているものと思われる。特に青銅器時代以降、石造りの建物などが基本となり、良好な保存状態が維持される点、さらには貯蔵庫や貯蔵壺などの施設が明確に認識できる点も、害虫の検出を助けている。また、エジプトなどではミイラや墓への供献品の穀物などから害虫が検出される例が多く、乾燥条件下で有機物が残存しやすいことを証明している。貯蔵食物が存在する場所に1次性害虫が存在すれば、加害され破損した穀物やマメ類のみでなく、貯蔵害虫自体も食する2次性・周辺害虫が必ず存在するはずであり、残存状態がよければ、そのような連鎖を考古資料によって確認できることを示している。残念ながら酸性土壌を基盤とし、土壌と有機物が直接接することの多い我が国の考古遺跡では、炭化もしくは嫌気状態でなければ昆虫の残存の可能性はきわめて少ない。このような状況を打開するために、以下のような点に心がける必要があろう。

　④の加害された穀物に関しては、我が国においても炭化米をX線にかけて害虫の存在を証明しようとした試みがあった。残念ながら失敗しているが、意図的な検証の努力はいずれそのような証拠を摑むことを可能にするものと思われる。また、トイレ土壌などは比較的昆虫遺体が出土しやすい傾向があるので意識的に昆虫の検出が行われているが、炭化物を含む乾燥土壌を用いたフローテーション作業においては、植物種子の検出が主たる目的であり、昆虫化石が意図的に検出されているとは言い難い。加害穀粒を含めて、これら土壌から昆虫を意図的に検出する努力が今後必要である。それとともに、土器圧痕は、土器作りの場という文化的空間に由来する生物が入り込みやすいため、土器圧痕として検出される昆虫にも害虫が含まれる可能性が高い。よって、土器圧痕中の昆虫が害虫発見の糸口になるものと思われる。

(2) 害虫の適応の歴史と人間生活復元

　害虫の拡散と進化に関しては、①害虫、特に貯蔵食物害虫の拡散は、農耕の伝播・ローマ軍の遠征・交易などの人為的行為によって拡大された、②グラナリアコクゾウの拡散は、安定した農耕の開始以前に起こった可能性があるなどの点が共通した評価である。①については、グラナリアコクゾウをはじめとする飛べない害虫たちがその大きな根拠となっている。

　②の農耕以前の堅果類や野生穀物への適応が存在した可能性は、まさにドングリやクリその他の野生植物を食害したと考えられる縄文時代のコクゾウムシの存在を説明する原理とまったく同じである。ドングリなどの農耕が本格する以前の貯蔵種子がその食害対象であったというわけである。現代のマメゾウムシ類に代表されるように、穀類害虫には屋内型と野外型の2型が存在する点を考慮すると、貯蔵食物害虫化への過程は屋内型の完成にある。貯蔵食物（貯穀）害虫の存在は、野生・栽培穀物やマメ類、堅果類などの乾燥した状態で保存可能な植物質食料の貯蔵がその背景としてあったことは疑いない。しかし、現代のような多量の穀物が安定的・反復的に供給される状況の中での貯蔵食物害虫に比べ、縄文時代の害虫はさほど貯蔵食物害虫化が進行していなかった可能性がある。つまり貯蔵食物が量的にも季節的にも不安定な段階では、それらを食害する害虫は、野外型の生態をまだ多く残していたことが予想されるのである。野生植物が完全に栽培化するには数千年の歳月を要している（Fuller 2007）。昆虫にも現代的な害虫として確立する以前の長い段階が存在していたはずである[5]。

　このような貯蔵食物をめぐる背景は、昆虫自体の形態上に反映されている可能性が高い。ヨツモンマメゾウムシの飛翔型と非飛翔型の羽の大きさは前翅・後翅とも飛翔型の方が長い（梅谷1987：93頁表5-1）。飛翔という行為は、増殖しすぎたコロニーの中から脱出し、他の栄養基や野外の畑へ移動する手段であり、野外生活に適応した能力である。縄文時代のコクゾウムシの羽の長さが現代コクゾウムシに比べて長いのも彼らがより野外に適応した生活環をもっていた可能性を示している（Obata et al. 2011、小畑2011a）。この点は、まさにヨーロッパ・地中海域の新石器時代のコクゾウムシ属の進化に関する理論において追認できた。しかし、コクゾウムシ属の体の大きさは加害食料の差にも起因している可能性もある。現代コクゾウムシより大型である縄文コクゾウムシにも地域的な体の大きさが看取できる。この点についてはIV部第5章にて詳述する。

註
1) 節足動物や甲殻類の外骨格すなわち外皮、軟体動物の殻皮の表面といった多くの無脊椎動物の体表を覆うクチクラや、キノコなど菌類の細胞壁などの主成分である。
2) R. プラーレはヒマラヤ山麓地域をその起源地と考えているが（Plarre 2010）、E. パナギオタコプルの引用した表3-1は「近東？」とある（Panagiotakopulu 2000）。原典にあたっていないため、根拠は不明である。
3) 吉田ほか（1989）には、実際はヒラタムシ属があげられていない。
4) Panagiotakopulu（2000）では、これら G. psylloides は G. aequinoctiale である可能性を指摘している。
5) 貯蔵食物（貯穀）害虫の繁栄の背景には近代農業の発展とそれに伴う安定的な穀類貯蔵の量的拡大、交易による消費拡大があり、害虫化は歴史的に見ればきわめて加速度的に進行してきたものと推定される。

第2章　土器圧痕として検出された昆虫と害虫

1　研究の目的と方法

　考古学における昆虫資料は、その研究上の潜在的能力にもかかわらず考古学遺跡においてマイナーな存在である。その理由として、S. A. エリアスは、①環境復元よりも人工遺物にばかり関心をもつ考古学者の昆虫資料に対する無関心、②花粉分析などの一般的な科学的分析法への固執と昆虫考古学に対する偏見、そして、③昆虫研究の成果に関する出版物の少なさをあげている（Elias 2010）。それ以外に、森勇一が指摘するように、その研究上の労力の多さに因る研究人口の少なさもあげられるであろう（森2009b）。わずかな土壌サンプルであってもその中からは膨大な量の昆虫遺体が検出され、しかもそのほとんどが体節がばらばらになった同定困難な資料である。これらを根気強く抽出し、1点ずつ同定、集計するという作業は、きわめて多くの労力と時間を要する。しかし、森勇一らの長年の努力によって、我が国においても遺跡出土の昆虫が環境や人間生活の歴史を復元するうえできわめて重要であることを十分に知ることができるようになった（森 2012）。

　森は環境指標性昆虫を用いて復元される環境を次の6種類に分類している（森2004）。水域環境（流水性・止水性・湿地性）・植生環境（草原性・訪花性・森林性）・栽培および農耕（稲作害虫・畑作害虫）・汚物集積（食糞性・食屍性）・地表環境（湿潤・砂地乾燥・林床内）・気候推定（寒冷型・温暖型）である。これらは昆虫が人為的改変を含む環境の復元指標として有効であることを示している。しかし我が国の昆虫考古学においては、一部を除いて、家屋害虫や貯穀害虫に関する研究は、昆虫考古学研究の先進地であるイギリスをはじめとするヨーロッパや地中海、エジプト地域と比較すると、低調といわざるをえない。それは、昆虫遺体を含む考古学資料の質とそれに起因する昆虫遺体の産状の違いに原因がある。つまり、我が国の考古学遺跡と資料は本質的に家屋害虫や共生昆虫を把握しにくい状況なのである（小畑2013b）。

　このような中、遺跡土壌ではなく、土器を調査対象とした圧痕法による植物種実資料の探査作業の過程の中で、コクゾウムシ属甲虫をはじめとする害虫が圧痕として検出される事例が増加してきた。コクゾウムシ属甲虫は、集落の定住化や屋内におけるクリやドングリ、マメ類などの植物性食物の貯蔵との相関を示す興味ある検出状況を示しており、害虫候補の代表格といえる（Obata et al. 2011、小畑2011a）。それ以外にも家屋害虫や共生（寄生）害虫と思われる甲虫や小動物の圧痕の検出例も増えている。この圧痕法による昆虫や小動物の検出とそれらを基礎にした害

虫の抽出作業は、これまでの昆虫考古学の調査手法とはまったく異なるものである。もちろんこれまでも土器についた昆虫や小動物の圧痕は発見されていたが、意図的にこれらを回収し、「圧痕法」を用いて立体像として復元して同定するという手法は近年盛んになってきたものである。圧痕法を用いた家屋害虫の探査は、手法の斬新さと効率性の高さのみならず、調査対象が土器であるという点から、遺跡土壌中の昆虫に比べ、より人為的な環境に棲む昆虫、つまり家屋害虫や共生昆虫を検出しやすいという利点がある。フローテーション法に例えれば、今まで使ったことのないより細かいメッシュの篩を使用してより微細な植物種実を遺漏なく回収しようとする試みに似ている。この点から、本研究手法は、土器胎土にさまざまな植物遺体や昆虫遺体が入りやすい縄文時代や弥生時代の生活史の復元において、新たな局面を開く可能性を秘めている（小畑2013b）。

　前章では、これまで資料として把握しにくかった家屋害虫、特に貯蔵食物害虫を土器圧痕によって抽出するための方法と理論を確立するために、ヨーロッパ・地中海地域の遺跡出土害虫の諸例を紹介するとともに、現代害虫の生態的・生理的研究の成果から明らかにされた昆虫の害虫化プロセスの理論をもとに、縄文時代における貯蔵形態やその規模の類推のための手がかりを模索した。本章では、縄文時代を中心とした昆虫・小動物圧痕のうち、コクゾウムシ属甲虫を除いた事例を紹介し、それら昆虫圧痕の形成過程を復元し、それらが人間とどのような関わりをもっていたのかを考察する[1]。

2　圧痕昆虫に関する既存研究と研究の現状

　圧痕として甲虫やクモやダニなどの小さな節足動物が検出されることは、レプリカ法の有効性を語る中で、丑野毅・田川裕美が紹介している（丑野・田川1991）。これら個別の事例を以下に詳しく紹介する。これら報告の中で注目すべきは、同定が昆虫学の専門家によって同定され、しかも、それらが土器作りの季節性（時期）推定の手がかりとなることや、昆虫が入るタイミングと原因についての考察が行われるなど、問題意識の高さと科学的考察が行われている点であり、高く評価できよう。現在我々が意識している問題点は、すでにこの段階でそのほとんどが網羅されていたといっても過言ではない。

松ノ木遺跡（東京都杉並区）

　縄文時代早期～弥生時代の複合遺跡である。1975年に実施された発掘調査により、縄文時代中期の勝坂式土器の碗状把部についたダニの圧痕が発見された（図58の1）。ダニの圧痕は体長6mm、幅4mmで、腹部を押し付けた形で残されており、土器胎土の柔らかい時点で押し付けられたと考えられている。マダニ科チマダニ属 *Haemaphysalis* sp.、その中でもフタトゲチマダニもしくはキチマダニの可能性があると同定されている（重住1975）。佐伯英治によると、キチマダニは幅広い活動期間を示し、真冬でもしばしば本虫が動物から採集される（事実、狩猟期間の10月下旬～2月中旬の間で、狩猟犬から最も検出頻度の高い種は本種であったとの報告がある）ことに

142　IV部　コクゾウムシと家屋害虫

図58　これまで発見されていた昆虫・節足動物圧痕（各報告より転載・作成）
1 松ノ木遺跡のダニ圧痕、2 瓜生堂遺跡のクモ圧痕、3 藤の台遺跡のカツオブシムシ科甲虫圧痕、4 僧御堂遺跡のヤスデ圧痕

加えて、夏季さらには晩秋には一番吸血活動が盛んであるというように、ほぼ通年活発に活動している（佐伯1998）。

瓜生堂遺跡（東大阪市若江西陣町）

弥生時代前期に属する壺の胴部内面からクモの圧痕が発見されている（図58の2）。カニグモ科の一種ハナグモの幼虫で、体長約4mm、腹部の長さ1.7mm、胴部幅2.3mmで、4対の脚のうち3対が確認できる。ハナグモの幼虫の生育時期は5〜6月ごろであり、土器製作の時期が初夏と推定されている（原田・久貝1968、八木沼1968）。

藤の台遺跡（東京都町田市）

縄文時代早期後半の土器片の断面部から甲虫の圧痕が発見された（図58の3）。長さ8mm、幅4mmで、前背板（胸部）および翅鞘の形状をよくとどめているが、頭部はその大部分を欠き、触角部分も残されていない。カツオブシムシ科 Dermestes 属の一種と同定されている。成虫は蚕繭や蛹を食害するほか、干物・毛皮を喰い荒す。現在では年間を通じて活動し、6〜10月にかけて成虫となる。幼虫・成虫ともに主に肉食性で、その生息環境は人間の居住空間にきわめて密接な関係をもつ（藤の台遺跡調査団1980）。報告の中では、昆虫圧痕ができるタイミングを土器製作工程の中で把握しようという試みが行われ、土器製作途上、特に"ねかし"の段階で偶然混入した昆虫がそのまま土器の胎土中に練り込まれた可能性が想定されている。

僧御堂遺跡（千葉市中野町）

縄文時代後期初頭〜中葉の土器片の断面部から節足動物のヤケヤスデ Oxidus gracilis C. L. KOCH の圧痕が検出されている（図58の4）。体長は17mm、体幅は約2mm。雌と推定されている。本種は日本では北海道およびそれ以南に多数分布生息するという。人家付近や畑地に多く、山地には少ない。秋産卵型2年生世代で、秋に土中に卵塊として産卵されたものが孵化し、幼虫

で越冬し、7期の幼虫期間を経て6月ごろに成熟する。成体が観察されるのは6〜10月であるという。成因については、夜中に製作途中の土器の内側の凹所に潜んでいたヤスデが土器製作の続行によって、無意識に塗り込められたものと推定されている。本遺跡からは、もう1点、節足動物と思われるが、種不明の圧痕が発見されている。圧痕は長さ8mm、幅5mmで、ヤスデまたは陸生等脚類の背板と推定されるが、明確ではないと結論付けられている（篠原1976）。

3 圧痕法による検出例

以上の例は圧痕をそのまま観察したものであるが、以下に紹介する事例は、圧痕レプリカ法によって昆虫や小動物のレプリカを作成して観察した例である。X線CT法を用いれば、土器表面からは発見できない「潜在圧痕」も検出可能である。ただし、今回の事例は、断面で「潜在圧痕」であることを確認したもの5点以外はすべて「表出圧痕」の事例である。

これまで発見された昆虫・小動物の圧痕の数は上述した既存資料を合わせると164点であり、そのうち120点がコクゾウムシ属甲虫である[2]。これは全体の約7割を占め、占有率としては異常な多さである。今回はこれらについての詳細な記述や事例の紹介は省略する。それ以外の甲虫類は16点、幼虫・蛹24点、クモ・ダニ・ヤスデなどの小動物が4点となる（図59）。以下圧痕法による検出事例を紹介する[3]。

三内丸山遺跡（青森県青森市）

縄文時代前期後半〜中期にかけての拠点集落遺跡と評価される遺跡である。2012年に筆者らによって4回の土器圧痕調査が実施され、多数の家屋害虫と目される圧痕が検出された。観察した土器の総点数は53,969点である。ヤマボウシ・キハダ・ウルシ属・ブドウ属・ニワトコ属・キイチゴ属などの木本植物種実、ミゾソバ・タデ科・ヌスビトハギ属・ヒエ属・ササ属・アズキ亜属など草本植物種実とともに、カミキリムシ科（1）、ナガシンクイムシ科（1）、コガネムシ科（1）、キスイムシ科（1）、ケシキスイ科（1）、ゾウムシ上科（14）、種不明甲虫（3）、蛹・幼虫（4）などを検出した。このほか、クモ1点が含まれる（小畑2013a、小畑・真邉2014a）。

図61の1（SNM 0004：円筒下層b1式・縄文前期中葉）は前胸背面に粗大な顆粒状の突起が認められ、翅鞘末端の斜面部は凹状である。長さが7.42mmであり、オオナガシンクイ *Heterobostrychus hamatipennis* と思われる。本種は体長8.5〜15.5mm。前胸背は全面に粗大な顆粒〜瘤起をもち、前半では大きく両側には先端が後へ

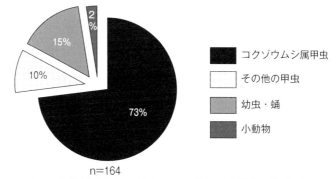

図59 土器圧痕として検出された昆虫・小動物の比率（2012年末での発見数を基準としたもの）

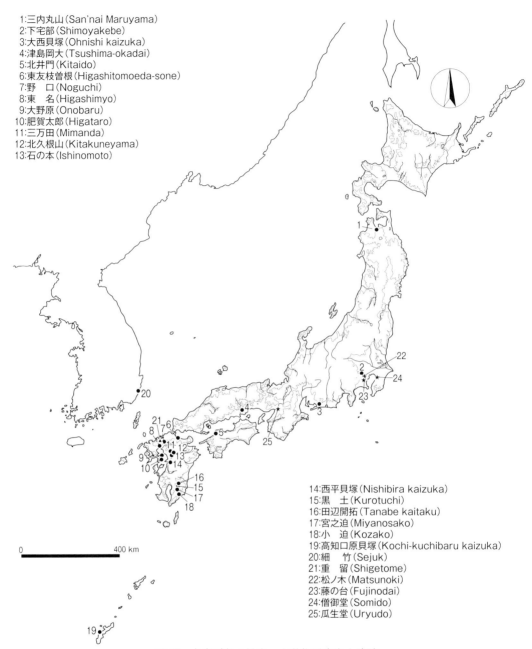

図 60　本章所収の昆虫・小動物圧痕出土遺跡

曲がった突起状大瘤起を数個具えている。上翅は近接した粗大点刻列をもち、翅端傾斜部の上方両側1瘤起〜突起がある。食材性害虫である。図61の2（SNM 0009：円筒下層式・縄文前期後半）は腹部の腹節と胸部に4本の脚が認められる。反対側にも先端の尖る脚らしきものが平行して4本確認でき、クモ目 Araneae である可能性が高い。図61の3（SNM 0018：円筒下層式・縄文前期後半）は長さ5mmほどの甲虫で、短めの上翅上には点刻された条刻がある。マグソコガネ

第 2 章　土器圧痕として検出された昆虫と害虫　145

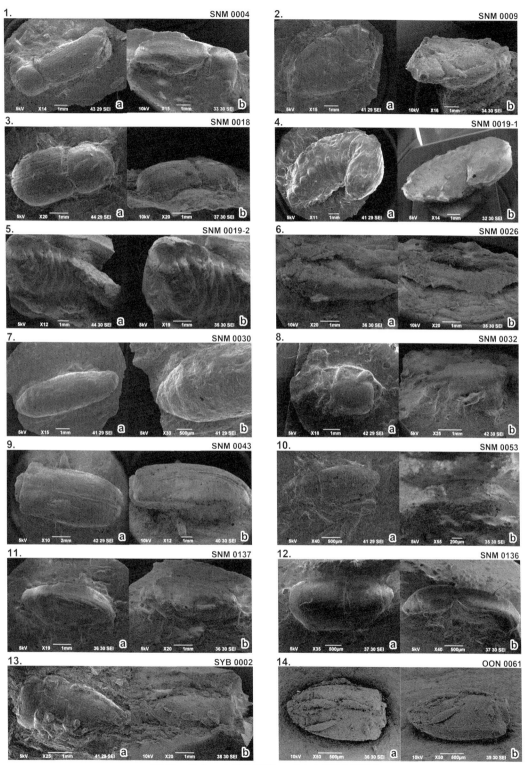

図 61　昆虫・小動物圧痕レプリカ SEM 画像 1

Aphodius rectus Motschulsky と思われる。食糞性昆虫である。図 61 の 4・5 は同一の土器片（SNM 0019：円筒上層 d～e 式・縄文中期中葉）から得られた形態的にも類似した甲虫の幼虫と思われる圧痕である。胸脚を欠いており、腹節が部分に分かれており、ゾウムシ上科（ゾウムシ類）の幼虫に類する。復元長はいずれも 12 mm ほどであり、クリシギゾウムシ *Curculio sikkimensis* やコナラシギゾウムシ *Curculio dentipes* の幼虫の可能性が高い。図 61 の 6（SNM 0026：円筒下層 d 式・縄文前期後葉）は、長さ 7 mm 未満を残す幼虫であるが、腹部から胸部にかけての個体である。変形しているが、腹部は円筒形（長紡錘形）であったと思われる。胸部にあたる部分に 2 個の脚状の痕跡が認められるが、本来的なものかは不明である。よって種は不明である。図 61 の 7（SNM 0030：時期不明）は両端が尖る円筒形（長紡錘形）を呈し、腹節らしき線が横方向に数本確認できる。ハエ類（双翅目）の囲蛹と考えられる。図 61 の 8（SNM 0032：円筒下層式・縄文前期）は、甲虫の胸部～腹部の腹面側の圧痕である。それぞれ左右 2 本と 1 本の脚が残っている。エンマムシ科 Histeridae の 1 種と思われる。この科の甲虫はキクイムシ類を捕食したり、腐敗動物質・排泄物などに集まる。図 61 の 9（SNM 0043：円筒下層式・縄文前期後半）は、上翅と腹部のみである。上翅基部外縁がわずかな突起状に隆起しており、この特徴をもってカミキリムシ科 Cerambycidae の成虫と判断した。図 61 の 10（SNM 0053：縄文前期～中期）は長さ 2.4 mm ほどの小さな甲虫であり、頭胸背の点刻はよく観察できないが、前胸背板の形態などから見て、トゲムネキスイムシ属 *Cryptophagus* sp. 甲虫と思われる。食菌性で倉庫内のゴミの中や湿った糠などから発見され、ワラ・枯れ草・枯枝・燃料の粗朶を食し、貯穀・食品の害虫でもある。図 61 の 11（SNM 0137：縄文前期～中期）は、長さ 5.5 mm ほどの甲虫の側面側の圧痕である。中胸腹板には 1 個の脚がとれた基節と腿節が残る。前胸部の前脚の基節の間は近接している。上翅には点刻をもつ条溝があり、列間部の幅は条溝に比べてかなり広い。シバンムシ科 Anobiidae 甲虫の成虫と思われる。本科は元来食材性で、枯木や樹皮を食するものがほとんどであるが、穀類を直接食害する種が 4 種ほど知られている。図 61 の 12（SNM 0136：円筒上層式・縄文中期前半）は、長さ 3 mm ほどの甲虫であり、短い上翅端部から腹背部の先端 2 節が露出している。左右上翅端部は弧を描き、接する部分は窪む。デオキスイムシ属 *Carpophilus* sp. 甲虫の成虫と思われる。本属の数種は、穀類等、特に吸湿粉を加害することが知られている。本遺跡ではコクゾウムシ属甲虫圧痕 14 点（円筒下層～上層式）のほかに、生体化石として 100 点以上のコクゾウムシ属甲虫が検出されている（小畑 2013a、小畑・真邉 2014a）。

下宅部遺跡（東京都東村山市）

狭山丘陵上にある縄文時代中期～晩期を中心とした低湿地遺構を伴う遺跡である。2011 年に筆者らによって土器圧痕調査が実施され、後期段階のマメ類圧痕とともに、幼虫圧痕 1 点が検出されている。調査土器点数は 4,541 点である。図 61 の 13（SYB 0002：縄文時代中期～晩期）は腹部の節の幅が 2 mm ほどの幼虫である。8 つの節とその両側に腹脚らしき痕跡が認められるが、各節ごとにはない。種不明である。

大西貝塚（愛知県豊橋市）

三河湾に面した砂堆上に立地する縄文時代後期後葉～弥生時代前期の貝塚遺跡である。西之山

式の甕形土器内面から前胸部以上がとれた甲虫の圧痕（図61の14、OON 0061：縄文晩期末）が検出されている（中沢・松本2012）。腹節は6枚、腹節と後胸板の接する部分がもっとも幅が広く、上翅端部はそこから細く尖り気味に収まる。調査土器点数は902点である。その次の段階の北部九州の弥生早期・前期相当期の五貫森式・馬見塚式土器からコクゾウムシ属甲虫の圧痕が3点検出されている。

津島岡大遺跡17次調査（岡山県岡山市）

岡山平野の北部、旭川の西岸の沖積平野にある縄文時代中期～中世にかけての複合遺跡である。図62の15（TOD 0005：縄文後期前葉）は、長さ10 mmほどのワラジムシ目 Isopoda と思われる個体である。ただし、頭部と前胸部との境がくびれており、それより後は紡錘型に膨らみ厚い。頭部右側に6節ほどの先細りの触角1本が観察できる。異なる分類群の可能性もある。岡山大学埋蔵文化財調査研究センターの山本悦世によって検出された圧痕で、報告書（岡山大学埋蔵文化財調査研究センター2005）図113：381の底部片の圧痕である。

北井門遺跡（愛媛県松山市）

松山平野のほぼ中央に位置する弥生時代～古墳時代中後期と縄文時代後晩期の遺物包含層をもつ遺跡である。2011年愛媛県埋蔵文化財センターにて圧痕調査を実施した。調査土器点数は362点である。図62の16（KID 0002：縄文後期末）は、幼虫の腹節3～4節である。側板の突起が認められる。種は不明である。

東友枝曽根遺跡（福岡県築上郡上毛町）

周防灘南西岸の丘陵上に位置する縄文後期中頃～晩期初頭の集落遺跡である。2011年筆者らが圧痕調査を行った。調査土器点数は5,720点である。図62の17（SNE 0012：鐘崎式・縄文後期前半）は、頭部を欠く長さ7 mmほどの甲虫の圧痕である。右中脚の腿節・脛節、右前脚、後脚の腿節が観察できる。わずかに見える上翅と前胸背板上に明瞭な点刻は観察できない。腹部が突出しており、側面観はかなり厚い。種不明である。圧痕検出土器は1998年調査の29号住居址出土品である（小池・末永1999）。他にコクゾウムシ属甲虫の圧痕1点を検出している。

野口遺跡（福岡県久留米市）

筑紫平野、筑後川中流域の自然堤防上に位置する縄文時代前期・中期・後期の集落遺跡である。圧痕調査は真邉彩によって2012年に実施された。調査土器点数は3,420点である。図62の18・19（NGC 0018-1・18-2：縄文後期前半）は、いずれも長さ10 mmほどの末端の尖る紡錘型、断面円筒形で多数の節の線が環状にめぐっている。図62の19は頭部を欠くが、いずれも同種のハエ目 Diptera の幼虫と考えられる。

東名遺跡（佐賀県佐賀市）

有明海に面した沖積平野の下部から発見された縄文時代早期後半の貝塚遺跡である。筆者らによって2012年に圧痕調査が行われた。調査土器点数は2,015点である。図62の20（HGM 1003：塞ノ神式・縄文早期後半）は体長2.6 mmほどの小さな甲虫の圧痕である。デオキスイムシ属 *Carpophilus* sp. の可能性があるが、点刻条溝の列間の幅が広く、適当な種を特定できない。推測が正しければ、野菜くずや台所のごみにつく害虫である。

148 Ⅳ部 コクゾウムシと家屋害虫

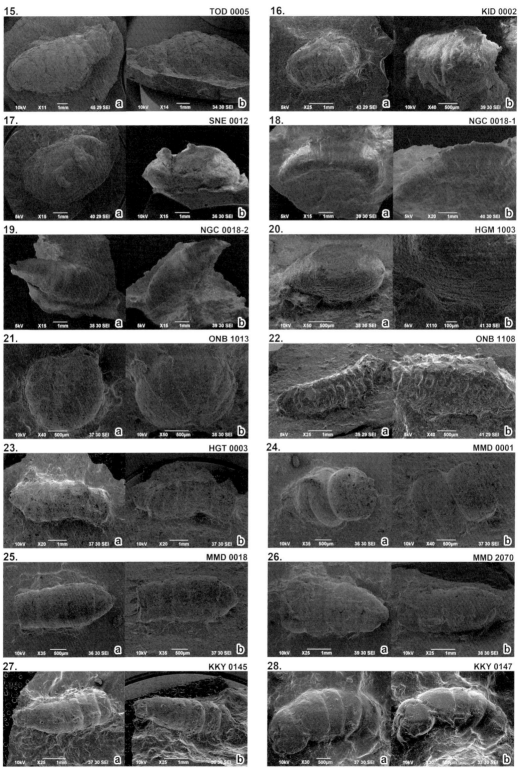

図62 昆虫・小動物圧痕レプリカSEM画像2

大野原遺跡（長崎県島原市）

島原半島の東側扇状地端部に位置する縄文時代後期を中心とした土器製作の痕跡をもつ集落遺跡である。2006〜09年にかけて筆者らによって土器圧痕調査が実施され、ダイズ属種子圧痕を初めて検出した遺跡として著名である（小畑ほか2007、仙波・小畑2008）。調査土器点数は約10,044点である。図62の21（ONB 1013：太郎迫式・縄文後期中葉）は復元体長6mmほどの幼虫の圧痕である。腹節間はシャープな境界線を示す。甲虫の幼虫と推定されるが、種は不明である。図62の22（ONB 1108）も幼虫であるが、腹節に皺が多く、腹面側に2列の突起列がある。甲虫の幼虫と思われる。種は特定できない。他にコクゾウムシ属圧痕が3点検出されている。

肥賀太郎遺跡（長崎県南島原市）

島原半島南部の東側扇状地中腹に位置する縄文時代晩期の集落遺跡である。2006年に仙波靖子によって圧痕調査が行われた。調査土器点数は約30点である。図62の23（HGT 0003：黒川式・縄文晩期）は幼虫の腹節部の圧痕である。円筒形で7節が認められる。甲虫の幼虫である可能性が高い。種は特定できない。他にコクゾウムシ属甲虫圧痕2点が検出されている（山崎・片多2006）。

三万田遺跡（熊本県菊池市）

阿蘇西外輪端の丘陵上に位置する縄文時代後期を中心とした集落遺跡である。2007年に菊地市教育委員会所蔵資料を、2008年に熊本市立博物館所蔵資料を筆者らが調査した。調査土器点数は約4,500点（2007年、仙波・小畑2008）・15,889点（2008年）である。図62の24（MMD 0001：三万田式・縄文後期中葉）は、環状の腹節と思われる部位が3段ほど連鎖した形態であり、へら状の脚？が一部から垂れ下がるように突出している。同様の例は図62の26（MMD 2070）と図63の32（TKT 0004）に認められる。環状の節の境は縦方向の連続する刻み状の痕跡が認められる。種は不明である。図62の25（MMD 0018：太郎迫式・縄文後期中葉）および図62の26（MMD 2070：時期不明）は、同様に丸みを帯びた環状の腹節をもつ幼虫の尾部側の圧痕である。いずれも種は不明である。この他、コクゾウムシ属甲虫圧痕2点が検出されている。

北久根山遺跡（熊本県熊本市）

熊本平野の中流、白川河岸に位置する縄文時代後期を中心とした集落遺跡である。2008年に熊本市立博物館所蔵品を筆者らが圧痕調査した。調査土器点数は約2,000点である（仙波・小畑2008）。図62の27（KKY 0145：北久根山式？・縄文後期前葉）は環状の節が連なり円錐形を呈する。体部の数ヵ所に肉質突起が認められる。ハエ目 Diptera のハエの仲間の頭部側の圧痕と思われる。図62の28（KKY 0147：北久根山式？・縄文後期前葉）は、図62の27に比べ偏平で、頭部と胸部と腹節の一部分の圧痕である。胸脚と体部側面に突起が認められる。甲虫の幼虫と思われる。種は不明である。

石の本遺跡（熊本県熊本市）

熊本平野の独立丘陵上に位置する縄文時代後期〜晩期の集落遺跡である。山崎純男によって圧痕調査が行われ、多数の植物種実やコクゾウムシ属甲虫圧痕8点が検出されている（山崎2009）。図63の29（INM-47：天城式・縄文後期末）は甲虫の幼虫の頭部〜胸部の圧痕である。胸節はそ

150　Ⅳ部　コクゾウムシと家屋害虫

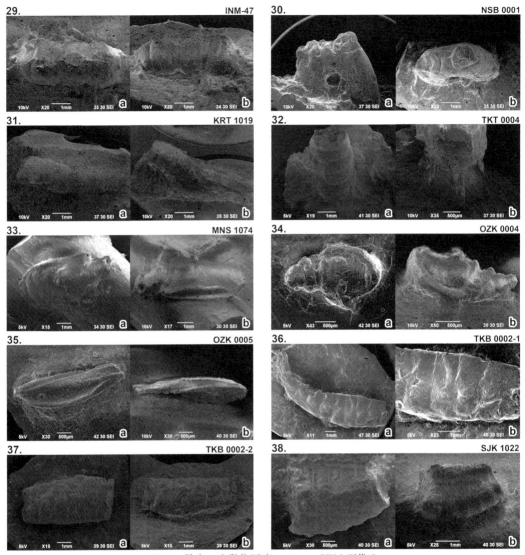

図63　昆虫・小動物圧痕レプリカSEM画像3

れぞれ2分する皺をもつ。背に低い鰭状の突起が認められる。種は不明である。

西平貝塚（熊本県八代郡氷川町）

　不知火海に面した台地上にある縄文時代早期～晩期の貝塚遺跡である。2007年に熊本市博物館所蔵資料を圧痕調査した。調査土器点数は約800点である（仙波・小畑2008）。図63の30（NSB 0001：西平式土器・縄文後期中葉）は、逆U字状の偏平な圧痕であるが、カミキリムシ科Cerambycidaeの幼虫の頭部と思われる。両端の突出部と窪みは大顎と下顎の部分である。この他、コクゾウムシ属甲虫圧痕4点が検出されている。

黒土遺跡（宮崎県都城市）

　都城盆地の2次シラス台地の開析扇状地上に位置する弥生時代早期の突帯文土器を中心とした

遺跡である。2011年に鹿児島大学の中村直子らによって圧痕調査が実施された（中村直ほか2011）。調査土器点数は1,420点である。イネやアワの圧痕とともに、図63の31（KRT 1019：刻目突帯文・弥生早期）の圧痕が検出されている。同圧痕は断面形がほぼ円形に近い幼虫の腹節部分の圧痕であり、側面下位に2列の小さな突起列がある。種は不明である。

田辺開拓遺跡（宮崎県都城市）

都城盆地北部の大淀川に北流し合流する穴水川の西岸台地上に立地する縄文時代後期の遺跡である。圧痕調査は2012年鹿児島大学の中村直子らによって実施されている。調査土器点数は280点である。図63の32（TKT 0004：縄文後期）は大きさの違いはあるが、図62の24（MMD 0001）と同26（MMD 2070）と形態的に類似する。種は不明である。この他、コクゾウムシ属甲虫圧痕2点が検出されている。

宮之迫遺跡（鹿児島県曽於市）

久保山から南側へ延びる舌状台地の先端部に位置する縄文時代中期末〜後期前葉の土器を多数出土した遺跡として著名である。圧痕調査は筆者らが2011年に2回にわたって実施し、23点ものコクゾウムシ属甲虫圧痕を検出した。調査土器点数は6,682点である（小畑・真邉2012c・2013）。図63の33（MNS 1074：宮之迫式・縄文後期前葉）は甲虫の腹面側の圧痕であるが、頭部を欠いている。後脚の腿節が2本確認できる。前胸部は存在しない。中脚部の基節が残る。後胸腹板にも盛り上がりが2ヵ所認められる。後翅の基部側両端が丸みを帯びており、そこから若干内湾して遠端部にかけて膨らんだ瓢箪形をしているのが特徴である。腹節は4個確認できる。アカハネムシ *Pseudopyrochroa vestiflua* Lewisと思われる。同種の一般的な成虫の体長は12〜17 mmで、枯れ木や樹皮の下で材を食する。

小迫遺跡（鹿児島県志布志市）

志布志湾西部の西面する台地上に位置する縄文時代晩期の集落遺跡である。2011年、筆者らによって圧痕調査が行われた。調査土器点数は1,687点である。図63の34（OZK 0004：縄文晩期）は腹面部の圧痕であるが、その形態からヒメマキムシ科Lathridiidaeの甲虫と思われる。本種は野外では樹皮下や枯草やハチやアリの巣で発見されるが、屋内ではカビなどの菌が発生する場所を好み、カビを食する。図63の35（OZK 0005：黒川式・縄文晩期）は4 mmほどの長さの甲虫の脚の腿節である。種は特定できない。

高知口原貝塚（沖縄県読谷村）

海岸から数mほどの砂丘上に立地する貝塚遺跡である。札幌大学の高宮広土によって2011年に圧痕調査が実施されている。図63の36・37（TKB 0002-1・2：弥生時代〜平安並行期）は同一個体から発見されており、どちらも偏平な体部をもつシミ形の幼虫の圧痕と思われる。種は特定できない。

細竹遺跡（大韓民国蔚山市）

東海岸沿岸部にある新石器時代早期〜前期の低湿地遺跡である。2012年、筆者らが東国大学校で圧痕調査を行った。調査土器点数は11,403点である。図63の38（SJK 1022：新石器時代前期初）は幼虫の腹節部の圧痕である。断面形はやや偏平な円形である。両側に突起列が認めら

表14 圧痕レプリカ法によって検出された昆虫・小動物

番号	略　号	遺跡名	属　性	残存部位	学　　名	長(mm)
1	SNM 0004	三内丸山遺跡	甲虫成虫	ほぼ全体	オオナガシンクイ *Heterobostrychus hamatipennis*	7.42
2	SNM 0009	三内丸山遺跡	成　虫	頭部欠	クモ目 Araneae	5.25※
3	SNM 0018	三内丸山遺跡	甲虫成虫	ほぼ全体	マグソコガネ *Aphodius rectus* Motschulsky	5.35
4	SNM 0019-1	三内丸山遺跡	甲虫幼虫	ほぼ全体	ゾウムシ科 Curculionidae	12.64
5	SNM 0019-2	三内丸山遺跡	甲虫幼虫	ほぼ全体	ゾウムシ科 Curculionidae	12.00
6	SNM 0026	三内丸山遺跡	幼虫？	頭部欠？	不　明	6.63※
7	SNM 0030	三内丸山遺跡	蛹	全　体	ハエ類（双翅目） Diptera	7.83
8	SNM 0032	三内丸山遺跡	甲虫成虫	中胸〜腹部	エンマムシ科 Histeriodae	3.96
9	SNM 0043	三内丸山遺跡	甲虫成虫	中胸〜腹部	カミキリムシ科 Cerambycidae	10.59※
10	SNM 0053	三内丸山遺跡	甲虫成虫	ほぼ全体	トゲムネキスイムシ属 *Cryptophagus* sp.	2.40
11	SNM 0137	三内丸山遺跡	甲虫成虫	ほぼ全体	シバンムシ科 Anobiidae	5.45
12	SNM 0136	三内丸山遺跡	甲虫成虫	ほぼ全体	デオキスイムシ属 *Carpophilus* sp.	3.24
13	SYB 0002	下宅部遺跡	幼　虫	胴部〜尾部	不　明	5.38※
14	OON 0061	大西貝塚	甲虫成虫	中胸〜腹部	不　明	2.11※
15	TOD 0005	津島岡大遺跡	成　虫	ほぼ全体	ワラジムシ類（等脚目） Isopoda	9.71
16	KID 0002	北井門遺跡	幼　虫	腹　部	不　明	2.53※
17	SNE 0012	東友枝曽根遺跡	甲虫成虫	前胸〜腹部	不　明	6.87※
18	NGC 0018-1	野口遺跡	幼　虫	ほぼ全体	ハエ類（双翅目） Diptera	0.97
19	NGC 0018-2	野口遺跡	幼　虫	ほぼ全体	ハエ類（双翅目） Diptera	7.41
20	HGM 1003	東名遺跡	甲虫成虫	ほぼ全体	デオキスイムシ属 *Carpophilus* sp.?	2.61
21	ONB 1013	大野原遺跡	甲虫幼虫	ほぼ全体	不　明	6.25※

幅(mm)	厚(mm)	時　　期	器　形	部　位	面	備　考
2.74	2.45※	縄文前期中葉 （円筒下層b1式）	深　鉢	胴　部	内　面	
3.07	1.65※	縄文前期後半 （円筒下層式）	深　鉢	胴　部	外　面	
2.63	1.55※	縄文前期後半 （円筒下層式）	深　鉢	胴　部	外　面	
4.71	3.89※	縄文中期中葉 （円筒上層d〜e式）	深　鉢	胴　部	外　面	
4.37	3.76	縄文中期中葉 （円筒上層d〜e式）	深　鉢	胴　部	外　面	
0.97	0.82※	縄文前期後葉 （円筒下層d式）	深　鉢	口縁部	外　面	
2.44	2.29※	縄文前期〜中期	深　鉢	底部付近	外　面	
2.57	1.69※	縄文前期 （円筒下層式）	深　鉢	胴　部	外　面	
5.3	3.97※	縄文前期後半 （円筒下層式）	深　鉢	胴　部	内　面	
0.85	0.51※	縄文前期〜中期	深　鉢	胴　部	外　面	
1.69※	2.31	縄文前期〜中期	深　鉢	胴　部	内　面	
1.3	1.37※	縄文中期前半 （円筒上層式）	深　鉢	胴　部	内　面	
2.3	1.65※	縄文中期〜晩期	深　鉢	胴　部	断　面	
1.14	0.72	縄文晩期末 （西之山式）	甕	口縁部	内　面	
4.93	3.70※	縄文後期前葉	深　鉢	底　部	外　面	報告書 図113：381
1.7	0.92	縄文後期末	深　鉢	口縁部	内　面	
4.46	2.32※	縄文後期前半 （小池原・鐘崎式）	鉢	胴　部	断　面	
2.1	2.12	縄文後期	深　鉢	底　部	外　面	
2.71	2.77	縄文後期	深　鉢	底　部	断　面	
1.52	1.34	縄文早期後半 （塞ノ神式）	深　鉢	胴　部	内　面	
1.20※	—	縄文後期中葉 （太郎迫式）	深　鉢	底　部	内　面	

154　Ⅳ部　コクゾウムシと家屋害虫

番号	略　号	遺跡名	属　性	残存部位	学　　　名	長(mm)
22	ONB 1108	大野原遺跡	甲虫幼虫	胴部〜尾部	不　明	5.03※
23	HGT 0003	肥賀太郎遺跡	甲虫幼虫	胴部〜尾部	不　明	5.30※
24	MMD 0001	三万田遺跡	幼虫？	胴　部	不　明	2.97※
25	MMD 0018	三万田遺跡	幼　虫	胴部〜尾部	不　明	3.10※
26	MMD 2070	三万田遺跡	幼　虫	胴部〜尾部	不　明	4.37※
27	KKY 0145	北久根山遺跡	幼　虫	胴部〜尾部	ハエ類（双翅目）Diptera	4.40※
28	KKY 0147	北久根山遺跡	甲虫幼虫	頭部〜胴部？	不　明	3.91※
29	INM-47	石の本遺跡	甲虫幼虫	頭部？〜胴部	不　明	6.05
30	NSB 0001	西平貝塚	甲虫成虫	頭　部	カミキリムシ科 Cerambycidae	4.05
31	KRT 1019	黒土遺跡	幼　虫	胴　部	不　明	5.58※
32	TKT 0004	田辺開拓遺跡	幼虫？	胴　部	不　明	3.77※
33	MNS 1074	宮之迫遺跡	甲虫成虫	中胸〜腹部	アカハネムシ *Pseudopyrochroa vestiflua* Lewis	7.41※
34	OZK 0004	小迫遺跡	甲虫成虫	ほぼ全体	ヒメマキムシ科 Lathridiidae	2.29
35	OZK 0005	小迫遺跡	甲虫成虫	脚部（腿節）	不　明	3.92
36	TKB 002-1	高知口原貝塚	幼　虫	胴部〜尾部	不　明	12.47※
37	TKB 002-2	高知口原貝塚	幼　虫	胴　部	不　明	6.80※
38	SJK 1022	細竹遺跡	幼　虫	胴　部	不　明	3.67※
39	SGT 00874	重留遺跡	幼虫？	腹　部	不　明	1.40
40	SGT 06072-2	重留遺跡	幼　虫	腹部〜尾部	不　明	3.00

※は+α

幅(mm)	厚(mm)	時　　期	器形	部　位	面	備　考
1.64	1.31※	縄文後期中葉 （三万田式）	鉢	胴　部	内　面	
1.84	1.24※	縄文晩期 （黒川式）	深　鉢	口縁部	外　面	
1.54	1.48※	縄文後期中葉 （三万田式）	深　鉢	胴　部	内　面	
1.3	1.04※	縄文後期中葉 （太郎迫式）	鉢	底　部	外　面	
2.33	1.55※	縄文後期	鉢	口縁部	外　面	
1.57	1.16※	縄文後期前葉 （北久根山式？）	鉢	口縁部	外　面	
1.74	0.88※	縄文後期前葉 （北久根山式？）	深　鉢	底部付近	外　面	
2.32	1.96※	縄文後期末 （天城式）	深　鉢	口縁部	内　面	
4.09※	1.66	縄文後期中葉 （西平式）	鉢	胴　部	断　面	
1.48	1.56	弥生早期 （刻目凸帯文）	甕	胴　部	断　面	
2.77	2.43	縄文後期	深　鉢	胴　部	断　面	
4.05	1.20※	縄文後期前葉 （宮之迫式後半？）	深　鉢	口縁部	外　面	
1.25	0.71※	縄文晩期	深　鉢	口縁部	内　面	
1.17	0.94	縄文晩期 （黒川式）	鉢	胴　部	外　面	報告書 図36：336
2.64	1.68	弥生〜平安相当期				
3.44	1.74	弥生〜平安相当期				
2.75	1.84※	新石器時代前期初		底　部	内　面	
1.06	－	縄文後期末〜晩期	深　鉢	口縁部	内　面	
1.00	－	縄文後期末〜晩期	深　鉢	胴　部	内　面	

る。種は特定できない。

重留遺跡（福岡県福岡市）[4]

　福岡市西部の早良平野最深部の室見川流域にある縄文晩期前半の集落遺跡である。山崎純男によってコンテナ50箱（数万点）の土器片が調査された。種々の植物種子とともに、三万田遺跡（図62の24、MMD 0001）や田辺開拓遺跡（図62の32、TKT 0004）で検出された環状の節をもつ幼虫の体の一部の圧痕1点（長さ1.4 mm、幅1.06 mm）と、長さ3 mm、幅1 mmの表面に顆粒状の突起のある幼虫の腹節から尾部にかけての圧痕が検出されている。いずれも縄文晩期前半の土器と思われる（山崎2007b）。この他、コクゾウムシ属甲虫圧痕1点が検出されている。

4　考　　察

(1)　問題の所在―土器圧痕昆虫・小動物相はどれほど人為を反映しているのか―

圧痕昆虫・小動物の種類

　上記に紹介したコクゾウムシ属甲虫以外の昆虫・小動物圧痕は総計で40点であった。その内訳は、甲虫目成虫が14点、甲虫目幼虫が7点、双翅目（ハエ類）の幼虫・蛹4点、等脚目（ワラジムシ類）の成虫1点、不明が13点、クモ目が1点である。甲虫目のうち、種が判明したものが3点、属レベルが3点、科レベルが7点であった。また、すべての昆虫・小動物の成虫と幼虫・蛹の比率は、16（40％）：24（60％）であり、圧倒的に幼虫・蛹が多い。ただし、コクゾウムシ属甲虫の圧痕を加えると、136（85％）：24（15％）となる。また、甲虫目は植物性食物（穀物）や木材を加害する害虫がほとんどであり、コクゾウムシ属甲虫圧痕を加えると、個体数にして全体の8割弱を占めることになる。それ以外に、腐肉や汚物に集まる双翅目（ハエ類）の幼虫や蛹、それらを捕食するエンマムシ科やシデムシ科の甲虫、食糞性のマグソコガネなどの衛生昆虫、さらにはドングリやクリなどに寄生するゾウムシ科の幼虫なども認められ、圧痕資料が共生昆虫や害虫をきわめて高い比率で含んでいることを示している。その中でも屋内型の害虫が比較的高い比率を占めている。

　このことから、土器中に紛れ込んだ昆虫や小動物は家屋内もしくはその周辺に生息していたもので、土器が製作された場所もそのような昆虫や小動物が入りやすい環境であったと推定される。つまり、土器中の生物体は植物も含め、人間が利用したもの、もしくは人との関わりの深い生活環をもつ生物群であった可能性が高い。

土壌試料から発見される昆虫はすべて家屋害虫ではない

　では、上記の説が正しいか否か、つまり土器圧痕として発見された昆虫がどれほど人為を反映しているのかについて検討してみる。その前に、遺跡土壌から発見される昆虫化石について考えてみたい。つまり、家屋と考えられる遺構内の堆積物中から発見される昆虫相が家屋害虫をどれほど示すのかという問題である。

　実は、これらはすべてが人為的昆虫、つまり家屋害虫であるとはいえないのである。イギリス

図64 住居内に残る可能性のある昆虫の家屋への侵入経路復元図（Elias 2010 を改変）
黒色矢印は屋内から、灰色矢印は屋外からの侵入を示す。土器作りの際の混入経路を加筆した

の考古学遺跡においては、人為的な生物と非人為的な生物が混在して発見され、その2者を区別するのは困難であるという（図64、Elias 2010）。H. K. ケンワードは古代住居内に堆積した昆虫の来歴を探るために現代の建築物の中の昆虫相を調査した（Kenward 1985）。その資料として、①無人の屋根、②人が住んでいる家の屋根、③地下倉庫、④床板の下から昆虫の死骸を採取して、考古学的な遺跡の組成と比較し、考古資料をどのように解釈したらよいかを検討した。その結果、昆虫の数とその中に占める野外種の割合は、それぞれの資料において大きな変異をもつこと、その原因として、鳥の巣の存在、住居の入り口（隙間）からの距離、気流のパターンなどが大きく作用していることが判明した。野外種が屋内に入ってくる経路は、人間によるもの以外に、鳥や他の食虫動物によるもの、彼らの自らの行為によるものなどがある。特に鳥の巣の存在や昆虫が自ら入ってくることがあるため、考古資料を解釈するときには、これらを意識しなければならないと警鐘を鳴らしている。

また、D. N. スミスは現代の納屋の中の干し草・麦藁・厚い床の敷物と関連する甲虫相を調査し、化石組成からそのような環境を復元することの正確性を検証しようと試みた（Smith 1996・2000）。しかし、それらの物質を、それに棲みついている甲虫相に基づいて区別することは、堆積の問題のため不可能であると結論付けている。つまり、干し草や麦藁は移動するものであり、たとえそれらに特殊な甲虫が死んだ場合でも、それらは干し草や麦藁と一緒に屋外から小屋の中に人為的に持ち込まれるからである。これは、「住居内の堆積土から発見される昆虫がつねに家屋害虫とは限らない」という、安易な推論に対する警鐘である。

(2) 検　　討

　以上のような結果から見れば、土器圧痕の昆虫・小動物相もすべて家屋害虫や共生昆虫ではないことは予測できる。ではまったくその可能性はないのだろうか。これを検討するためには、土器圧痕から発見される昆虫・小動物相と遺跡土壌から発見されるそれらの質・量構成の比較を行い、さらには土器圧痕の付き方から見た圧痕の成因について調べてみる必要があろう。

土器圧痕資料と低湿地堆積物資料の質・量構成の違い

　三内丸山遺跡は遺跡土壌と土器圧痕の双方から昆虫や小動物の遺体が検出された唯一の遺跡であり、本遺跡で土壌検出資料と圧痕資料の質や量の構成の違いを検討してみる。

　理論的に考えて、図65に示したように、人為的な障壁を潜り抜けて昆虫が土器胎土に入るには、先に述べたようにさまざまな抜け道がある。また、人為的な家屋への搬入や土器胎土への混入もその成因の1つと想定される。つまり、動物に運ばれたもの、風や重力で運ばれたもの、虫そのものの移動によるものなどの非人為的な原因、それに人が無意識・故意に運んだり・混入した人為的原因が加わる。このような場合、野外から屋内へ、屋内から貯蔵所へ、それらから土器胎土内へ移っていく過程で、昆虫の種類は減少し、それとは反対に、1種類当たりの個体数や家屋害虫・共生害虫の比率は増加するはずである。

　三内丸山遺跡では、以下の5地点で遺跡土壌から昆虫遺体が検出されている。

　第6次調査区からは、オサムシ科マルガタゴミムシ・コガネムシ科（食糞群）マグソコガネ亜科・ゾウムシ科（11点）・コメツキムシ科・ハムシ科・カメムシ亜科カメムシ上科（11点）・アリ科（19点）・ハエ目の蛹などが検出されている（山内・浅田2008）。また、第30次調査区からは、オサムシ上科ミズギワゴミムシ類・ゾウムシ上科（7点）・カメムシ上科・アリ科・ハエ亜目幼虫などが検出されている（山内・浅田2008）。第6次・第30次調査区資料中において新たに森本桂によって同定されたものは、以下のとおりである。

　6次771-3・764-1・764-2：クワヒョウタンゾウムシ *Scepticus insularis* Roelofs、30次13-3：ナガゴミムシ類 Pterostichinae 頭部、同3-2・6-4：コクゾウムシ属 *Sitophilus* sp.（小畑2013a）

　第6鉄塔地区のⅥa・Ⅵb層のブロックサンプリング試料（B）から「ツヤケシヒメゾウムシ」*Paracythopeus melancholicus* が報告されている（森2007b）。この試料から検出された地表性歩行虫・食植性昆虫のうちでもっとも多いものは、このツヤケシヒメゾウムシで、合計87点（Ⅵb層から73点、Ⅵa層から14点）の各部位が検出されている。これらはブドウ属やサルナシの葉上に多い食植性の人里昆虫と評価された。ただしこれは筆者らの調査でコクゾウムシ属甲虫であることが判明している（小畑2013a）。これに次いで多いのがクヌギ・コナラなどの倒木や朽木に集まるヒメコメツキガタナガクチキ（*Synchroa melanotoides*）であるという（森2009a）。これらに2次林や畑作物など、主に人間が利用する植物に食害を与える昆虫が伴なっている。また、クリなどの果樹の花粉を食べるコアオハナムグリ（*Oxycetonia jucunda*）、果樹やマメ類、畑作物などの葉を加害するヒメコガネ（*Anomala rufocuprea*）をはじめ、食植性コガネムシ科が多く含まれている。また、北の谷の泥炭層（C）や第6鉄塔地区（A）からは「ニワトコ種子集積層」が検出され、

表15 三内丸山遺跡における土壌出土昆虫遺体と昆虫・小動物圧痕の比較

		生態	6次調査	30次調査	第6鉄塔(A)	第6鉄塔(B)	北の谷(C)	圧痕
甲虫目	ゲンゴロウ科	自然					5(3.4)	
	ガムシ科	自然			6(8.5)	100(11.3)	13(9.0)	
	オサムシ科	自然・衛生	8(7.8)	4(11.8)	4(5.6)	81(9.2)	21(14.5)	
	コガネムシ科	自然・衛生	9(8.7)	5(14.7)		158(17.9)	51(35.2)	1(3.0)
	シデムシ科	自然・衛生				46(5.2)	1(0.7)	
	エンマムシ科	衛生		2(5.9)	9(12.7)	74(8.4)	14(9.7)	1(3.0)
	ハネカクシ科	自然・衛生		1(2.9)	3(4.2)	40(4.5)	17(11.7)	
	ゾウムシ科	害虫・共生	15(14.6)	7(20.6)		97(11.0)	9(6.2)	16(48.5)
	オトシブミ科	自然					1(0.7)	
	ハムシ科	自然				8(0.9)	3(2.1)	
	コメツキムシ科	自然	1(1.0)			6(0.7)	2(1.4)	
	ヒラタナガクチキ科	自然				40(4.5)		
	カミキリムシ科	自然					1(0.7)	2(6.1)
	ナガシンクイムシ科	害虫						1(3.0)
	キスイムシ科	害虫						1(3.0)
	ケシキスイムシ科	害虫						2(6.1)
	シバンムシ科	害虫						1(3.0)
	アカハネムシ科	害虫						1(3.0)
	ヒメマキムシ科	害虫						1(3.0)
半翅目(カメムシ類)		自然	11(10.7)	4(11.8)		4(0.5)	2(1.4)	
双翅目(ハエ類)		衛生	36(35.0)	8(23.5)	49(69.0)	218(24.7)	5(3.4)	4(12.1)
膜翅目(アリ類)		自然	19(18.4)	2(5.9)		12(1.4)		
等脚目(ワラジムシ類)		自然						1(3.0)
鱗翅目(チョウ類)		自然	4(3.9)	1(2.9)				
不明甲虫		—	173	74	4	49	39	8
不明昆虫		—	111	2				13
クモ目		自然・共生						1(3.0)
合計			379(100)	76(100)	75(100)	933(100)	184(100)	54(100)
種類数			8	9	6	13	14	13

　この中からショウジョウバエ科(Drosophilidae)の蛹が多量に発見されており、これらは発酵・腐敗した果実に好んで集まる習性があり、果実酒がつくられていたのではないかと推定されている。また、ニワトコ種子集積層と同じ時期の土坑内からは、ハネカクシ科やエンマムシ科、オサムシ科など、食肉・食屍性の地表性歩行虫が多数発見されている。これらはショウジョウバエの幼虫や蛹を捕獲するために集まったものと考えられている(森2009a)。

　土器圧痕も含め、三内丸山遺跡から発見されている甲虫・小動物は、科・目レベルで25種に分けることができる(表15)。これらを、その生態から、自然に野外に生息する(一部人間利用の植物に食害を与える)「自然種」、汚物や腐肉(ハエの蛹や幼虫)に集まる「衛生種」、人間の住まいにも生息する「共生種」、そして貯蔵食物や材を加害する「害虫種」の4種に分類した。これを先の理論的モデルと比較してみると、種の数は圧痕資料の方が少なくなるわけではない。これは同定法にも起因する可能性はあるが、むしろ害虫の種類が増加し、野外の資料とほぼ変わらな

IV部　コクゾウムシと家屋害虫

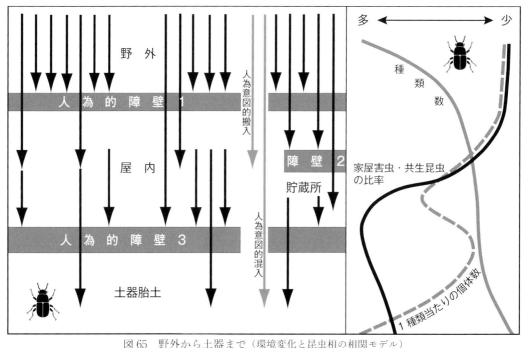

図65　野外から土器まで（環境変化と昆虫相の相関モデル）

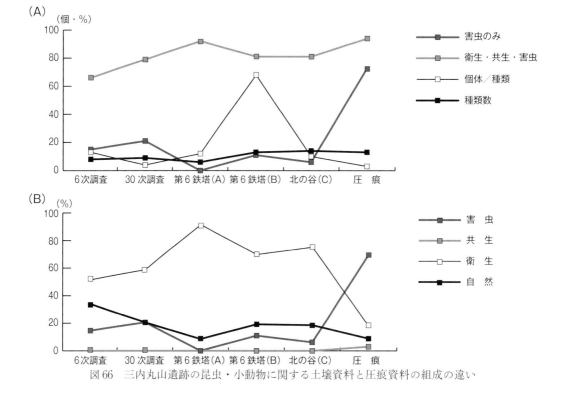

図66　三内丸山遺跡の昆虫・小動物に関する土壌資料と圧痕資料の組成の違い

い数値を示した（図66のA）。また、1種類あたりの個体数は理論モデルに反して圧痕資料の方がむしろ減っている。これらは、土壌資料中のハエ類の蛹とそれらに集まる衛生害虫の多さに示されるように、本遺跡の泥炭層が廃棄物や排泄物などを含む人為的堆積物であり、まったくの自然状態

表16　昆虫圧痕の付き方（土器の部位別）

	口縁・胴部	外底部	合　計
背面	30(28.30%)	6(5.66%)	36(33.96%)
側面	32(30.19%)	2(1.89%)	34(32.08%)
腹面	35(33.02%)	1(0.94%)	36(33.96%)
合計	97(91.51%)	9(8.49%)	106(100%)

下での堆積物ではないため、特定種の数が多く、種類も限定されることに起因している。家屋外においてもこのような堆積環境は屋内とよく似た昆虫・小動物相を示すことがあり、このモデル（図65）はまったくの自然堆積層と比較してこそ成り立つモデルといえる。

　しかし、このような人為的堆積物と比較しても、衛生種・共生種・害虫種の自然種に対する比率は圧痕資料が94%ときわめて高い。害虫種のみに限ると、野外堆積物でもっとも高い30次調査資料が21%であるのに対し、72%と昆虫相・小動物相のほぼ3/4を占めている（図66のA）。遺跡土壌資料は自然種が一定量含まれ、ハエ類などの衛生種が主体を占めているが、圧痕資料では害虫種がそれらを抑えて、8割という高率を示している（図66のB）。

　以上を総合すると、同じ遺跡の資料でありながら、土壌資料に比べて圧痕資料の方が家屋害虫や共生昆虫の比率が高く、土器胎土中には野外種の紛れ込みが少なかったことを意味している[5]。

Impression（圧痕）とcavity（抜け殻）

　では、どのようにして昆虫や小動物は土器胎土中に入った（入れられた）のであろうか。通常、土器における圧痕（impressionまたはprint）というと、底部の敷物圧痕のように、土器成形時に重力または圧力によって土器表面に物体が押し当てられて生じる土器表面に残る物体の型を示す。これに対し、抜け殻（cavity）は、土器表面ではなく、物体そのものが土器胎土（粘土）に覆われ、物体が炭化や腐植によって空間となって残存した型を意味する。よって圧痕は土器表面にしか現れないが、抜け殻は土器胎土内に現れ、土器の器壁の厚さより小さいものであれば、外部から見えない「潜在圧痕」となる。

　土器圧痕の付き方は、昆虫（成虫・幼虫）がいつ土器に入ったのかを推定する手がかりとなる。以前、コクゾウムシ属甲虫の成虫の圧痕の付き方から、土器胎土の段階で混入したもしくは混入されたかのいずれかと考えた（小畑・真邉2012c・2013）。今回、これに本章で紹介した昆虫のうち、その位置が明確なものを加えて算出したものが表16である。これを見ると、土器製作時に押し付けられた可能性のある昆虫圧痕（表中太枠内）は約4割で、他は背面もしくは側面の圧痕であり、やはりその方向性が一定であるとはいえない。このほか、欠損率の高さや潜在圧痕の存在などを胎土への混入の根拠としたが、今回の22例を加えると、欠損率は28.7%であり、さらに5例は断面からの検出例であり、本来は土器表面に表出していない「潜在圧痕」である。このような点から見て、昆虫圧痕のほとんどは圧痕（impression）ではなく抜け殻（cavity）、つまり胎土への「混入体の痕跡」が主体を占めていることがわかる。

土器圧痕形成のタイミングと混入の意味

　昆虫が胎土に取り込まれた経過を、土器製作工程の諸段階に照らし合わせて考えてみると、以

下の4つが想定されている（藤の台遺跡調査団 1980）。

①粘土採集時、粘土層露頭付近に生息する昆虫が、採集した粘土に偶然混入した。

②素地土（胎土：筆者注）へ混和材としての植物繊維混入の際、禾本科植物に付着したままの昆虫が偶然混入した。

③素地土の"練り""ねかし"の段階で、付近に生息する昆虫が偶然混入した。

④土器成形中、飛来した昆虫が人為的に塗り込められた。

この4つの原因は、①と②が集落外に生息する昆虫が混入する可能性が高く、③と④では集落内、特に居住地と密接に関係する生息環境を好む昆虫が混入される可能性が高いことが指摘されている。さらに、①の段階であれば、比較的高湿の生活環境を好む昆虫種が、②の段階であれば比較的乾燥した環境を好む草食性の昆虫種が、③と④の段階であれば、人間の生活空間ないしはそれと強い関連のある生活環境を好む昆虫種が混入しやすいという、生活環境が種類同定の根拠となることが指摘されている。しかし、素地土の"練り"が土器製作上で重要な工程を占めることから、①と②の段階で昆虫が混入した場合、どの程度その原形をとどめうるかは疑問であるとする。

ここで重要なことは、藤の台遺跡の圧痕が家屋害虫であり、これが土器製作場の位置（居住地と近い）を示す証左とされている点である。①に関してはまったく可能性がないわけではないが、家屋害虫などが高い比率で入る理由とはならない。③に関しては歩行性や飛翔性の昆虫であれば可能であるが、コクゾウムシ属甲虫の偏った比率はこの可能性が少ないことを示している。④は低い比率ではあるが、可能性がないわけでなく、先の impression（圧痕）がこれに該当しよう。

しかし、この中でもっとも妥当性が高いのは、②の段階、または④の段階の粘土紐作りの段階と考えられる。②に関しては、イネ科植物以外にも植物繊維や動物の毛などを混入する際に、その中に紛れていた家屋害虫が偶然に胎土中に入り込んだ（無意識に入れられた）可能性、そしてもう1つは意図的に昆虫自体が混入された可能性もある。前者の場合、土器に混和材として用いられる植物繊維は、水浸け→繊維抽出の後は乾燥状態で保存された可能性が高く、この段階で植物繊維束の中に休眠もしくは食害するために食植性昆虫が入り込むことが考えられる。また混和材としては、食植性害虫に加害されたドングリやクリなどのデンプン質の乾燥食物の粉なども想定できる。土器成形に必要な適度な粘土の可塑性を得るには「ねかせ」過程でのバクテリアによるある種の発酵が必要であり、陶磁器の場合ではあるが、短期間に「ねかせ」の効果を高める（バクテリアの増加を促す）ためにデンプンや砂糖のような有機質を少量添加する例が紹介されている（後藤 1980）。ヨーロッパ新石器時代のムギ類の貯穀害虫であるグラナリアコクゾウが土器圧痕として検出されている例が2例ほど紹介されている（Buckland 1990、Panagiotakopulu 2000）。この1つはコムギの籾と一緒に混入されており、混和材に紛れて貯穀害虫が入り込んだ可能性を示す好例といえる。

同じ土器の個体に1種類の昆虫が多数混入した土器の存在を考えると、昆虫自体の意識的な混入もまったく可能性がないわけではない。むしろ、これまで発見されているマメ類やエゴマなどの植物種子の圧痕のあり方から見れば、積極的な評価を与えることもできる。しかし、これを立

証するためには、土器中から発見される植物種実、それらの皮や付属品、動物繊維や植物繊維などの混和材のあり方をもう少し詳細に検証せねばならない。

5 結　　論

　以上の検討により、土器圧痕として検出される昆虫は、土器成形中に外部から土器表面に付いた「付着体」の痕跡（impression）もわずかに含まれるが、そのほとんどは胎土をつくる際に胎土内に偶然に混入した「混入体」の抜け殻（cavity）と考えられる。ただし、昆虫自体が意図的に土器に入れられた可能性もまったくないわけではない。これについてはⅣ部第5章で検討している。

　このような仮説は、昆虫・小動物圧痕中に占める家屋害虫や共生昆虫の高い比率、土壌資料との出土昆虫類の質・量の違いから導き出されたもので、少なくとも、縄文時代の家屋内や作業場には、クリやドングリなどの乾燥植物性食料の貯蔵や植物繊維などの加工や保存を行う場所があり、それらを加害した食植性害虫が多数生息しており、また家屋の内外には、その建築材・敷物・壁材にそれらを加害する食材性昆虫やクモなどの共生昆虫が棲みついていたことが予想される。これはよく展示ジオラマで復元される屋根のない開けた空間（広場）での土器作り風景とはまったく異なるものである。ただし、ハエの幼虫や蛹およびそれらに集まる衛生種や一般的な自然種（野外種）の混入の意味については、「付着体」の痕跡（impression）でも説明可能であるが、人為的にこれらが土器製作場へ搬入されたり土器胎土内へ混入されたものでなければ、土器製作の場も廃棄場と同じくらい非常に不衛生な環境であったことを想定せねばならない。

　本章では、土器圧痕が家屋害虫や共生昆虫を色濃く反映しており、それらを効率的に検出できるという、研究資料としての潜在的能力[6]を立証することができた。今後はこれら資料の増加に期待したい。

註
1) ここでいう「圧痕家屋害虫学」、つまり土器圧痕から人為的環境に適応した人と共生する昆虫を抽出するという方法と理論は、これまでの土壌中から昆虫遺体を検出する方法を否定するものではない。むしろこのような研究で得られた昆虫相の背景があってはじめて、人為的昆虫を認識できるのである。
2) 2012年11月末現在の数字である。その後の調査で類例が増加している。
3) 今回、種の同定には九州大学博物館名誉教授の森本桂先生のご意見を頂戴した。ただし、時間をかけての先生による正式な同定ではない。先生のご意見をもとに小畑が再度図鑑類を確認し、変更した部分もある。よって、ここでの昆虫類の同定は小畑によるものであり、その責は森本先生にないことを付記しておく。また、幼虫や蛹に関しては同定が困難であることが指摘されている（Panagiotakopulu 2000、マディソン 2002）。ゾウムシなどの一部を除いては現生資料ではなく、文献等によって小畑が同定を行ったものであることをお断りしておく。
4) 本資料は圧痕レプリカ法による調査であるが、筆者がレプリカの実物を観察していないため、原典の所見のみを記載しておく。本章で使用したその他の圧痕レプリカ法による調査事例はすべて筆者がレプリカを観察したものである。

5) 三内丸山遺跡の例（表15）でもわかるように、堆積層から検出されているアリの類は、他の遺跡でも圧痕では現在までまったく検出されていない。検出能力にも起因している可能性はあるが、歩行性のアリは家屋の内外に普遍的に存在したと考えられ、それらが圧痕に入らない（少ない）点は、圧痕成因を考えるうえで重要な視点となるかもしれないため、今後注視していきたい。

6) 圧痕は昆虫遺体の残存状況が土壌検出資料に比べて非常によい。この点で昆虫の体全体を観察できるという利点となっている。ただし、圧痕では、昆虫同定の手がかりとなる翅や胸などの色がわからない点や、同定の手がかりの情報の少ない腹面側の圧痕の場合、同定が不利になるという欠点もある。

第3章　縄文人の家に住みついたゴキブリとその起源

　屋内の害虫の代表格はハエとゴキブリであろう。考古学的には、ハエはトイレ土壌やゴミ捨て場の土壌などから、囲蛹殻の状態ではあるが比較的多く見つかるものである。しかし、ゴキブリとなると、平安時代の文献に出てくるものが初出であり、考古遺跡からの出土例も寡聞にして知らない。本報告は、圧痕レプリカ法により、日本の考古学資料としてもっとも古い縄文時代のゴキブリの痕跡を捉えた事例の報告である。

1　発見の経緯と圧痕調査の概要

　本野原遺跡の圧痕調査を開始したきっかけは、コクゾウムシ圧痕が検出されたとの情報を得て、3,000点あまりの土器が報告されている遺跡であることから、圧痕法の主素材である報告された土器と収蔵されている未報告の土器との間にどのような圧痕検出率の差がでるのかを検証する目的で調査を開始した。
　圧痕調査は以下のように実施した。
　調査期間：2012年12月20日〜2015年3月4日
　調査次数：36次にわたる調査を実施（延90名）
　調査土器数量：コンテナ461個、土器片数179,237点、総重量2,814,229 g
　その結果、602点の圧痕のレプリカを作成、173点のコクゾウムシ圧痕、53点のマメ類などの圧痕を得ることができた。

2　本野原遺跡について

　宮崎県宮崎市田野町字黒草甲に所在する。農地保全整備事業に伴い、宮崎市教育委員会（旧田野町教育委員会）が2001年4月〜2002年2月まで発掘調査（面積12,000 m²）を行った。遺物としては旧石器時代から、遺構としては縄文時代早期から中世にかけてのものが検出されているが、中心となるのは縄文時代中期後葉〜後期後葉にかけての膨大な遺構・遺物群である。中央に配石遺構を伴う土木造成によって形成された広場を取り囲むように掘立柱建物址や竪穴住居址などが

図67　本野原遺跡の遺構群（左：俯瞰、右：鳥瞰）

検出され、西日本では珍しい環状構造をもつ東日本的な定住集落であると注目された。また、住居件数は113基と、西日本最大規模である。また道路状遺構や九州最古級の埋甕など、縄文時代を特徴付ける遺構群が集中して発見された（図67）。定住生活様式を示す膨大な土器は、既存の土器編年の空白や矛盾を埋める資料として注目されている（宮崎市教育委員会2004・2005・2006）。

3　調査結果——検出資料の概要——

ゴキブリ科甲虫の卵鞘と思われる圧痕は2点検出している。
MNB 0488（東南155、図68）
　松山式土器（縄文時代後期中葉初）の深鉢形土器の底部付近外面の圧痕
　細長いがまぐち状の形態をもち、肩部に8個ほど緩やかな楕円形の突起をもつ
　長さ11.33 mm、幅5.14＋α mm、厚さ3.69 mm
MNB 0516（SA-46上層、図69）
　縄文土器（型式不明）、住居址の時期から縄文時代後期初頭に比定
　細長いがまぐち形の形態
　長さ10.61 mm、幅4.52＋α mm、厚さ3.82 mm
　突起は観察できないが、側面の縫合線があり、MNB 0488とよく似る。

4　考察——同定の方法——

卵鞘の全体的なプロポーション・サイズ・表面組織（形状）・卵数と表面突起の数を比較材料とする。比較対象としたのは、現生日本の主な屋内種であるヤマトゴキブリ・クロゴキブリ・ワモンゴキブリ・トビイロゴキブリ・チャバネゴキブリと屋外種であるルリゴキブリ・モリチャバネゴキブリ・キョウトゴキブリの卵鞘である。これらの写真や情報が掲載された文献をもとに比

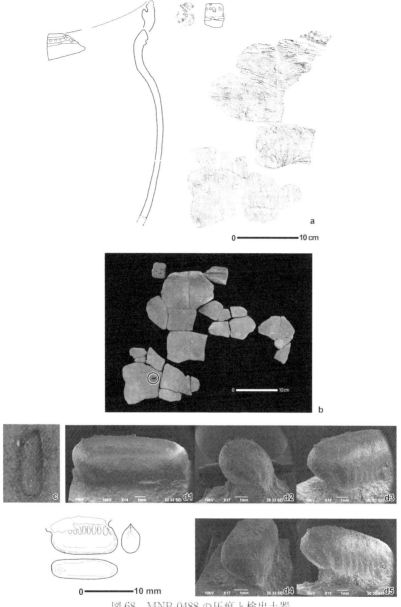

図68 MNB 0488の圧痕と検出土器

較を行った。

　検出した圧痕はいずれも長さ10～11 mmほどの細長いがまぐち形の形状をもち、縫合線は側辺側で観察できるが、刻みをもつ部分は欠落している。MNB 0488圧痕では縫合線の下部にあたる部分に緩やかな突起が8個並列しているのが観察できる。その他の部分はほぼ平滑な面をなしている。

　上記の9種の卵鞘のうち、がまぐち形で縫合線下部に並列する膨らみをもつものは、ヤマトゴキブリ・ワモンゴキブリ・クロゴキブリ・トビイロゴキブリの4種のみである。チャバネゴキブ

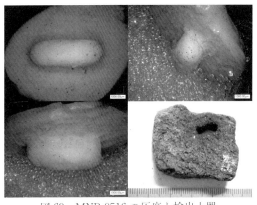

図69 MNB 0516の圧痕と検出土器

リは小判のように多数の細い縦縞があり、野外型のモリチャバネゴキブリの卵鞘も同様の表面組織をもつ。キョウトゴキブリはやや湾曲した平面形をもち、フリル状の突起が表面を覆うことから、これらは除外される。ルリゴキブリは全体的な形が圧痕とはまったく異なる（図70）。

先の候補4種のうち、全体形が類似するのはクロゴキブリとトビイロゴキブリであり、平面形（実際は側面かもしれない）はシンメトリーではなく、片側側辺は上下均等であるが、もう一方はやや下方が膨れる点などもよく似ている。突起の形もヤマトゴキブリとワモンゴキブリが円形に近いのに対し、上記2種は長楕円形であり、圧痕例と類似する。断面写真（図71）を見ると、この膨らみの数はほぼ片側の莢に収まっている卵の数に符合する。

MNB 0488の場合、現状では8個しか観察できないが、復元すると11個になる。上記2種の卵の数と全体の長さを比較してみると、クロゴキブリの場合、突起の数は12個、卵数は22〜26（22〜28）個である。トビイロゴキブリの突起の数は14個で、卵数は（24〜27）個である（表18）。圧痕例の推定される卵の数は22個前後であり、12 mmに近い卵鞘のサイズの点からもクロゴキブリの卵鞘が圧痕卵鞘にもっとも近い（図72）。よって、今回検出した圧痕卵鞘はクロゴキブリの卵鞘であると判断した。

クロゴキブリ Periplaneta fuliginosa (Serville) は、現在は日本全国に分布するが、主に本州中部以南・四国・九州に多い。北米や中国中部にも分布する。幼虫で休眠して、越冬する温帯性の種

表17 圧痕土器の時期（図中太枠線が検出資料）

縄文時代分期		北九州	東南九州	南九州	本野原編年	圧痕	コクゾウムシ	マメ類
後期	初頭	坂の下式 出水式／福田K2式	岩崎上層式 出水式	岩崎上層式 出水式	2-4期 5期	I期 II期	25%(20) 51%(41)	 50%(10)
	前葉	橋詰式	指宿式	指宿式	6期			
	中葉	小池原上層式 鐘崎式 北久根山式 宮下式・石町式	小池原上層式 鐘崎式 北久根山式 納曽式・丸尾式	指宿式・松山式 市来式・鐘崎式 北久根山式 納曽式・丸尾式	7期 8期 9期 10・11期	III期 IV期	20%(16) 1%(1)	10%(2)
	後葉	太郎迫式 三万田式 鳥井原式 広田I式 広田II〜III式 貫川I式	太郎迫式 中岳式 平畑式	太郎迫式(西平式) 三万田式 （ー） 御領式 上加世田式 入佐(古)	12期 13期 14期 15期	V期		
晩期	前葉 中葉 後葉	貫川II式 （貫・井手ヶ本） （長行）	平畑式 松添式	入佐式(新) 黒川式古 黒川式新		VI期	3%(2)	40%(8)

ルリゴキブリ（まったく似ていない）

ヤマトゴキブリ（楕円形）

ヤマトゴキブリ

クロゴキブリ

クロゴキブリ（細長い形態）

ワモンゴキブリ（楕円形）

ワモンゴキブリ

トビイロゴキブリ

キョウトゴキブリ（フリル状突起）

モリチャバネゴキブリ（小判状の多数の縦縞）

チャバネゴキブリ

キョウトゴキブリ

図70 各種ゴキブリの卵鞘（安富・梅谷1983より作成）

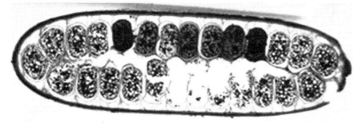

図71 ゴキブリの卵鞘の断面写真
（http://www.t-scitech.net/kitchen/goki/page05.htm より）

表18 主なゴキブリの卵鞘の特徴

種	原産地[※2]	卵鞘長さ[※1]	卵数[※1]	卵数[※2]	突起数ほか[※2写真より]
ヤマトゴキブリ	日本	8〜9 mm	12〜16個	14〜19個	円形8個
クロゴキブリ	南中国	12〜13 mm	22〜26個	22〜28個	長楕円形12個
ワモンゴキブリ	アフリカ	8 mm前後	16個	13〜18個	円形7個
コワモンゴキブリ		10 mm	24個		
トビイロゴキブリ	アフリカ	13〜16 mm	24個	24〜27個	長楕円形14個
チャバネゴキブリ	アフリカ	7〜8 mm	40個		縦縞16条
キョウトゴキブリ	日本（屋外種）				フリル状突起30条

※1：辻英 2003、※2：安富・梅谷 1983より

170　Ⅳ部　コクゾウムシと家屋害虫

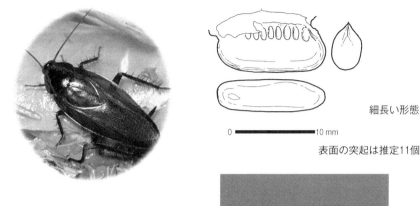

図72　卵鞘圧痕（MNB 0488）とクロゴキブリ卵鞘の比較（安富・梅谷1983より作成）

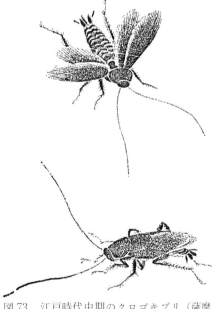

図73　江戸時代中期のクロゴキブリ（薩摩藩『三州産物帳』1737？年）

であり、ヤマトゴキブリよりは暖地性である。卵（鞘）の越冬も観察されている。5〜10月に産卵を続ける。成長が遅く、1世代が足掛け2年ないし3年で成虫となる。

　クロゴキブリは中国南部を原産地にもつ外来種と理解されている（安富・梅谷1983、鈴木知2013）。江戸時代（18世紀）の大阪周辺や九州では、文献や絵画上に表現されており、このころ堺の港を通じて日本へ入ってきて定着していたと推定されている（図73、小西1983）。それ以前の平安時代の文献に現れるゴキブリは在来種のヤマトゴキブリと推定されている（小西1983）。それ以外の現在日本の屋内に普遍的なゴキブリの原産地はアフリカと考えられている（安富・梅谷1983）。しかし、これは考古遺跡での検出がほとんどない中で考察されたものであり、クロゴキブリが中国南部原産であったとしても、その上限はまったく不明

といわざるをえない。今回、本野原遺跡から検出されたクロゴキブリの卵鞘圧痕は、クロゴキブリが日本在来種である可能性、もしくは4,300年前以前に中国大陸から渡来していた可能性を示すものであり、我が国におけるゴキブリの進化と伝播に関する新たな問題点を提起する発見であ

るといえよう。

5　発見の意義

　今回の発見は、縄文時代の家屋にゴキブリが存在したことを初めて立証した貴重な例といえ、さらには、東日本的な本格的な定住集落と評される本野原遺跡から検出されたことは、コクゾウムシとともに、その定住生活様式が長期にわたっていた、つまり定住性がきわめて高かったことを証明する資料となった。本資料は、圧痕として検出されるムシたちが当時の屋内環境や生活様式に関する重要な情報を与えてくれること、そして、土器圧痕調査が必要であることを、改めて私たちに教えてくれる資料といえる。

第4章　害虫と食料貯蔵

1　本章の目的と方法

　食料貯蔵には害虫被害はつきものである。現代的な貯蔵技術が導入されていない地域では、生産される穀物やマメ類の10～40%は害虫によって被害を受けているという (Shaaya et al. 1997)。貿易を通じた食料の世界的拡散とともに、害虫被害も広がっている。食料害虫駆除は人類にとっては死活問題であり、これに関するさまざまな研究や方法が開発されている。ところが我が国の考古学界ではドングリの水浸け虫殺しに関する議論はあるものの、貯蔵中の害虫被害とその対策に関してはほとんど関心が払われていない。

　このような中、2005年、山崎純男によって初めて縄文土器から圧痕コクゾウムシが発見された（山崎2005）。これを契機に九州地方を中心にコクゾウムシ圧痕は増加し、この時点で縄文コクゾウムシは縄文時代後晩期における穀物伝来の証拠と考えられていた（小畑2008）。しかし、鹿児島県種子島の三本松遺跡から約10,000年前（縄文時代早期）のコクゾウムシ圧痕が発見され、縄文コクゾウムシは、イネではなく、クリやドングリなどの貯蔵植物性食物を加害した害虫であったことが判明した（Obata et al. 2011、小畑2011a）。また、その後の青森県三内丸山遺跡（小畑2014a）や富山県平岡遺跡（小畑ほか2014）での発見、そして拡大する地域と増加する検出数は、これらが縄文時代の集落に普遍的な家屋害虫であったこと、その拡散に食料の運搬や交換など、人の関与があったことを明らかにした（小畑2016a・2016b）。そして、従来貯蔵穴が中心と考えられてきた堅果類の貯蔵法以外に、それらの屋内貯蔵があったことを示した点もきわめて重要である。

　また、このような害虫の存在は、その背景に少なからず保存食料への被害があったことを教えてくれる。ただし、縄文人たちも被害に手をこまねいていたとは考えられず、さまざまな害虫の防除・駆除法が存在していたであろう。その素材の可能性のあるものとして土器圧痕で多数出土するカラスザンショウ果実を想定した（真邉・小畑2015・2017）。これ以外にもさまざまな物質が利用された可能性はある。ただし眼前の考古資料は限定的であり、それら素材や利用技術に関する私たちの知識はあまりにも乏しい。

　本章はその可能性を探るべく、古代エジプトをはじめとする西欧での研究事例を紹介し、その手がかりとする。そして縄文時代の家屋害虫と考えられるコクゾウムシの現状での出土状況の検討から、II部第2章で述べた堅果類の多様な貯蔵法が存在した可能性を中部高地・西関東の縄文

時代中期の例をもとにより詳しく検証する。

2 穀物の貯蔵法と害虫駆除

(1) 貯蔵法の類型

　穀物貯蔵に大敵なのは、カビや菌類による腐敗・発酵、そして害虫や小動物による加害であろう。いずれにせよ、貯蔵前の十分な乾燥がそれらの防止にもっとも効果的である。ただし良好な状態を長く保つためには、通気性のある空間での貯蔵とその逆の密閉された空間での貯蔵の 2 者がある。また、後者は穴倉と容器や箱などに分けられる。以下の内容は E. パナギオタコプルらの研究（Panagiotakopulu et al. 1995、Panagiotakopulu 2000）による。

通気性のある貯蔵部屋（高床式倉庫）

　外気を用いて過熱やカビの発生を防ぐ方法であり、通気性と換気が重要である。高床式で通気性のある貯蔵部屋は地中海地域では少なくともヘレニズム期以降に典型的なものである（図74）。高床は、げっ歯類・虫・他の害虫の侵入と湿気防止の効果をもつ。げっ歯類対策として弥生時代の高床式倉庫と同じく、柱の周囲に木製もしくは石製のネズミ返しが設置された。インドのバイハールでは典型的な通気性のある穀倉「bakhari」が発見されている。湿気を避けるため床は地面から上げてあり、その壁は「ikri」と呼ばれるサトウキビ属の一種 *Saccharum fuscum* で作られ、粘土で塗り固められる。そして穀物は圧縮された「bhusa」（折れたコムギの茎や籾）の中に貯蔵され、害虫の侵入を食い止めた。

密閉した貯蔵（地下倉庫・貯蔵穴）

　通気とは真反対に、気密性を高めるために地下穴の中の酸素を遮断する方法がある。これは穀物の損傷を防ぎ、穀物の呼吸によって発生する二酸化炭素で害虫を殺す効用をもつ。この方法はもっとも古い貯蔵法でもあり、世界中に普遍的なものである。穴倉貯蔵は中世後期（17世紀）にシシリー島のマルタで大規模に行われた。現在でも西サハラや北西スーダンのバーバラ族の間で使用されており、アフリカではもっとも一般的な技術の 1 つとされる。最近までキプロスや東地中海で行われ、アルゼンチンでは輸出用の穀物のための大規模貯蔵が穴倉で行われた。

　この場合、穴の壁は粘土で覆われ、害虫を根絶させるために内部を燻すことも行われた。北アフリカのカナリア諸島では地下格納庫が火山岩の中に作られているが、この方法の欠点は、穀物が湿気を吸うことと幾

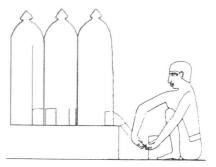

図74　エジプトの穀倉（Panagiotakopulu 2000）

分発酵することである。よって、穴倉貯蔵は、半乾燥地域もしくは水はけのよい土壌をもつ地域のみ有効な貯蔵法といえる。そうでなければ、壁に近い穀物は黒くなり、発酵臭を発するようになって、人の消費に適さなくなる。このため穴倉で貯蔵された穀物は高床式倉庫で保存されたものより安かったという。

容器での貯蔵

容器内での貯蔵は密閉貯蔵の1つである。この場合、通気性のある建物内に置いて低い温度を維持する必要がある。土製の瓶・編物容器・編物・粘土容器・袋・木の幹の穴など、さまざまな容器が使用された。重要なことは、密閉型貯蔵穴のように、密閉性を保つために、粘土や牛の糞もしくは別の適当な物質で容器の壁や口を塞ぐことである。ムギ類の茎や葉っぱの層なども同じ目的で使用された。陶磁器は多孔質であるので、松脂・ピッチ・石灰、もしくは他の接着剤のような物質でコーティングされた。同様な例はエーゲ海とキプロスでの民族例でも報告されている。

(2) 考古資料における貯蔵法と害虫防駆除

貯蔵物とそれらの害虫による被害の状況を示す考古学的な資料はきわめて少なく、火山噴火などの一時的な災害によって瞬時に埋没した場合を除けば、両者の関係を有機的に捉えることは難しい。ただし、わずかであるが、そのような事例が報告されている。

エーゲ海のサナトリーニ島のアクロチリの後期青銅器時代の居住地は紀元前2000年紀中ごろの噴火によって滅んだ。多量の火山灰が降下したため、貯蔵容器中の貯蔵食物とともにそれを加害していた害虫たちも一緒に炭化した（図75）。「西の家」と呼ばれる建物址からは、土製容器に石や日干し粘土で蓋をして密閉したものが発見されている。この貯蔵法には呼吸する種子によって害虫が窒息死するほど二酸化炭素の発生が重要であるが、粘土壺は通気性のある器壁をもつことから、蓋のみでは害虫を殺すには不十分であったと思われる。そのため壺内部にオリーブ油を塗って密閉したり、油の貯蔵や運搬に用いられた壺を穀物やマメの貯蔵に転用したようである。壺の中には主にオトメレンリソウマメ Lathyrus clymenum やオオムギ（Hordeum 属）の穀粒が保存されていた。それらとともに、穀物害虫を含む多種の害虫が発見され、その中には目の見えな

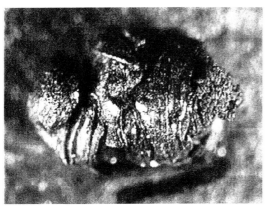

図75 噴火によって炭化したマメから発見されたマメゾウムシ（Panagiotakopulu 2000）

い飛べない甲虫 Troglorhynchus cf. anophthalmus Schm も含まれていた。この種は湿潤な環境を好むため、この虫を含むマメ類はオリーブオイルや酢の中で保存されていたものと推定されている。また、魚の塩漬けに使った容器が貯蔵に効果的であり、「西の家」からはマメとオオムギとともに魚の鱗が発見されている。天然の植物防虫剤として、ゲッケイジュや Thymelaea cf. hirsuta（和名不明）の葉が用いられている。コリアンダー Coriandrum sativum の種子もマメの中に入っていた。

図76 エジプトのミイラ害虫 (Levinson and Levinson 1994)

『死の本』36章には、故人が有害な甲虫、「アプシャイト」を槍で突き刺す姿が描かれている。このイラストはプトレマイオス朝期 (304 BC-30BC) の『タペヘットの死の書』に由来するものと推定される。この描かれた甲虫はカツオブシムシ属もしくはカッコウムシ属の甲虫で、古くから墓の中やミイラの近くから発見されてきたもので、人間の死体の残滓を食べていた甲虫である。これは警告の意味を込めて描かれたものである。エジプトではすべての生き物が生きる権利を等しくもつとの考えから、当時の司祭者は害虫を殺す代わりに追い払うことを好んだという。

また、ツタンカーメンの墓から発見されたコリアンダー・ブラックキャラウェイ *Nigella sativa*・*Trigonella faenumgraeum* (和名不明) などもおそらく防虫のため遺体とともに墓に入れられたと推定される (図76)。南イングランドのチチェスターのローマ時代の堆積物中からは、地中海とポルトガル原産のイタリアカサマツ *Pinus pinea* がコムギ穀粒に混じっていた。

鉱物質の防虫剤の例としては、ツタンカーメンとアヘナトンの墓作り職人の村であるテル・エ・アマルナで石臼の下石の周りから発見された灰がある。これは小麦粉を害虫から守るための防虫剤と考えられ、東アフリカでも同様な事例が報告されているという。

(3) 文献に残る防虫・殺虫剤

殺虫剤への最初の言及

1986年に発見されたエドインスミスのパピルス (エバースのパピルス) は、エジプト第18王朝時代に書かれたものである。およそ紀元前1600年ごろの医学的価値をもつ、魔法の処方が含まれている。その中には、害虫制御に関する興味深いデータが含まれている。パピルスによると、エジプトの人々は家の中や貯蔵室の害虫を知っており、彼らに対して処置を行っている。炭酸化ナトリウム溶液の散布、植物土壌と木炭をまぜて家を塗ったり、虫の棲む穴に炭酸化ナトリウム溶液もしくはニンニクを使ったりした。ハエに対しては、ガウ (gaw) 鳥が推奨された。ブヨには新鮮なバラニテス (ドングリ？) 油を、ネズミを遠ざけるためにネコの脂などが用いられた。また、ガゼルの糞の灰は家畜小屋を消毒するのに用いられ、水と混ぜて床や壁に塗布された。

このほかパピルスには芳香性植物による家や衣服の抗菌についての記述がある。乾燥ミルラ (没薬)・ピンゴン (松の実)・乳香・ヨーロッパカヤツリグサ・シナモンの木・フェニキアのアシ (*Calamus aromaticus*) の茎・エゴノキ属の液体 (*Liquidambar orientalis* の木からとった芳香性樹脂) などが用いられた。スパイスを含む芳香性植物はエジプトでは広く使用された。コロシント・コリアンダー・クミン・ヒメウイキョウ・ガリンガレ・イチジク・ニンニク・ザクロなどに加え、ビーバー油・はちみつ・松脂などは医療目的にも使用された。

ギリシャの青銅器時代の文字

ギリシャの青銅器時代の文字 (線文字B) には、コリアンダー・赤サフラワー・白サフラワー・クミン・フェンネル・ミント・セサミ・カヤツリグサ・ショウズク・セロリ・ジンジャーグ

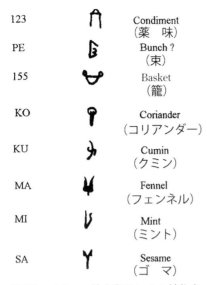

図77 ギリシャ線文字Bにある植物名
(Panagiotakopulu 2000)

ラス・キャラウエイなどの芳香成分のある植物の名前が登場しており、考古学的な証拠はそれらのいくつかは殺虫剤として使用されたことを示しているが、その具体的な効用や使用法などについての情報はない（図77）。

古代ギリシャ・ローマの防虫・殺虫剤

古代ギリシャ・ローマでは、加害された穀物を太陽の下で乾燥させたり、強い匂いを放つ植物物質と混ぜたりすることは一般的な害虫駆除の方法の1つであった。シルフィウム属（キク科）・コリアンダー（セリ科）・マージョラム（シソ科）は香辛料や芳香剤として使用されるばかりでなく、殺虫剤としても使用された。また、ギリシャでは、ヒメウイキョウ *Inula graveolans*（セリの仲間）やマージョラム *Origanum vulgare*（シソの仲間）などがコムギに混ぜられ、グラナリアコクゾウムシ対策に使用されている。

これ以外に、硫黄が抗菌剤としてギリシャやエジプトで使用されたことが知られている。また、土や粘土も穀物と一緒に混ぜられた。これは、鉱物や水晶が甲虫の固いクチクラ層を傷つけ、脱水症状をもたらし、死に至らしめるという効果があるためである。石膏が特にこのような用途に使われてきた。果物の砂中への保存もよい方法とされる。また、乾燥したモミ殻が穀物貯蔵の容器の底や貯蔵物と混ぜられたり、それを覆うものとして用いられたりした。羊毛の上にリンゴを置くこともよい保存を達成するための1つの方法であった。

もっとも人気のある害虫の忌諱剤がオリーブオイルであったらしい。レンズマメは油で表面を拭いて乾燥した後保存され、オリーブ用の壺は穀物とマメ類の保存用に用いられた。また、酢はレンズマメや肉の保存用に使用された。ブドウ酒に浸けることはエンドウマメ・ブドウ・チーズの保存の一般的な方法であった。バラの香りや蜂蜜も殺虫効果があると考えられていた。

(4) 小　結

以上のように、穀物やマメ類の貯蔵には、穴倉以外に高床倉庫や容器なども用いられており、その土地特有の気候や貯蔵物に合わせてさまざまな方法が採用された。その際、強い芳香性をもつ草本類や木本類の葉や種実などとともに、動物の糞・油・塩・鉱物性物質など自然界の多様な物質が防虫・殺虫剤として使用されていた。穴倉（貯蔵穴）は気密性を保つため内壁をコーティング・燻蒸したり、蓋や藁、牛の糞で密閉したという点は、縄文時代の貯蔵穴の構造を考えるうえできわめて示唆的である。さらに灰や鉱物・砂・粘土などで貯蔵物を包む行為は砂栗を想起させて興味深い。遺跡出土の植物遺存体中に植物性防虫・殺虫剤としての可能性を探る研究とともに、これらを参考としてその証拠を摑むような意識的な調査や研究を行う必要があろう。

3 中部高地・西関東におけるクリの貯蔵法

(1) コクゾウムシの出土傾向と堅果類貯蔵法

　コクゾウムシ圧痕は、2015年6月の段階で51遺跡325点であった（小畑2016a）。これ以外にも、九州地域において数例検出例があるが、未報告である。さらには宮崎県本野原遺跡における「潜在圧痕」のX線CTによる調査、青森県三内丸山遺跡における軟X線による調査などの結果から見て、本来的な数や遺跡はこの数倍あったものと予想される。また、長野県はこの時点で空白地帯となっていたが、目久保遺跡から2点出土したとの報告がある（会田ほか2015）。よって、まだ圧痕調査が十分に行われていない地域でも今後の調査如何では検出される可能性は十分にある。現状では、四国を除く本州と九州、九州西部および以南の島嶼部からも発見されている（図78左）。

　これらを貯蔵穴の分布（坂口2003）と比較してみると、中部高地や西関東は北海道南部から東北地方にかけて主に分布する台地型貯蔵穴（フラスコ・袋状土坑）の南西端にあたり、その分布が希薄になる地域に相当する。この地域の西側は西日本を中心に分布する低地型貯蔵穴の主たる分布圏にあたり、中部高地でも台地型貯蔵穴は数遺跡で検出例があるものの東北地方の濃密な分布域から見れば極めて少数である（図78右）。

　西日本においてコクゾウムシはこの低湿地型貯蔵穴とはまったく無縁であり、屋内でのコナラ属やシイ属種実の乾燥貯蔵を意味する。台地型貯蔵穴中のクリなどでコクゾウムシが繁殖したか否かは検証できないが、圧痕として土器製作時に混入している点を考えると、土器の製作場が屋内や小屋などの屋根付の空間であったことと合わせ、本来そのような場所に由来するものであり、屋内でのクリなどの乾燥貯蔵を意味するものと考えられる。

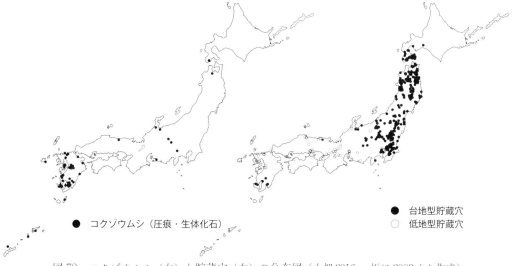

図78　コクゾウムシ（左）と貯蔵穴（右）の分布図（小畑2016a、坂口2003より作成）

(2) 屋内貯蔵を示す炭化クリの出土状況

　長野県の縄文時代中期を中心とした時期の遺跡内でのクリの出土状況は、住居内貯蔵、屋内でも上位、屋根から吊り下げられた棚などに保存されていたと想定される例が多い（中沢 2012a）。長野県花上寺遺跡では火災にあった住居址（縄文時代中期中葉～後葉）の覆土から 4,000 点余りもの皮むき状態のクリが検出され、カチグリに似た状況を示していたという。同上向遺跡の住居址（縄文時代中期中葉）からはクリを中心とした炭化物が多量に出土し、さらに同藤内遺跡の住居址（縄文時代中期中葉）でも炭化したクリが約 20ℓ あまり集中して発見されている。さらに、同原垣外遺跡では屋外の土坑（縄文時代中期）、同平出遺跡では住居址（縄文時代中期初頭）内の土器からも炭化したクリが検出されている。これらのクリの出土状況はこの地域でもクリの屋内貯蔵があったことを強く示唆している。さらに、この長野県および山梨県の中部高地一帯の縄文時代中期の炭化種実でクルミに次いで多く出土するのがクリである（図 79）。果皮の残りやすさがクルミに比べて劣るため、本来クリはクルミよりも多く利用されていた可能性がある（小畑 2016b）。この地域では三内丸山遺跡のようにクリ花粉の分析からは立証されていないが、炭化物の出土状況から見て、クリが多量に栽培され、主に屋内で貯蔵されていた形跡が認められた。

(3) 今村啓爾によるメジャーフード・貯蔵穴論

　今村啓爾はこの地域の縄文時代中期のメジャーフードとしてヤマノイモを想定した（今村 1987、Imamura 1996）。その根拠は堅果類を貯蔵した貯蔵穴が群集する地域（東北日本）と打製石斧を大量使用する地域（中部高地・西関東）がそれぞれ分布域を異にするという点である（図 78）。さら

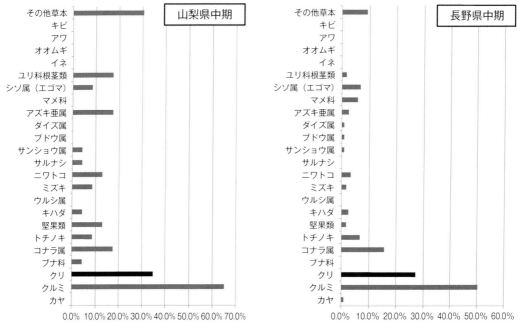

図 79　縄文時代中期の炭化植物（佐野 2015、中沢 2012a より作成）

には、その両者は空間分布を違えるばかりでなく、時期的にも背反の関係にあることを強調する。そして打製石斧の多量使用は地下根茎類のうちヤマノイモに特化したものであるとした。

　この説は、両地域における生業とメジャーフードの違いを「打製石斧」と「貯蔵穴」という、質の異なるモノ同志を根拠とした点に問題があった。道具と貯蔵法は別物であり、貯蔵穴は他の貯蔵法の証拠と比較されねばならなかった。ただし、これまでそのような証拠は未発見であり、拠り所とする比較対象がなかったため、致し方ないことではあった。今村も他の貯蔵法、つまり建物（倉庫）による貯蔵の可能性も指摘したが、これら柱穴建物は東北日本でもたくさん発見されており、普通の竪穴住居址よりも大型で、貯蔵建物としては大き過ぎるという点で否定している。中部高地や西関東においても前期末や中期初、後期初には貯蔵穴の実質的使用はあるが、この時期には打製石斧も少なく、さほど繁栄する時期ではないという。それとは対照的に、定住的な生活と打製石斧の大量使用で特徴付けられる中期中～後半は貯蔵穴がごくわずかであるか、その前後の時期に比較して住居址当たりの貯蔵穴の数が少ないという。よって今村はこの時期のメジャーフードは堅果類（クリ）ではないと考えた。

　しかし、目切遺跡での圧痕コクゾウムシ（縄文時代中期後葉）の発見により、間接的ではあるが屋内でのクリの乾燥貯蔵という貯蔵法の存在を想定することが可能になった。この視点から実際のクリの出土状況を検討してみると、先に見たように住居内での屋内貯蔵の根拠を数多く確認することができる。土器に残るコクゾウムシ、住居内から多数検出されるクリ果実、この両者は縄文時代の中期中ごろ～後期段階の中部高地および西関東がクリを貯蔵穴ではなく、主に屋内で貯蔵していた地域・時期であったことを意味している。

　昨今、南九州地方では縄文時代後期を中心としてフラスコ形の台地型貯蔵穴が数例発見されつつある。これらは、低地型貯蔵穴と台地型貯蔵穴の主たる分布域は揺るがないが、コクゾウムシとともに、それぞれの地域においても、視点を変えて多様な貯蔵の痕跡を探ることの重要性を示すもう1つの考古学的証拠といえる。

4　結　　論

　上記のようにコクゾウムシは縄文時代に堅果類の多様な貯蔵形態が存在したことを間接的に物語っていた。貯蔵穴をめぐる議論では、先の「低地型と台地型」の2分論で語られることが多い。また、貯蔵穴の規模や数は社会論を述べる際の基礎的数値として利用されている。しかし、その基礎数は屋内貯蔵も含めた貯蔵量に基づくべきであり、貯蔵穴の数のみで議論することは危険である。また、屋内貯蔵は、低地型・台地型の2種の貯蔵穴の機能、つまり短期的貯蔵か長期的貯蔵かを議論する際に、加味せねばならない事項となってきた。貯蔵法もしくは食料管理システムに関する議論では、少なくとも2分論で議論すべき時代は終わったといえよう。20世紀前半を中心とした北米カリフォルニア先住民のドングリ貯蔵法にも貯蔵穴以外に、屋内設置の貯蔵用バスケットや高床式倉庫などの多様な貯蔵法があったことが記録されている（細谷2016）。

ここでは縄文時代の事例で検討できなかったが、先の主にエジプトや地中海地域を対象とした研究に見るように、貯蔵穴の密閉性の問題や害虫対策などこれから日本考古学が検証せねばならない課題は多い。

第5章　縄文のミステリー
―― コクゾウムシ入り土器の発見とその意義 ――

　世界的な3大穀物害虫、グラナリアコクゾウムシ *Sitophilus granaries* L.・コクゾウムシ *Sitophilus zeamais* MOTSCHULSKY・ココクゾウムシ *Sitophilus oryzae* L. は、いずれもコメ・ムギ・トウモロコシなどの穀粒を食害するオサゾウムシ Rhynchophoridae 科の甲虫である（林 2003）。これらは同じ祖先から分化したいわば姉妹種であり、ヒマラヤ南部の森林地帯に起源し、10,000 年前以降、人類がムギ類やイネを栽培するようになって、その拡散とともに世界各地へ広がったと考えられている（Plarre 2010）。日本考古学において、土器圧痕法が普及し始めた 2005 年に土器圧痕としてコクゾウムシが発見されて以来、現在まで縄文土器を中心として日本各地で発見が相次いでいる（小畑 2016a）。

　このような中、2013年5月9日、筆者らは幸運にも北海道南部にある館崎遺跡出土の縄文時代後期（約4,500年BP）の土器片から2点のコクゾウムシ圧痕を検出した。これは北海道においてコクゾウムシ圧痕が初めて検出された出来事であった。その後、数回の調査の後、2016年2月4日、1点の縄文時代後期初頭の土器に多数のコクゾウムシの圧痕が存在することを突き止めた。これは、かつて予想してはいたものの証明が困難であった、コクゾウムシ成虫の土器胎土中への意図的混入を証明する決定的な証拠である。本章は、縄文時代の土器製作過程における土器胎土中への昆虫の意図的混入行為の存在を、潜在圧痕の抽出と分析から証明し、その意義について考察したものである。

1　研究の推移と本章の目的

(1) これまでの研究と成果

　縄文土器から初めてコクゾウムシの圧痕が発見される以前には、コクゾウムシの検出例は弥生時代（約2,000年BP）～中世（16世紀末）の5遺跡例があるのみであり、それらはすべて遺跡土壌から得られた生体化石であった（小畑 2011a）。よって、縄文時代のコクゾウムシ圧痕は日本でもっとも古いコクゾウムシの例であり、日本への稲作導入時期を証明する間接的証拠と認識されていた（山崎 2005、小畑 2008）。

　しかし、筆者らは、2010年、鹿児島県種子島にある三本松遺跡の縄文時代早期後半（10,000～9,500年前）の土器から7点のコクゾウムシ圧痕を発見した（Obata et al. 2011）。この発見は、縄

文コクゾウムシがイネとともに朝鮮半島からやってきた貯穀害虫であったという従来の説がまったくの間違いであることを教えてくれるとともに、縄文コクゾウムシの存在意義に関する発想の大転換をもたらす契機となった。その理由は、10,000年前の種子島は考古学界で想定されている我が国へのイネ伝播のルートと時期から大きくかけ離れていたからである（Obata et al. 2011）。

さらに、2012年、我々は5,000～4,000年前の青森県三内丸山遺跡から生体化石として多数出土していた甲虫（森2007a）がコクゾウムシであることを突き止め、圧痕でもコクゾウムシを発見した（小畑2013a・2014a、小畑・真邉2014a）。この三内丸山遺跡例はその時点までに発見されていたコクゾウムシの中でももっとも北で発見された例であり、縄文時代では唯一の生体化石でもあった。この発見は、先史時代のコクゾウムシが我々が想定していた以上に広い生息域をもち、縄文人が作りだした環境と密接な関係があったことを教えてくれた。

その後もコクゾウムシ圧痕の発見は続き、2015年6月までの集計では、51遺跡325点のコクゾウムシ圧痕が検出されていた（小畑2016a）。生育実験や野外観察によると、コクゾウムシはクリ *Castanea crenata* やドングリ（コナラ属 *Quercus* spp. やシイ属 *Castanopsis* spp. の果実）に高度に適応するという（Delobel and Grenier 1993）。完全な外皮で覆われた堅果には侵入できないが、外皮が割れていたり剥がれたりしていれば、ドングリやクリ上でのコクゾウムシの繁殖は可能である。コクゾウムシが繁殖するには、少なくとも2ヵ月以上のクリもしくはドングリの長期貯蔵が必要である（宮ノ下ほか2010）。縄文時代の食料リストの中でコクゾウムシに適合した乾燥保存の効くものといえばドングリやクリであり、コクゾウムシの加害対象として屋内貯蔵されたドングリやクリを想定した（小畑2016a・2016b）。

さらに、現代コクゾウムシは長距離の飛翔が苦手であるため、縄文時代のコクゾウムシも同様であったと想定できる。しかし、コクゾウムシはほぼ日本全域、しかも海峡によって隔てられた島々からも発見されている。この点から、広域かつ海を越えた彼らの伝播の背景に、加害されたドングリやクリの食料もしくは交易・交換品としての人為的運搬があったと想定した（小畑2016a・2016b）。

このような中、コクゾウムシがなぜ土器粘土の中に入るのかについての議論も行われた。ほとんどの例が偶然の混入と思われる検出状況を示しているが、三内丸山遺跡や九州の数遺跡において、1個体に複数のコクゾウムシ圧痕をもつ土器が発見されており、意図的混入の可能性も否定できなかった。もし意図的であれば、その意味については、豊富な食料と子孫の繁栄を祈念したものと考えられる反面、食害に対する怒りの結果である可能性もあり、いずれもとも判断がつかない状況であった（小畑2016a）。

(2) 既往研究の到達点

以上をまとめると、縄文時代のコクゾウムシについては、①縄文集落の家屋内に貯蔵されていた堅果類（クリやドングリ）を主として加害した家屋害虫であった、②コクゾウムシは海を越えた島嶼域や寒い冬をもつ寒冷地にまで分布しており、その拡散には、縄文人による食料（堅果類）の運搬や交易があった、③コクゾウムシを意図的に混入した土器の存在は予想されるが、そ

の立証と意味については不明である、などの研究の到達点をあげることができる。

(3) 既存研究から派生する問題点と本章の目的

問題点

①に関しては、縄文時代には地域や時代によって主たる利用堅果類の種類に差があることが判明している（佐々木2014）。また、コクゾウムシ属の飼育実験によると、堅果類は他の穀類に比べると栄養価が高くココクゾウムシのサイズに大きな影響を与えるが、わずかではあるがドングリとクリではその生育度に差があることが判明している（Delobel and Grenier 1993）。よって、主たる利用堅果類の種類によってコクゾウムシの大きさに変異はないのかを検証する必要がある。これはコクゾウムシの時代的・地域的変異の証明である。

次に、②のコクゾウムシの人為拡散説、特に島嶼部へ海を越えた運搬があったという説は、運ばれたと想定されるコクゾウムシが本来その地域（島嶼部）に自生していた可能（島が成立する以前）があり、それぞれの地域で堅果類に適応・進化してきたという説も成り立つであろう。そうであれば、これまで想定してきた人為拡散説は否定されることになる。よって、本来堅果類が存在していなかった地域でこれを立証する必要がある。

最後に、③意図的混入の意味を考える前に、まずコクゾウムシの複数混入が偶然の産物か意図的産物なのかを検証する必要がある。意図的であると考えられる場合、多量種実混入土器の例と比較しながらその意味について考察する必要がある。これは②の問題とも関連し、コクゾウムシが縄文人にどのように認識されていたのかを間接的に証明することにもなる。

本章の目的

以上の諸点を踏まえ、本章はこれまで検出されているコクゾウムシ圧痕を再集成し、その出土状況や時空的分布状況を精査し、コクゾウムシのサイズと加害対象となった堅果類の利用状況などの考古学的事象を比較し、縄文時代のコクゾウムシの縄文集落における生態および拡散過程について再検討を加えるものである。同時に、館崎遺跡出土のコクゾウムシ圧痕土器を中心としたコクゾウムシ圧痕の形成過程の解明と土器胎土へのコクゾウムシの意図的混入の意味について考察する。

2 分析資料と分析方法

(1) 館崎遺跡とコクゾウムシ圧痕土器の概要

館崎遺跡は北海道の最南端、白神岬の北東約6km。津軽半島を間近に望む標高24mの高台に立地する縄文時代前期末葉（約5,000年前）〜後期初頭（約4,000年前）の遺跡である。2009〜11年にかけて北海道新幹線の送電施設建設に伴う発掘調査で、竪穴式住居址51基、土坑119基、厚さ1.5mの盛土遺構が検出された。盛土遺構からは土器910,000点、石器類480,000点の膨大な遺物が検出されている。本遺跡の中心時期である縄文時代前期末〜中期の遺構群は津軽海峡を

表19 館崎遺跡で検出した表出圧痕の時期別一覧表（小畑2017a）

時期区分	館崎遺跡分期	土器型式名（関係分）	ニワトコ	ヒ　エ	タデ科	ヌスビトハギ
縄文時代前期後半	Ⅱ群b類（Ⅱb）	円筒土器下層c式				
		円筒土器下層d1式	1（1）	53（1）		
		円筒土器下層d2式	1（1）	12（1）		
縄文時代中期前半	Ⅲ群a類（Ⅲa）	円筒土器上層a1式				
		円筒土器上層a2式		9（5）		2（2）
		円筒土器上層b式				
		サイベ沢Ⅶ式（古）				
		サイベ沢Ⅶ式（新）				
		見晴町式			1（1）	
縄文時代中期後半	Ⅲ群b類（Ⅲb）	榎林式				
		大安在B式			1（1）	
		ノダップⅡ式				
		煉瓦台式				
縄文時代後期前葉	Ⅳ群a類（Ⅳa）	天祐寺式				
		湧元1式				
		湧元2式	2（1）			
		トリサキ式				
		大津式				
		白坂3式				

※表中括弧内は土器個体数。

挟んで対岸にある三内丸山遺跡とほぼ同時期であり、この地域の拠点的な集落であったと推定されている（福井・影浦2016）。

　圧痕調査の対象とした資料は、本遺跡から出土した縄文時代前期中葉～後期前葉の土器約1,200個体分である。調査は、2013年5月～2016年7月まで計8回にわたって実施した。肉眼観察によって種実や昆虫と思われる圧痕を検出し、シリコーンゴムによるレプリカ作成を行った。うち197点をピックアップし、SEM写真を撮影、同定を行った。

　その結果、197点の種実・昆虫・貝類の圧痕の種類と数は、ヒエ属 *Echinochloa* sp. 有稃果74点、ニワトコ *Sambucus sieboldiana* L. var. *pinnatisecta* 種子4点、ヌスビトハギ *Desmodium podocarpum* 節果2点、タデ科 Polygonaceae 種子2点、シダ類羽片1点、不明種実9点、植物部位不明2点、コクゾウムシ *Sitophilus zeamais* MOTSCHULSKY 96点、種不明甲虫2点、微小な巻貝と蓋6点であった。量的に多かったのは、ヒエ属有稃果とコクゾウムシであり、それぞれを多量に混入したと推定される個体を検出した（表19、小畑2017a）。

　コクゾウムシ圧痕は11個体の土器から検出した。内訳は縄文時代前期後半の円筒土器下層d2式土器1点から1点、中期前半の円筒上層a2式土器1点から1点、後期前葉の湧元1式土器8個体から9点、同湧元2式土器（484）1点から85点である（図80～86）。図示したものはそれら

シダ羽片	不明種子	植物部位不明	コクゾウムシ	種不明甲虫	巻　貝
			1 (1)		
	2 (2)				
	2 (2)		1 (1)	2 (2)	
		2 (2)			
					1 (1)
1 (1)	3 (3)		9 (8)	1 (1)	3 (2)
	2 (2)		85 (1)		2 (2)

の表出圧痕と土器484（TSK 484）の同一個体の破片（未接合）の断面から検出した圧痕であり、レプリカを作成したもののすべてである。

(2) 土器壁内の潜在圧痕の検出

　館崎遺跡出土のコクゾウムシ圧痕土器のうち1点（TSK 3014）を除き、残りをすべて軟X線およびX線CTスキャナーで撮影し、断層画像からコクゾウムシと思われる空隙をピックアップした。種の同定について精確性を期するために、土器484（TSK 484）および土器285（TSK 285）については、その一部の土器破片をX線CTスキャナーで撮影し、より解像度の高い3D画像を作成して確認を行った。比較資料として、軟X線もしくはX線CTスキャナーで器壁内部が観察できた宮崎県本野原遺跡土器2点（縄文時代後期）、鹿児島県宮之迫遺跡土器1点（縄文時代後期）、鹿児島県塚ヶ段遺跡土器1点（縄文時代晩期）、鹿児島県小倉前遺跡土器1点（弥生時代早期）、青森県三内丸山遺跡土器1点（縄文時代中期中葉）を使用した。

　表出圧痕と潜在圧痕の検出数と土器表面積を計測し、単位面積当たりの表出・潜在圧痕総数（密度）を算出した。また、個体が復元できるものに関しては、1個体あたりの圧痕数を算出し、これらを比較して、コクゾウムシの混入が故意または偶然であるかの判断基準を求めた。

186　Ⅳ部　コクゾウムシと家屋害虫

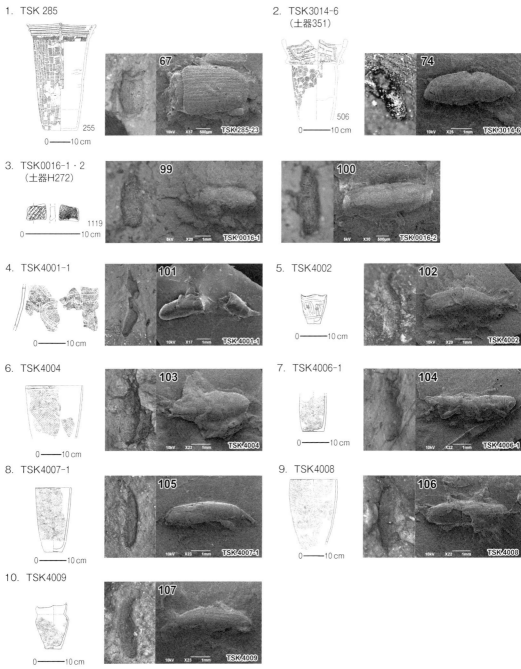

図80　館崎遺跡出土のコクゾウムシ圧痕と検出土器

第5章 縄文のミステリー　187

11. TSK 484

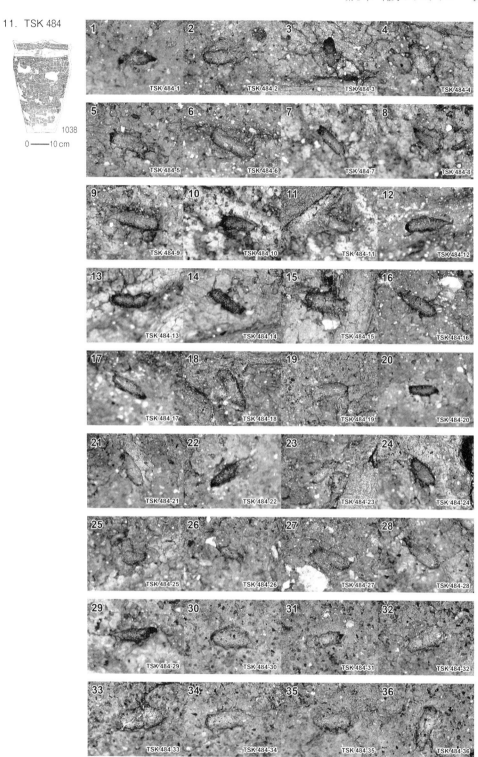

図 81　館崎遺跡出土 TSK 484 土器上のコクゾウムシ表出圧痕の写真 1

188 Ⅳ部 コクゾウムシと家屋害虫

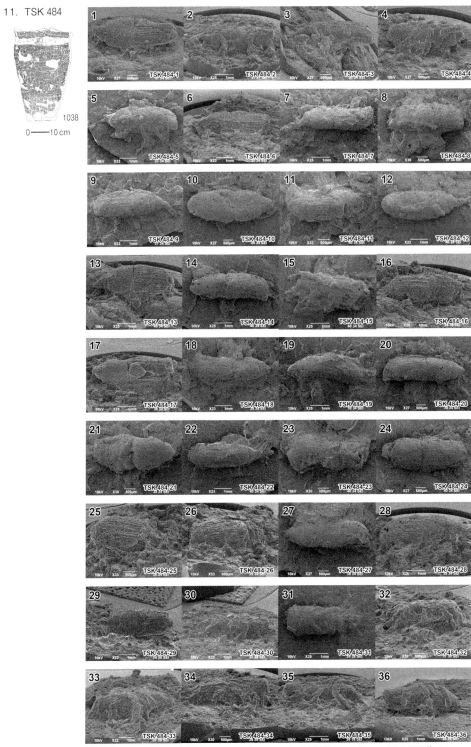

図82 館崎遺跡出土 TSK 484 土器上のコクゾウムシ表出圧痕のレプリカ SEM 画像1

第5章 縄文のミステリー　189

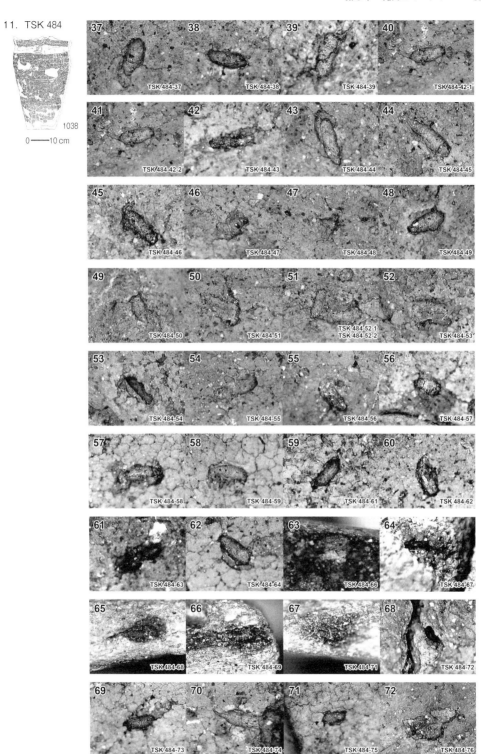

図83　館崎遺跡出土 TSK 484 土器上のコクゾウムシ表出圧痕の写真2

190 Ⅳ部 コクゾウムシと家屋害虫

11. TSK 484

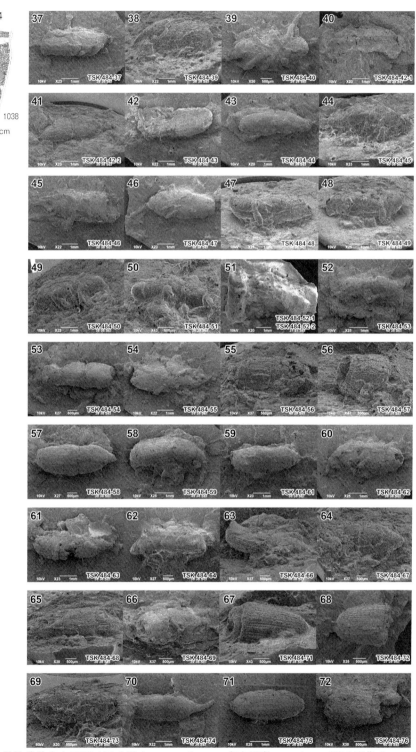

図84 館崎遺跡出土 TSK 484 土器上のコクゾウムシ表出圧痕のレプリカ SEM 画像 2

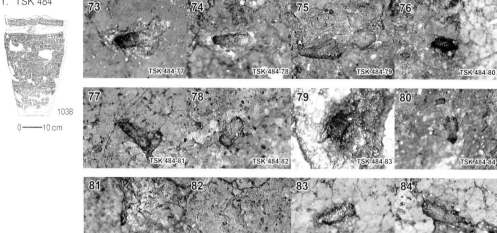

図85 館崎遺跡出土 TSK 484 土器上のコクゾウムシ表出圧痕の写真3

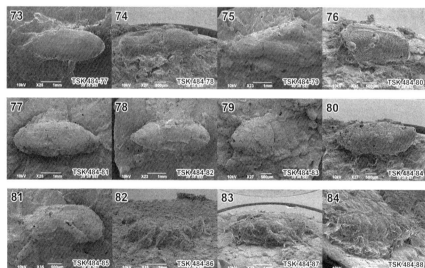

図86 館崎遺跡出土 TSK 484 土器上のコクゾウムシ表出圧痕のレプリカ SEM 画像3

(3) コクゾウムシ圧痕の分布と個々の大きさ

　2015年6月時の集計資料（小畑2016a）に、館崎遺跡出土例をはじめとする新たな検出例を加えて、出土遺跡数と出土点数を集計した。現在（2016年11月末）までにコクゾウムシ圧痕は55遺跡773点検出されていた（表20・図87）。その時期は、縄文時代早期〜古墳時代相当期までであり、52遺跡で縄文時代（早期2遺跡・前期3遺跡・中期4遺跡・後期31遺跡・晩期12遺跡）、4遺跡で弥生時代（早期・前期）、2遺跡で古墳時代相当期のコクゾウムシ圧痕を検出している（遺跡の重複有）。

　体のサイズを計測するために、我々の研究室に保存されている48遺跡318点のレプリカを用

表20 圧痕コクゾウムシの出土遺跡と時期別検出数（2016年11月時点）

番号	県名	遺跡名	総数	縄文 早期	縄文 前期	縄文 中期	縄文 後期	縄文 晩期	弥生	古墳	引用文献
1	北海道	館崎	430		3	1	426				小畑 2017a
2	青森	三内丸山	19		14		5				小畑・真邉 2014a、小畑 2013a・2014a、未発表
3	富山	平岡	2		2						小畑 2015b
4	富山	桜町	1			1					未発表
5	長野	大日木	1						1		中沢 2015
6	長野	目切	2			2					会田ほか 2015
7	山梨	中谷	2					2			中山 2010
8	千葉	加曾利貝塚	1				1				佐々木ほか 2016
9	愛知	大西貝塚	3						3		中沢・松本 2012
10	鳥取	本高弓ノ木	1						1		濱田・佐々木・中沢 2013
11	大分	横尾貝塚	1				1				未発表
12	福岡	友枝曾根	1				1				未発表
13	福岡	香椎A	3				3				山崎 2012b
14	福岡	重留	1					1			山崎 2007b
15	福岡	大原D	1					1			山崎 2007c
16	佐賀	東名	1	1							小畑・真邉・百原 2016
17	長崎	中島	1				1				未発表
18	長崎	大野原	3				3				仙波・小畑 2008
19	長崎	肥賀太郎	2				2				仙波・小畑 2008
20	長崎	権現脇	1				1				仙波・小畑 2008
21	熊本	三万田	2				2				仙波・小畑 2008
22	熊本	黒髪町	2				2				仙波・小畑 2008
23	熊本	上南部	4				4				仙波・小畑 2008
24	熊本	石の本	6				6				山崎 2005
25	熊本	渡鹿貝塚	2				2				仙波・小畑 2008
26	熊本	苗代津	1					1			未発表
27	熊本	御領貝塚	1				1				未発表
28	熊本	松橋大野貝塚	2				2				未発表
29	熊本	西平貝塚	2				2				仙波・小畑 2008
30	宮崎	内野々	1				1				仙波 2011
31	宮崎	広原第一	2				2				小畑 2013b
32	宮崎	田辺開拓	2				2				中村ほか 2013
33	宮崎	本野原	173				171	2			未発表

34	宮　崎	星　原	1				1				中村ほか 2013
35	宮　崎	王子原	1				1				未発表
36	宮　崎	筆無A	2				2				未発表
37	鹿児島	鳥巣ノ上	1			1					未発表
38	鹿児島	小倉前	3					3			未発表
39	鹿児島	塚ヶ段	6				6				未発表
40	鹿児島	宮之迫	23				23				小畑・真邉 2013a
41	鹿児島	小　迫	5				5				未発表
42	鹿児島	山　角	1				1				未発表
43	鹿児島	出水貝塚	1			1					未発表
44	鹿児島	柿　内	1			1					未発表
45	鹿児島	南原内堀	1			1					未発表
46	鹿児島	水天向	3			3					小畑・真邉 2013b
47	鹿児島	上加世田	4			4					小畑・真邉 2015a
48	鹿児島	干河原	2				2				小畑・真邉 2015b
49	鹿児島	田中堀	6				6				未発表
50	鹿児島	柊原貝塚	3				3				山崎 2007a
51	鹿児島	三本松	7	7							Obata et al. 2011
52	鹿児島	一湊松山	11				11				真邉ほか 2017
53	鹿児島	嘉　徳	6				6				真邉ほか 2017
54	鹿児島	面縄貝塚	5				4			1	小畑・真邉 2014b
55	沖　縄	ナガラ原貝塚	3							3	山崎 2013・未発表
		圧痕総数	773	8	19	4	696	34	8	4	
		遺跡総数	55	2	3	3	30	16	4	2	

いた。計測は縄文時代と弥生時代であり、計測部位は、胸部の長さ（LT）、上翅の長さ（LE）、そして胴部の長さ（LB：口吻は除く、頭部先端から尾部先端まで）である。LBに関しては、胸部と腹部が内折した個体は1度の計測では誤差が生じるため、頭部〜胸部遠端部と上翅近端部〜尾部までを分けて計測して、後に合計した。計測にはキーエンス社の3Dマイクロスコープ（VHK-2000）の2点間計測システムを用いた。

　コクゾウムシの玄米による飼育実験（木下・石倉 1940）によると、低温で高湿度であれば大型に成長するという。コクゾウムシ圧痕の分布を見ると、南西諸島から北海道南部までの広い地域に分布している。よって、気温の差がコクゾウムシの体の大きさに影響を与えていた可能性もある。そこで、玄米を加害対象とし、高湿度条件（75〜80％）で10℃・15℃・20℃・25℃・30℃の全暗条件で飼育した（実験1）。玄米サンプルに30個体の成虫を投入し、3日間産卵させた後、各温度で飼育し、それぞれのサンプルから羽化した成虫を計測した。計測法はレプリカと同じで、部位は胸部（LT）と上翅（LE）である。

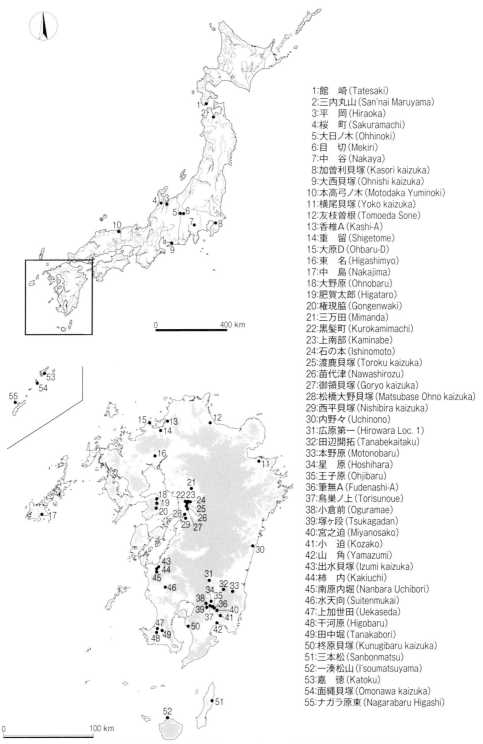

図 87　縄文時代〜古墳時代のコクゾウムシ資料出土遺跡分布図

しかし、縄文時代のコクゾウムシは現代のイネで生育したコクゾウムシより、1.25〜1.3倍大きかった（Obata et al. 2011）。生体化石の比較では平均値で1.3〜1.5倍である（図88）。B. デロベロらの非穀物を与えた飼育実験（Delobel and Grenier 1993）では、クリとドングリ類で飼育したコクゾウムシがもっとも重く、体重および体内バクテリア数で優っていた（図89）。しかし、ここでもクリとコナラ属の間で若干の成長サイズに違いがあるため、堅果類の種類による違いを調べるため、クリ・クヌギ Quercus acutissima・コナラ Quercus serrata・イチイガシ Quercus gilva で

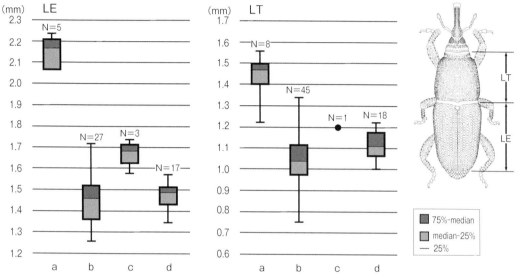

図88　縄文時代の生体化石コクゾウムシと古代以降の生体化石コクゾウムシのサイズの比較グラフ
　　　a 三内丸山遺跡（5,000BP）、b 鴻臚館（8世紀）、c 藤原京（8世紀）、d 清洲城下町遺跡（16世紀）

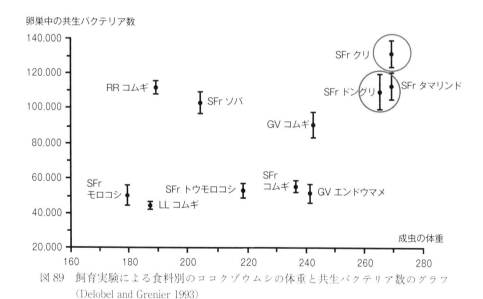

図89　飼育実験による食料別のココクゾウムシの体重と共生バクテリア数のグラフ
　　　（Delobel and Grenier 1993）

の飼育実験（実験2）を行った。飼育条件は温度25℃以外は実験1と同じで、それぞれの資料において羽化した10匹の成虫の長さを計測した。計測法はレプリカと同じで、計測部位は胸部（LE）と上翅（LT）である。

3 分析結果

(1) 考古資料としてのコクゾウムシ

三内丸山遺跡の縄文時代の生体化石例と池上曽根遺跡の弥生時代の生体化石例を除くと、縄文～古墳時代のコクゾウムシの発見例はすべて圧痕である。近年の調査の進展に伴い、コクゾウムシ圧痕、特に縄文時代のものは急増している。2016年11月現在55遺跡773点であり、我々の2011年の集計以来、遺跡数でおよそ2.6倍、資料数で18倍にも達している。本章で主に取り上げる館崎遺跡はその圧痕数の増加に大きく貢献している。それらを除くと、九州地方の縄文時代後期の例が大部分を占める。しかし、これは縄文時代の本来的な分布状況を示すのではなく、多くの調査がこれらの遺跡、特に九州地方で行われたことを意味している。圧痕の調査は最近になって盛んになってきたものであり、多くの地域や遺跡がまだ手付かずで残されている。また、館崎遺跡での調査は北海道で行われた初めての圧痕調査であり、館崎遺跡からのコクゾウムシ圧痕は北海道で最初の発見である。これらのことは縄文時代におけるコクゾウムシは本来我々が想像する以上に広く分布していたことを意味している。

これに対し、弥生時代と古墳時代の土器のコクゾウムシ圧痕例は非常に稀である。この縄文時代以降の事例数減少の1つの理由は、調査数の少なさであろう。しかし、土器製作法の変化もまたコクゾウムシ圧痕数の減少に強く影響を与えている可能性が高い。この時代の土器作りの人々は、より不純物の少ない土器を作る妨げになる種実や昆虫を取り除こうとしたと考えられる。

(2) 館崎遺跡におけるコクゾウムシの数の推定―潜在圧痕の検出―

館崎遺跡484土器（TSK 484、図90〜94）

表出圧痕として85点を検出していた土器である。この中には接合部の断面や同一個体の破片の断面部から検出した6点が含まれている。後者は本来潜在圧痕である。これらに加えて、X線CTスキャナーによる撮影によって断層画像から332点の潜在圧痕を検出した（図90〜93）。また、5点の同一個体の破片で軟X線によってコクゾウムシと思われる圧痕の映像を確認したので、X線CTスキャナーによる撮影を行い、断層画像から3D画像を作成した（図94下段）。これらはすべてコクゾウムシと判断できる。よって、本土器の残存部には417点のコクゾウムシが含まれていることになる。これら圧痕の座標値を3次元グラフにプロットしたものが図94（右上）である。破片がない部分以外のほぼ全域にコクゾウムシ圧痕が存在し、その数の多さから圧痕だけで土器の全体形がわかるほどである。

第5章 縄文のミステリー 197

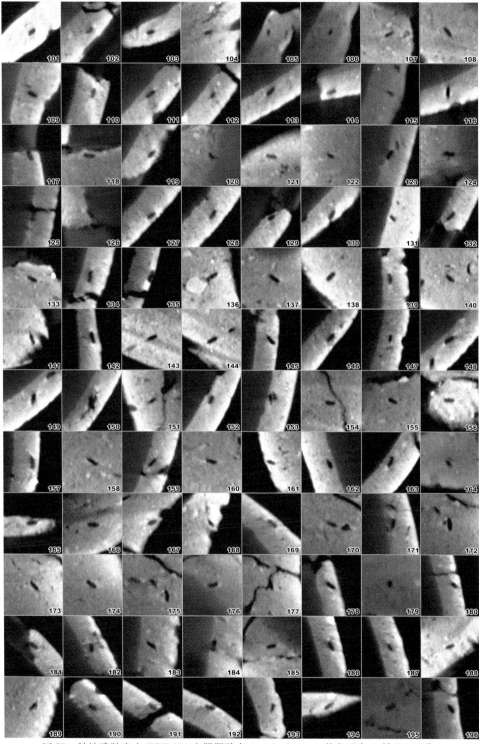

図90 館崎遺跡出土 TSK 484 土器器壁内のコクゾウムシ潜在圧痕 X 線 CT 画像 1

198　Ⅳ部　コクゾウムシと家屋害虫

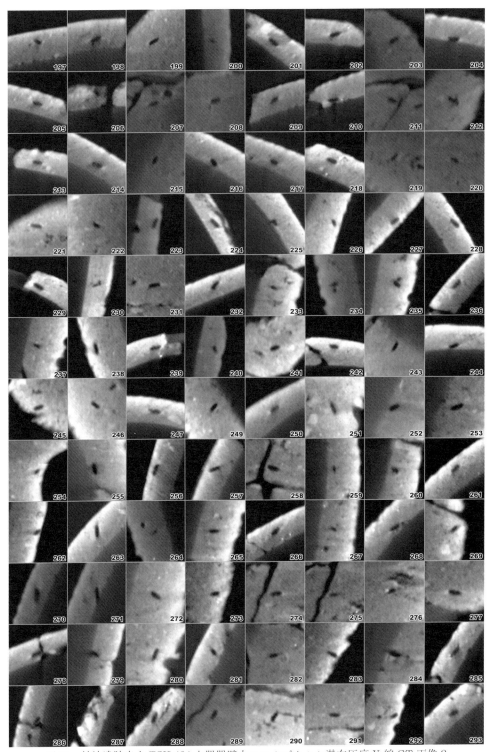

図91　館崎遺跡出土 TSK 484 土器器壁内のコクゾウムシ潜在圧痕 X 線 CT 画像 2

第5章 縄文のミステリー 199

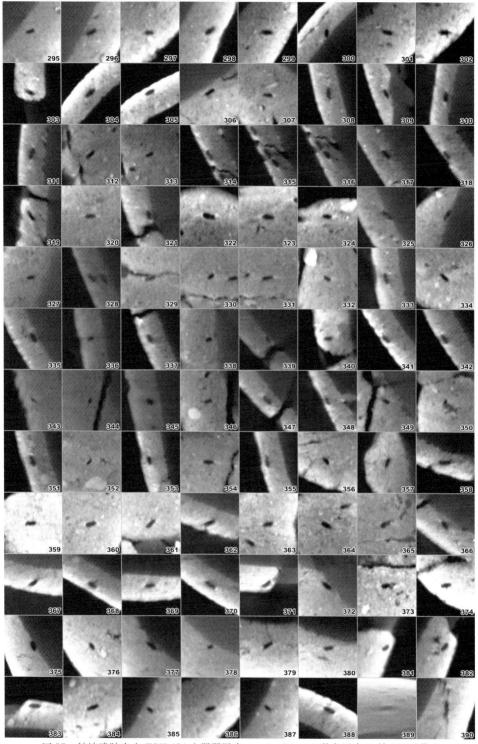

図92 館崎遺跡出土 TSK 484 土器器壁内のコクゾウムシ潜在圧痕 X 線 CT 画像 3

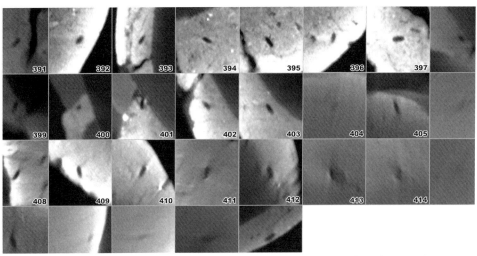

図93　館崎遺跡出土 TSK 484 土器器壁内のコクゾウムシ潜在圧痕 X 線 CT 画像 4

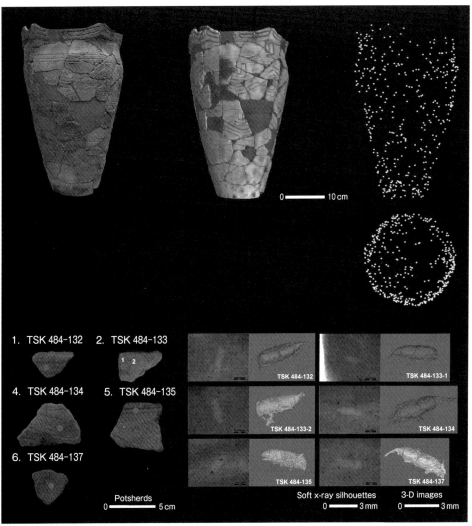

図94　館崎遺跡出土 TSK 484 土器のコクゾウムシ潜在圧痕 X 線 CT 画像とコクゾウムシの位置（右上白点）

館崎遺跡285土器（TSK 285、図95）

底部を欠いているが、円筒下層d2式（縄文時代前期末葉）のほぼ完形に復元された深鉢形土器である。胴部中央内面からコクゾウムシの上翅（腹部）の表出圧痕1点が検出されていた（図95上段）。表出圧痕はこれ以外にヒエ属の有桴果12点がある。一度破片状態に戻して軟X線による破片の観察を行った。その結果、コクゾウムシと思われる潜在圧痕2点を検出したので、X線CTスキャナーによる撮影を行った。その結果、これらは2点ともコクゾウムシであった（図95下段）。他の潜在圧痕としてはヒエ属有桴果5点と不明小型種実1点がある。

なお、上記で説明した以外の館崎遺跡出土のコクゾウムシ圧痕土器（TSK 0016・4001・4002・4004・4006〜4009、図80の3〜10）に関してもすべての破片を軟X線で検査したが、コクゾウムシの潜在圧痕は検出できなかった。

(3) 関連資料のコクゾウムシ圧痕の復元

本野原遺跡0010土器（MNB 0010、図96）

ほぼ完形に復元された宮之迫3式土器（縄文時代後期初頭）の深鉢形土器である。口縁部内面

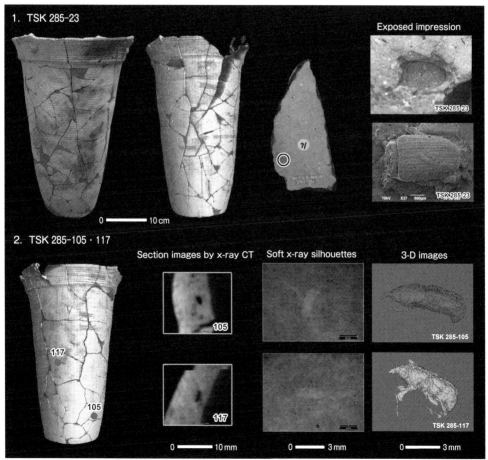

図95　館崎遺跡出土TSK 285土器のコクゾウムシ表出圧痕と潜在圧痕X線CT画像

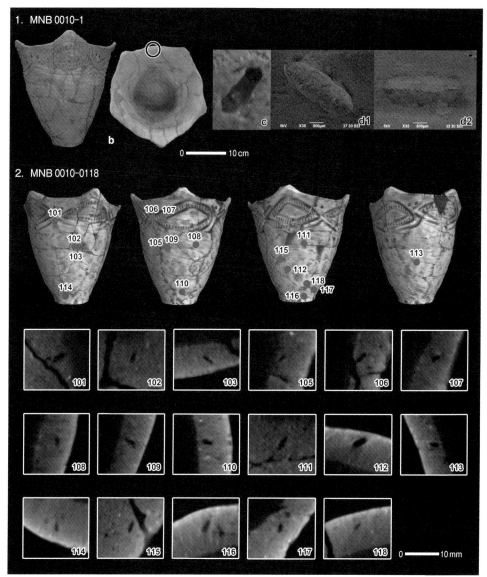

図96 本野原遺跡出土MNB 0010 土器のコクゾウムシ表出圧痕SEM画像および潜在圧痕X線CT画像

に1点のコクゾウムシの表出圧痕を検出している。このためX線CTスキャナーにより断層画像を撮影し、17点のコクゾウムシの潜在圧痕を検出した。これらは画像解像度が悪く、3D画像は復元していない。

本野原遺跡0003土器（MNB 0003、図97）

縄文時代後期初頭～中葉に比定される把手付小型鉢形土器である。約半分の個体であり、復元されていた。外面の胴部・底部と口縁部内面に1ずつの、計3点のコクゾウムシの表出圧痕を検出した。X線CTスキャナーによる撮影により、断層写真より10点のコクゾウムシの潜在圧痕を検出した。

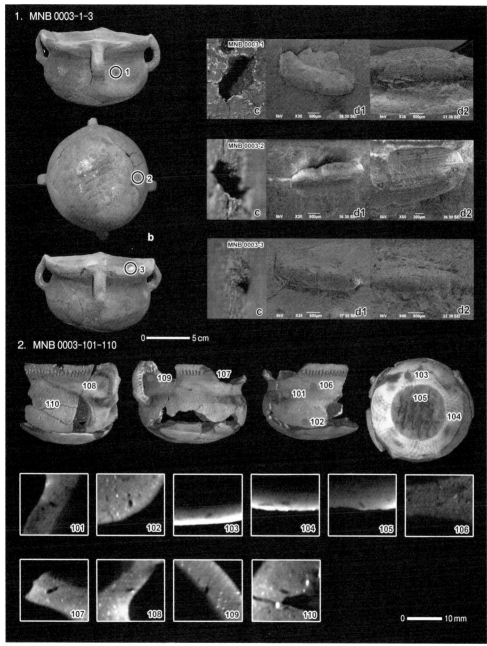

図 97 本野原遺跡出土 MNB 0003 土器のコクゾウムシ表出圧痕 SEM 画像および潜在圧痕 X 線 CT 画像

宮之迫遺跡 0008 土器（MNS 0008、図 98）

ほぼ欠損部位のない、完形に復元された宮之迫 3 式（縄文時代後期初頭）の深鉢形土器である。外面の底部付近から近接して 2 点の表出圧痕を検出した。X 線 CT スキャナーによる撮影の結果、5 点のコクゾウムシの潜在圧痕を特定した。

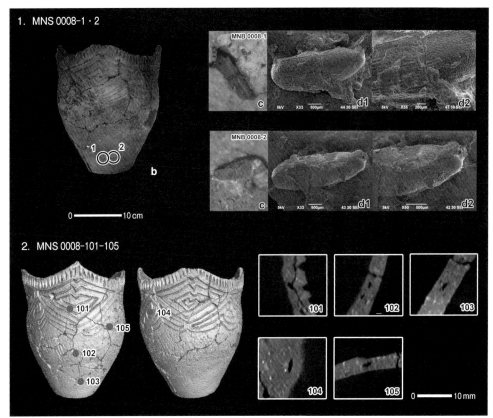

図98 宮之迫遺跡出土 MNS 0008 土器のコクゾウムシ表出圧痕 SEM 画像および潜在圧痕 X 線 CT 画像

塚ヶ段遺跡 0010 土器（TKD 0010、図99）

入佐式土器古段階（縄文時代後期末）の浅鉢形土器の口縁部の破片である。口唇部付近を中心として外面側2点、内面側3点の計5点のコクゾウムシの表出圧痕を検出した。5点とも胸部や腹部など破断したものであった。軟X線による観察を行ったところ、口唇部にほぼ完形に近いコクゾウムシと思われる潜在圧痕1点を検出した。X線CTスキャナーによる断層撮影を行い、3D画像を復元し、コクゾウムシであることを確認した（図99最下段）。

小倉前遺跡 0001 土器（OGM 0001、図100）

縄文時代晩期末〜弥生時代早期の突帯文土器群に伴う壺形土器の口縁部片である。内面に3点のコクゾウムシの表出圧痕を検出した。X線CTスキャナーにより胎土内部を観察中に、1点のコクゾウムシの潜在圧痕を検出したので3D化を行い、コクゾウムシであることを確認した。

三内丸山遺跡 0121 土器（SNM 0121）

縄文時代中期中葉の円筒土器d式土器の胴部片である。内面に3点のコクゾウシの表出圧痕を検出した（小畑・真邉 2014a）。軟X線により精査したが、表出圧痕以外にそれらしきものは確認できなかった。

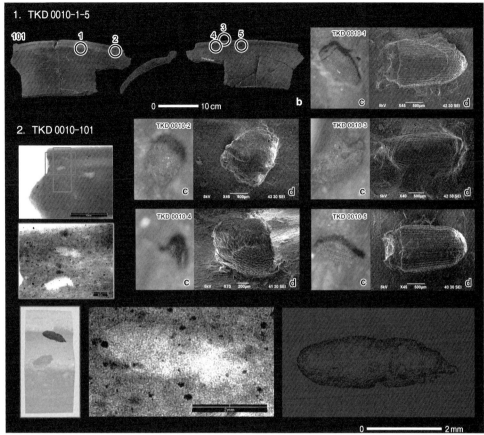

図99　塚ヶ段遺跡出土 TKD 0010 土器のコクゾウムシ表出圧痕 SEM 画像および潜在圧痕 X 線 CT 画像

(4) 圧痕数の復元と意図的混入土器の識別

　これら館崎遺跡で検出したコクゾウムシ圧痕土器の表面積を測定し、単位面積（100 m²）当たりのコクゾウムシの復元個体数（密度）を算出したものが表21である。参考資料として、三内丸山遺跡出土土器1点、本野原遺跡出土土器1点を加えている。これらはすべて軟X線およびX線CTスキャナーにて内部の潜在圧痕の有無を確認した資料である。

　これを見ると、単位面積当たりの復元個体数が a：1^{-2}〜1桁のもの、b：10桁のものに分かれ、a タイプがほとんどである（図101）。この a タイプには館崎遺跡285土器のように、他の種実も同一個体から圧痕として発見されているものも含む。これらは土器の高さでいうと、10〜60 cm までのものを含み、復元できた個体当たりの推定混入数でも最高22点であり、エゴマ果実の混入例（小畑2015d）などと比較しても、復元個体数の少なさや他の種実などが混じる点などから、偶然の混入の部類に入る。問題は b タイプの場合である。b タイプの場合、TSK 484 を除き、それ以外が破片資料である点は注意が必要である。つまり、破片が小片であるため、仮にこの部分のみにコクゾウムシが集中していた場合は、復元個体数がきわめて大きくなるからである。これ

206　IV部　コクゾウムシと家屋害虫

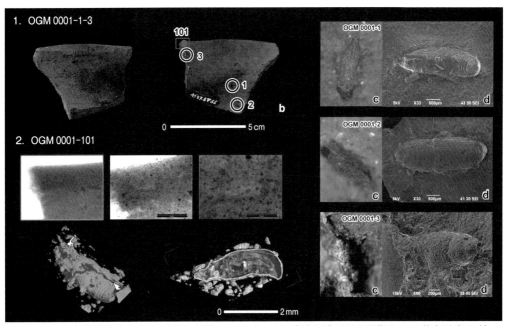

図100　小倉前遺跡出土 OGM 0001 土器のコクゾウムシ表出圧痕 SEM 画像および潜在圧痕 X 線 CT 画像

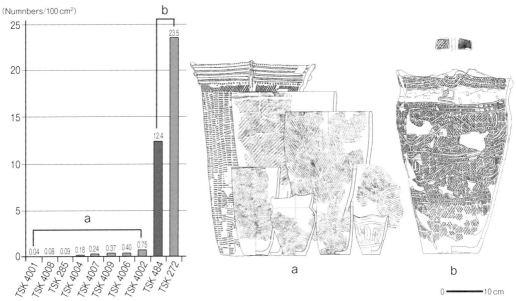

図101　館崎遺跡コクゾウムシ圧痕土器の単位面積当たりの復元個数グラフと数的有意差をもった2群

ら破片土器 TKD 0010・TSK 272・OGM 0001 は TSK 484 の各破片の大きさから求めた同サイズの土器片中の圧痕数をわずかに凌駕しているため TSK 484 より高い密度で混入している可能性も否定できない。

　このbタイプの一群はaタイプの一群と隔絶した復元個体数をもつこと、その他の種実をほ

表21 館崎遺跡コクゾウムシ圧痕土器および関連資料の単位面積当たりのコクゾウムシ数

土器番号	遺跡名	時期（年代）	表面積（cm²）	コクゾウムシ圧痕の数（個）表出	コクゾウムシ圧痕の数（個）潜在	密度（100 cm²当）	復元数による分類型	1個体当たりの復元数（個）
SNM 0121	三内丸山	縄文中期 (ca. 5,000BP)	125	3	0	2.4	a	
TSK 285	館崎	縄文前期 (ca. 5,600BP)	3501	1	2	0.09	a	3
TSK 272	館崎	縄文後期 (ca. 4,400BP)	8.5	2		23.5	b	―
TSK 4001	館崎	縄文後期 (ca. 4,400BP)	2522		1	0.04	a	
SK 4002	館崎	縄文後期 (ca. 4,400BP)	133.5	1		0.75	a	2.6
SK 4004	館崎	縄文後期 (ca. 4,400BP)	549.8	1		0.18	a	
TSK 4006	館崎	縄文後期 (ca. 4,400BP)	247	1		0.4	a	
TSK 4007	館崎	縄文後期 (ca. 4,400BP)	415.8	1		0.24	a	
TSK 4008	館崎	縄文後期 (ca. 4,400BP)	1280.5	1		0.08	a	
TSK 4009	館崎	縄文後期 (ca. 4,400BP)	268.5	1		0.37	a	1.7
TSK 484	館崎	縄文後期 (ca. 4,400BP)	3369	79	338	12.4	b	500.9
MNB 0003	本野原	縄文後期 (ca. 4,300BP)	284.3	3	10	4.57	a	21.9
MNB 0010	本野原	縄文後期 (ca. 4,300BP)	1364.8	1	17	1.32	a	18.4
MNS 0008	宮之迫	縄文後期 (ca. 4,300BP)	627.5	2	5	1.12	a	7.2
TGD 0010	塚ヶ段	縄文後期 (ca. 3,300BP)	50.5	5	1	11.9	b	
OGM 0001	小倉前	弥生早期 (ca. 3,000BP)	15.8	3	1	25.4	b	

とんど含まない点などから、意図的混入の可能性のある土器と評価する。ただし、破片資料については、条件付きで、可能性の範囲にとどめたい。いずれにせよ、館崎遺跡で出土した他のコクゾウムシ圧痕土器と比較しても、TSK 484 のコクゾウムシ圧痕は、その実数（417点）、単位面積当たりの復元個体数（密度：12.38点／100 cm²）、土器個体当たりの復元数（501点）のすべてにおいて大きな差があり、意図的混入と判断した。

(5) コクゾウムシのサイズの地理的分布

　縄文時代に属するコクゾウムシのレプリカの計測結果を表したものが図102（右）である。この図は、左から右へ、日本列島の南にある遺跡から北東へある遺跡順に並べたもので、これを図

208　Ⅳ部　コクゾウムシと家屋害虫

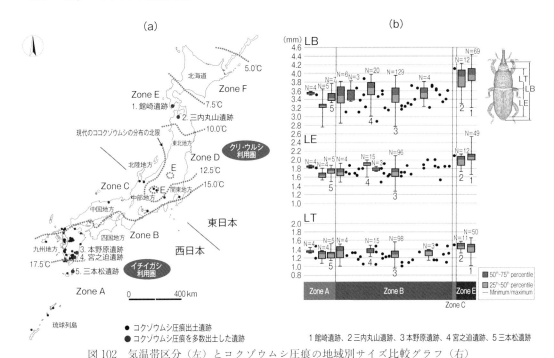

図102　気温帯区分（左）とコクゾウムシ圧痕の地域別サイズ比較グラフ（右）

102（左）の等温線の分布域ごとに分けると、Zone A・Zone B・Zone C・Zone E での計測値となる。この等温線による地域区分は気温差の影響の有無を見る目安とした。

　これを見ると、Zone E と Zone C の一部の個体が他の地域のコクゾウムシに比べて体長が長いことがわかる。Zone A と Zone B の間に大きな差は認められない。計測できた Zone E の個体は2遺跡（館崎遺跡・三内丸山遺跡）ともLBの中央値が3.8 mmを超えている。ただ、Zone C のうち北陸地方の2遺跡（平岡遺跡・桜町遺跡）はLBもしくはLT・LEがZone Eに匹敵する大きさをもつ。以上より、列島規模で見ると気温差がコクゾウムシの体の大きさに影響を与えている（南が個体が小さく、北が大きい）ようにも見えるが、細部をみると、静岡県と富山県を結んだ線で、西南日本と東北日本とに分けられる傾向がある。Zone C および Zone D の計測データが十分でないため、報告写真のスケールで計測したものを含めた弥生時代例を加えると、この分布状況はさらに明確となる。東北日本側に属する中谷遺跡例はLBの値が4 mmを超えるが、西南日本の本高弓ノ木遺跡例はLBの値が3.6 mmと、西南日本の縄文時代例とほぼ同じである。これに対し中部高地の弥生時代例である大日ノ木遺跡例はLB=4.1 mmと、Zone Eの縄文時代例と同じくLB値が3.8 mmを超えている。

　飼育実験の結果を見ると、イネで飼育した実験1では、15℃のサンプルは羽化しなかった。20℃で12個体、25℃で44個体、30℃で25個体が羽化した。これらをそれぞれ10個体、38個体、25個体計測したところ、集団としてもっとも大きく成長したのは25℃のサンプルであり、20℃がわずかに小さく、30℃はそれらより小さくなった。この実験によって、飼育温度の差がコクゾウムシの体の大きさに影響を与えることを確認できた（図103の左）。また、実験2では、堅

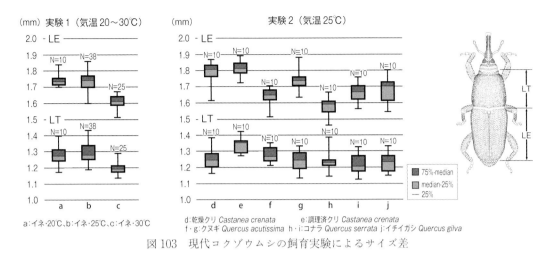

図103　現代コクゾウムシの飼育実験によるサイズ差

果類の種ごとに重複する部分はあるが、集団としてもっとも大きく成長したのは、甘栗であり、次いで乾燥クリであった。クヌギも大きくなるが、クリより若干小さめである。コナラはイチイガシより小さめであった（図103の右）。先に述べたB. デロベロらの実験（Delobel and Grenier 1993）と同じくコクゾウムシにおいてもクリがもっとも大きく成長した結果となった。

4　考　察

(1)　自然か、人共生か

コクゾウムシ・ココクゾウムシ・グラナリアコクゾウムシは現代社会の貯蔵食料を加害する一般的な害虫である。今日、3種すべてが人間の食糧に大きなダメージを与えるが、古代日本では前2者が在来種であった。グラナリアコクゾウムシがヨーロッパや北アメリカで優勢なのに対し、彼らは世界のより暖かな部分に広く分布する種である（原田1971）。

ココクゾウムシとコクゾウムシが飛翔し、しばしば収穫前のコムギやトウモロコシ畑で観察されるのに対し、グラナリアコクゾウムシは飛翔でない完全な人との共生種である（Plarre 2010）。しかし、日本の最近のココクゾウムシは飛翔しないという報告があり（安富・梅谷1983）、また、コクゾウムシがドングリの実の中から発見されることがしばしば報告されている（Delobel and Grenier 1993）。

考古学的証拠はコクゾウムシが縄文時代の家屋に住んでいた人共生種であることを強く示唆している。縄文土器から検出される種実圧痕は、主に栽培種もしくは縄文人たちにとって有用な植物であるため、それらは加工・貯蔵・調理のため家屋内に持ち込まれた人共生種であったと思われる。もちろん、げっ歯類や鳥などの小動物が家の中にしつらえた巣の中にコクゾウムシの卵の入ったドングリが運びこまれた可能性も否定できない。しかし、縄文土器の圧痕調査では、縄文時代の遺跡から検出されたすべての昆虫圧痕のうち、コクゾウムシがその約90％を占めるとい

う高い出現率を示している（小畑 2016b）。これは彼らが家屋の貯蔵食物の害虫であり、自然の侵入者でないことを示唆している。またその他の昆虫圧痕も家屋害虫の比率が高く、屋内で土器が製作されたことを強く示唆している（小畑 2016a）。

さらに、今回多数のコクゾウムシ圧痕が検出された館崎遺跡や 120 点以上のコクゾウムシの生体化石と 19 点の圧痕が検出された三内丸山遺跡をはじめ、多くの遺跡が寒い気候の地域に位置している。コクゾウムシはココクゾウムシより寒さに強いけれども、繁殖にもっとも適した気温は 28〜29℃であり、繁殖は 15℃以下で制限される（原田 1971）。よって、寒い地域でのコクゾウムシ圧痕の発見は、人為的な暖かで湿り気のある環境、つまり、竪穴住居や貯蔵施設のような、彼らの繁殖や適応に貢献する、冬に休眠したり、夏に産卵するのに適した環境の存在を意味している。

(2) 気温か、食物か

マメ類につくゾウムシ・アズキゾウムシ *Callosobruchus chinensis* の場合、低温で育てた次世代の成虫は、より高い温度の親の代の体のサイズより大きくなることが報告されている（梅谷 1987）。コクゾウムシの発育日数は、玄米の場合で、15℃下では繁殖せず、30℃以上で抑制されるとある（原田 1971）。28℃が繁殖にもっとも好適であり、18〜28℃へ気温が上がるにつれて発育日数は少なくなる。しかし、30℃を超えると再び日数が多くなり、かろうじて次世代成虫の発生を見るが、第 3 代は得られない。よって 15〜20℃であれば発育期間が長くなり、適温の 28℃のものより体が大きくなる可能性はある。

しかし、温度差は体の大きさにはあまり影響がなく、むしろ食物（栄養状態）の差が大きいことが指摘されている（木下・石倉 1940）。この木下周太と石倉秀次らの実験では飼育温度を 25〜30℃にした場合、吻長・胸長・上翅長・頭幅・後腿節長ともに短くなるという結果が得られている。これは原田豊秋が指摘したことでもあり（原田 1971）、筆者らの飼育実験の結果でも観察できた。ただし、木下らはコクゾウムシの体の大きさは甘藷で育てた場合により大きくなることを指摘している。木下らの実験のデータをもとにこれを検証してみると、温度 25℃（湿度 70〜80％）の雄と温度 30℃（湿度 70〜80％）の雄を比較した場合、30℃に比べ 25℃は胸長（LT）で 1.03 倍、上翅長（LE）で 1.05 倍大きいのに対し、温度 30℃のイネと甘藷で育てた雄の場合、胸長（LT）・上翅長（LE）ともに 1.09 倍大きい。さらには鹿児島産の甘藷を加害する系統（ボトルネック現象が現れていると考えられる）と比較すると、胸長（LT）で 1.12 倍、上翅長（LE）で 1.13 倍と、その差はさらに大きくなる。これは、気温差よりも加害食物の差の方が、コクゾウムシの体の大きさにより大きな影響を与えることを示している。

筆者らの飼育実験（実験 1）では、気温が低くなっても、体が格段に大きくなるという現象は見られなかった。平均値で見た場合、20℃の場合、上翅（LE）は 25℃から 98.9％と小さくなっており、逆に胸長（LT）は 100.1％で、頭〜尾部の長さ（LB）で見ても、0.4％大きくなっているに過ぎなかった。

これを気温差が 4〜6℃ある地域の縄文時代のコクゾウムシ圧痕例で比較すると、寒い地域に

ある館崎遺跡のコクゾウムシの胸（LT）の平均長は、温かい地域の本野原遺跡からのものに比べ 11.8% 長い。そして、上翅（LE）の平均長は 19.6%、頭〜尾部全身（LB）は 13.9% で本野原遺跡より長い。館崎遺跡の月・年平均気温は、遺跡に近い松前市の 2015 年 8 月平均気温 22.7℃・同年平均 10.3℃ を、本野原遺跡のそれは、小林市の 2015 年 8 月平均 26.3℃・同年平均 16.3℃ を参考とした（気象庁 HP：2016 年 12 月 28 日）。西南日本と東北日本の両地域を代表するこの後期に属する 2 つの遺跡のコクゾウムシの体の長さに違いがあることは大きな意味がある。ここでは、寒冷な地域のコクゾウムシが 14% ほど大きくなっており、これは先の温度差の実験結果での数値とは大きく異なっている。この事実は、木下・石倉（1940）の場合と同じく、コクゾウムシの体の大きさの差の原因として主たる加害食料の違いを想定する必要性を強く示唆している。

(3) 彼らの食料は？

コクゾウムシは、普通、特にトウモロコシ・イネ・オオムギ・コムギのような貯蔵穀物を食べることで知られる。しかし、コクゾウムシはまた北アメリカではモモやリンゴのような果実を食べるし、穀物貯蔵所だけでなく、森や草原にも生息するようである。彼らはしばしば皮が破損したり穴が開いたりしたドングリ果実の中から発見されることもある。飼育実験（原田 1971）によると、成虫が先に述べた穀物を含む 37 科 96 種の植物を食べるのに対し、幼虫は 11 科 30 種の植物に限られる（表 22）。それらの種実は幼虫の発育、少なくとも 1 世代の発育を支える十分な大きさと質の維持が必要とされる。原田（1971）で挙げられたほとんどの植物種は、ドングリ果実や穀物粒によって代表されるように、ゾウムシの幼虫が育つ十分なデンプンを含んでいる。

おそらくコクゾウムシに加害されたであろう日本の縄文時代遺跡から発見された植物種と比較してみると、数種類に限られる（例えばドングリ・クリ・ササ・ムカゴ、表 23）。これらの種実は豊富なデンプンをもち、コクゾウムシが好む乾燥状態で保存が可能なものである。ムカゴは、京都府の松ヶ崎遺跡で唯一発見されているのみである（Matsui and Kanehara 2006）。ササの種子は、北海道のいくつかの遺跡で知られている（山田・椿坂 2009）。かつて縄文時代の遺跡においてコクゾウムシが加害したものはササの種子であると推定したことがある（Obata et al. 2011）。しかし、その種子の大きさはイネ、コムギ、もしくはオオムギの穀粒とほぼ変わらない。よって成虫のコクゾウムシの大きさはイネやコムギ、オオムギと変わらないであろう。何よりも先の飼育実験によっても、ササの種子では種子が硬いためか、コクゾウムシは繁殖することはできなかった。

東北日本と南北海道の縄文時代にコクゾウムシが加害した候補からそれらを除くと、コナラ属とシイ属のドングリとクリのみが残る（表 23）。もちろんヒエ属も津軽海峡を挟んだこの両地域で縄文時代前期から後期にかけて栽培されたと推定される植物である。しかし、この果実は長さ 1mm 前後と、コクゾウムシがその中で成長するには小さすぎる。この地域では栽培アズキのようなササゲ属のマメも、炭化種子ばかりでなく土器圧痕としても発見されている。しかし、飼育実験は、クリが成虫の体重をもっとも大きくすることを示した。ココクゾウムシの場合、ドングリはその次であり、マメは 3 番目であった（Delobel and Grenier 1993）。

表22 コクゾウムシ幼虫の食物の種類と繁殖状況（原田1971をもとに作成）

科	学 名	和 名	部分・性状	繁殖状況	縄文遺跡からの出土例
Convolvulaceae	*Ipomoea batatas*	サツマイモ	干塊根	良	×
Ebenaceae	*Diospyros kaki*	カキ	干柿	良	×
Lythraceae	*Trapa japonica*	ヒシ	種実	良	×
Fabaceae	*Arachis hypogaea*	ラッカセイ	種実	きわめてまれ	×
Rosaceae	*Malus pumila*	リンゴ	果物	ややまれ	×
Polygonaceae	*Fagopyrum esculentum*	ソバ	種実	やや良	×
Fagaceae	*Quercus acuta*	アカガシ	種実	良	○
Fagaceae	*Quercus variabilis*	アベマキ	種実	良	○
Fagaceae	*Quercus phillyraeoides*	ウバメガシ	種実	良	○
Fagaceae	*Quercus acutissima*	クヌギ	種実	良	○
Fagaceae	*Quercus crispula*	ミズナラ	種実	良	○
Fagaceae	*Quercus serrata* Murray	コナラ	種実	良	○
Fagaceae	*Quercus myrsinaefolia* Blume	シラカシ	種実	良	○
Fagaceae	*Lithocarpus glaber*	シリブカガシ	種実	良	○
Fagaceae	*Castanopsis sieboldii*	スダジイ	種実	良	○
Fagaceae	*Castanea crenata*	クリ	種実	良	○
Dioscoreaceae	*Dioscorea japonica*	ヤマノイモ	乾燥零余子	良	○
Poaceae	*Sasamorpha borealis*	スズタケ	種実	良	○
Poaceae	*Hordeum vulgare* L.	オオムギ	種実	良	×
Poaceae	*H. vulgare var. nudum*	ハダカムギ	種実	良	×
Poaceae	*Triticum aestivum* L.	コムギ	種実	良	×
Poaceae	*Secale cereale* L.	ライムギ	種実	良	×
Poaceae	*Lolium temulentum*	ドクムギ	種実	良	×
Poaceae	*Avena sativa* L.	オートムギ	種実	良	×
Poaceae	*Holcus sorgum* L.	モロコシ	種実	良	×
Poaceae	*Coix Ma-yuen* Roman	ハトムギ	種実	良	×
Poaceae	*Coix Lachryma-Jobi* L.	ジュズダマ	種実	良	×
Poaceae	*Zea mays* L.	トウモロコシ	種実	良	×
Alismataceae	*Sagittaria trifolia* L. var. *senensis* Makino	クワイ	乾塊茎	少	×
Ginkgoaceae	*Ginkgo biloba* L.	ギンナン	種実	良	×

表23 コクゾウムシが加害可能な縄文時代の植物

学 名	植物名	圧 痕	炭化・未炭化資料
Juglans mandshurica var. sachalinensis	オニグルミ		○
Cephalotaxus harringtonia	イヌガヤ		○
Aesculus turbinata	トチノキ		○
Castanea crenata	クリ		○
Echinochloa esculenta	ヒエ	○	○
Vigna angularis var. nipponensis / Vigna angularis	アズキ	○	○

(4) クリとコクゾウムシ

クリ果実を出土した縄文時代の遺跡の時空的分布を探るために、国立歴史民俗博物館公開の

「日本の遺跡出土大型植物遺体データベース」（石田ほか 2016）を使用し、若干の遺跡を追加した。縄文時代晩期を除く遺跡は時期ごとに日本地図にプロットした（図104）。クリ出土遺跡の時期別動向を見ると、クリの分布は東日本を中心としながらも、早期には西日本にも一部分布している。それが前・中期になると東日本に偏って分布する。そして後期になるとまた若干南下し、西日本へも分布域を拡大する。これは寒冷気候から温暖化、そしてさらなる寒冷化によって主たる分布域が移動した結果と考えられる。

クリの主たる利用域は佐々木由香によって「クリ・ウルシ利用文化圏」として示されている（佐々木2014）。地域的には本州東半部とされ、北海道南部域の半分もこの中に入る。この文化圏はほぼ縄文時代早期後半〜前期に成立するとされる。この分布圏内におけるコナラ属堅果類の利用例はほとんどない。食料以外に建築材などとしても管理されたクリが利用されていたという。この傾向は中期まで継続する。九州地方において早期にクリを出土する遺跡は存在するが、クリを多量に利用していた痕跡はさほど顕著ではなく、この時期はコナラ亜属（落葉樹系）の堅果類が主に利用されている（小畑ほか 2003、小畑2003）。そして温暖化とともに照葉樹林が発達し、この時期以降九州を中心とした西日本では、イチイガシを主とした利用が始まり、この傾向は後期まで続く（水ノ江1999、小畑2006）。佐々木は九州を含む西日本を、東日本の「クリ・ウルシ利用文化圏」に対し、「イチイガシ利用文化圏」と定義した（佐々木2014）。

これらを貯蔵穴の分布（坂口2003、Sakaguchi 2009）と比較してみると、前期〜中期のクリの分布域は台地型貯蔵穴（フラスコ・袋状土坑）の分布域とほぼ一致する（図104）。この台地型貯蔵穴は今村啓爾がクリを主に利用する地域の根拠としたものである（今村1999）。坂口隆によると、この東日本以北の貯蔵穴から検出された炭化堅果類はクリに限らず、トチ・クルミ・カヤなども含まれている（坂口2003）。よってクリ専用の貯蔵施設とは限定できないが、その分布域はクリを主に出土する地域と重複しており、これらの施設がクリの貯蔵にも用いられたことがわかる。詳細に見れば、縄文時代中期後半の中部高地や西関東地方ではこの台地型貯蔵穴がほとんどないが、屋内出土の多量の炭化したクリやコクゾウムシ圧痕の存在から見て、これら地域は同じクリ利用文化圏にありながら、貯蔵法が屋内貯蔵を主としていた地域と考えられる（小畑2016c）。

青森県で唯一コクゾウムシ（圧痕・生体化石）を検出している三内丸山遺跡ではクリ花粉が大量に検出され、クリの純林が遺跡内とその周囲に存在したと推定されている（吉川昌ほか2006、吉川昌2011）。館崎遺跡においてはクリの炭化果皮はわずかであるが全時期を通じてクリ花粉の比率が高かったことが判明している（パレオ・ラボ2017）。先に述べたように、コクゾウムシの圧痕は縄文時代の前期末葉や中期前葉の円筒土器から検出されており、特にこの時期はクリ花粉が優勢であることから、彼らが貯蔵グリを加害していた可能性はきわめて高い。さらに、コクゾウムシの存在に加え、クリ果実の貯蔵に関する間接的証拠として、円筒土器文化圏における竪穴住居内のピットや床から砂の塊が頻繁に検出される点である（福井2017）。館崎遺跡においても同様の例が検出されている。砂は新鮮なクリ果実の貯蔵のための自然の物質であり、害虫の動きを封じる。砂の粒子が害虫の外表皮を傷つけ、脱水に対する抵抗力を減じるためである。同様の例は古代ギリシャやローマ（Panagiotakopulu 2000）の民族誌でも報告されている（福井2017）。

214　Ⅳ部　コクゾウムシと家屋害虫

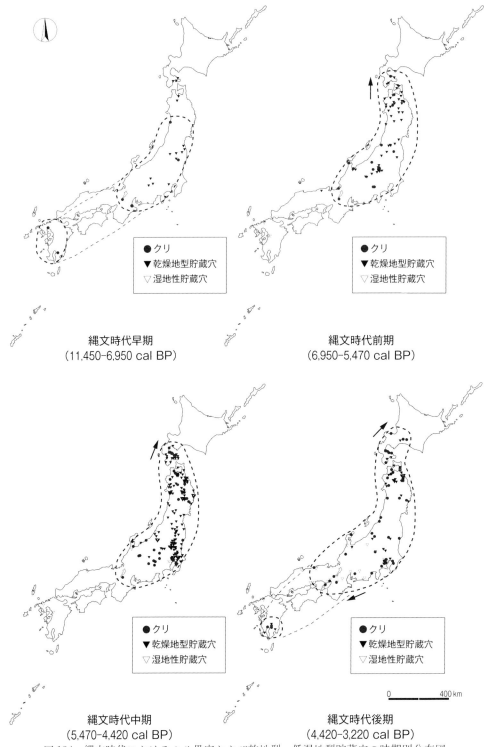

図104　縄文時代におけるクリ果実および乾地型・低湿地型貯蔵穴の時期別分布図

縄文時代後期前葉になると、コクゾウムシ圧痕の出現率は前時期に比べると高くなるものの、クリ花粉は次第に減少している。ただし、クリ花粉の割合は依然として樹木花粉の中でもっとも高い。北海道の道南地域でクリ出土遺跡の動向を見れば、縄文時代後期（3,500年前）はこの地域でのクリ利用のピーク期といえる。

　ただし、この地域の縄文時代前期～後期にかけての堅果類、特にクリの利用に関しては、否定的な意見もある（Crawford 2010）。しかし、クリの果実や木炭などの考古学的証拠は少なくとも前期末（5,000年BP）には出現している（鈴木三 2016）。館崎遺跡でのコクゾウムシの発見は、直接的ではないが、この地域でのクリ利用が前期末～後期はじめにかけて盛んであったことを強く示す間接的証拠である。

　同様に、北陸の桜町遺跡や小竹貝塚では、クリ果実の出土量はさほど多くないが、建築材には多量のクリ材が使用されている。このことは背後にクリ果実が利用されていたことを示すが、低湿地の貯蔵穴から出土する堅果類はコナラ亜属を主としている。ただし、コクゾウムシ圧痕の存在から、屋内での堅果類貯蔵も想定でき、その中にはクリも含まれていた可能性がある。クリは長期の水浸貯蔵に適さない。よって、これら遺跡（低湿地域）での堅果類の出土状況がクリ利用の高さを否定する直接の根拠とはなりえない。

(5) クリとドングリ

　ここで指摘せねばならないもっとも重要な点は、コクゾウムシの大型個体の分布域が佐々木の「クリ・ウルシ利用文化圏」と地域的にも時期的にも一致する点である（図102）。この地域のコクゾウムシの体の大きさは低温効果よりもむしろ加害した貯蔵堅果類が栄養価の高いクリであったことに起因している可能性が高い。このドングリ類よりもクリで発育した個体が大型になるという特徴は、昆虫学でいえばホストレース形成（Host Race Formation）と呼ばれる現象として説明できる（Diehl and Bush 1984）。ホストレースは別種ではないが、特定の寄主に適応した結果、形態や生態が他の集団とは異なるように特殊化した状態をいう。特定の植物を利用する植食性昆虫でよく知られる現象で、この特殊化が進めばやがて別種になると考えられている。我々はこの縄文時代の大きさの異なるコクゾウムシ個体群の間を種レベルで区別できる同定根拠をまだ見つけてはいない。よって、縄文時代の東日本と西日本では、主たる利用堅果類の種の違いがあり、それらを加害したコクゾウムシの体長に反映した、つまり「ホストレース形成の結果」と考えられるのである。

(6) 害虫の人為的拡散

　冬季、現代のコクゾウムシは落ち葉の下や浅い地中に休眠状態で過ごす。そして春に休眠から覚めると蜜を吸いに花へ群がる。しかし、彼らは飛翔が得意でなく、彼らの活動域は人の貯蔵施設から400 m以下の範囲に限られているため、彼らは数km離れた近隣の村に棲む集団とは交尾できない（吉田ほか 1956）。よって、彼らの長距離の領域を超えた伝播には人による加害食料の運搬を必要とする。

同様に、縄文時代のコクゾウムシの寒冷地や島嶼地域への拡散には、堅果類を含む食料の運搬や交易という人の行為が大きく作用していたと考えられる（小畑 2016a・2016b）。ただし、先に述べたように、伝播地の堅果類もコクゾウムシも在地性である可能性も捨てきれず、この人為説は可能性の範囲に留まっていた。しかし、今回の館崎遺跡でのコクゾウムシ圧痕の発見は、本説を裏付ける強力な証拠となった。それは、北海道は本来クリが自生しない地域であり、当地域のクリは縄文人たちが東北地方から移入したものとされるからである（山田悟・柴内 1997）。この点は道南の現生クリの遺伝子分析の結果からも立証されている（鈴木三 2016）。館崎遺跡のコクゾウムシは、津軽海峡を越えてきた東北の円筒土器文化人たちによって無意識のうちにクリとともに運びこまれたものであったと推定される。その後道南地域では、縄文時代中期にはクリ出土遺跡が増加し、同後期中葉には現在の分布北限になっている石狩低地まで達している（山田悟 2015）。館崎遺跡においてはコクゾウムシが出現する時期が縄文時代前期末であり、クリの伝播が三内丸山遺跡より土器一型式遅れるという記述（山田悟 2015）にもほぼ符合し、同後期初頭にコクゾウムシが増加する点も道南地域におけるクリ利用の最盛期と一致する現象と考えられる。

（7）縄文土器の表象的利用と意図的混入の証明

　土器を祭祀など精神的な意味での儀式に使用する場合、その行為は土器作りの場面と土器使用時に現れる。その行為とは、文様や装飾を施し、土器に一定の意味をもたせたり、土器を穿孔したり破片にしたりして埋葬するなどの行為である（中村耕 2013）。これらはいずれにおいても土器を製作または加工・破壊するという、視覚的効果を意識したもので、土器そのものに意味をもたせる行為といえる。ただし、土器（縄文）のデザインは「現代人が心情を吐露する詩あるいは画家がキャンパスに描く絵に相当するもの」であり、「縄文土器は容器であって、縄文人の詩情が表現されたもの」であり、見せる効果を狙ったものではないという意見もある（小林 2015）。しかし、絵や詩であれば、作者は完成させることで、その心を表現し終わって満足するだけでなく、それらを観たり聞いたりする他者に感動を与える記号としての意味をもつという（小林 2015）。これも結果的に視覚的効果を生むものであり、またそれを予想したものであったと考えることができる。ここで重要なのは、土器作りの装飾や文様、そしてそれらの加工・破壊行為にしても、それらはすべて他者に「見える」という点である。

　これに対して、土器胎土内に種実を混入するという行為の結果には、視覚的効果はほとんどない。微細な種実が入っていることは、一見しただけでは判断できない。表面に装飾や器面調整（縄文施文を含む）があればなおさらである。約 450 cm^2 の破片にエゴマ果実が 500 点ほど混入された場合でも、軟 X 線で観察すれば隙間なくエゴマ果実が入っているのに、その器表面には縄文が施されており、注意深くみなければ探し出すことが困難である（小畑 2015d）。また、多数の混入ではないが、把手部分に 2 個のダイズ属種子を入れた例（中山 2010）などは、外部からはまったく見えない。

　よって、種実を粘土胎土に混入する行為は、視覚的効果を狙ったものでなく、種実を粘土に入れる、土器に埋め込むという行為によって、種実そのものに意味を付加する行為であると考える。

それは種子をまく行為とまったく同じであり、土器という大地に種実を埋め込むことによって、種子や実が再び生まれてくるという、再生や豊穣を願って行われた行為と思われる。それは多量に混入される種実が、ダイズやアズキ、エゴマ、そしてヒエ属などの栽培植物であることからも頷ける（小畑 2016a）。栽培化された穀物の種子が意図的に土器作りの粘土に入れられた例と、その穀物の重要性もスカンジナビアの新石器文化研究で議論されている。これはこの行為によって土器・調理・穀物・繁殖力・祖先の力の間に直接的な象徴的な結び付きが形成され、穀物は家畜と同じように、人と自然界と分ける役割を果たすと考えられている（Christopher 1996）。

先に見てきように、クリやドングリも縄文人たちにとっては重要な食料であった。コクゾウムシはこれら堅果類の生まれ変わりと考えられていたのではないだろうか。ハエの生態が科学的に証明される（17世紀中葉）以前は、ハエのウジはもともと人間の体内にいて人の死後生まれてくるものと信じられてきた（マディソン 2002）。ハエや飛ぶ昆虫を人の魂の化身と捉える観念はさまざまな地域にあり、中米ではモチェ文化（紀元前後～7世紀）以来 16 世紀末まで伝承として残っていた（Huchet and Greenberg 2010）。ドングリやクリから出てくるコクゾウムシは、食料を加害する害虫であるとともに、一方ではドングリやクリの化身と考えられたのかもしれない。ドングリやクリ果実そのものが土器に混入された例はわずかではあるが存在する（小林 1994）。しかし、果実自体が大きいため、本来土器を破壊する危険性があり、圧痕として発見される堅果類のほとんどは果皮の断片である。果実そのものの混入は土器を毀損する可能性が高いため、果実の代替えとしてコクゾウムシが入れられたのかもしれない。

ただ、食料保存の立場から見ると、当時も大切な食料を加害するコクゾウムシは厄介者であったことには間違いない。彼らを防駆除したと考えられる植物も特定されている（真邉・小畑 2017）。そうであれば、憎くて土器に封じ込めたという説（小畑 2016a）も成り立ちうる。しかし、エジプトのミイラにたかるカツオブシムシ属やカッコウムシ属などの甲虫に対し、エジプトの人たちは遺体に近づくなという警告を与えたという。エジプトではすべての生き物が生きる権利を等しくもつという考えから、当時の司祭者は害虫を殺す代わりに追い払うことを好んだとされる（Panagiotakopulu et al. 1995）。同様の観念が縄文時代にも存在したかもしれない。

また、土器が作られた季節は、野生種実圧痕の構成から見て、晩夏～秋であった可能性が高い。このころはさまざまな食用となる野生・栽培植物の採集・収穫の時期でもある。想像をたくましくすれば、種実・昆虫混入土器は、その出来上がりの出来不出来によって次の年の食用植物の豊穣を占う装置であったのかもしれない。

北海道の館崎遺跡出土の土器の中から我々は縄文時代前期末と中期初頭、そして縄文時代後期に属するコクゾウムシ圧痕をもつ多数の土器を検出した。これらコクゾウムシは北海道では初めての発見であった。他地域の事例と比較してみると、コクゾウムシの体のサイズの差は彼らが加害した堅果類の違いを反映したもので、縄文時代の北東日本に棲んでいたコクゾウムシは貯蔵グリを加害していたと推定した。彼らは東北日本から北海道南部への加害グリ果実の搬入を示すだけでなく、コクゾウムシが繁殖しうるほどの栽培グリの貯蔵施設の存在をも同時に示唆している。

また、そのうちの1つの土器から多数のコクゾウムシが発見されたことから、この時期の主要食糧の1つであったクリの多産を願って意図的に粘土中に入れられたと推定した。最近では土器圧痕調査によって、本州の中央部を中心に栽培植物の種実を多数含む土器が発見されている。さらに、我々は多数のヒエ属有稃果の圧痕をもつ土器を館崎遺跡から発見している。これもまた土器粘土への植物種子の意図的混入の例と考えられる。土器が女性の象徴・母胎と考えられ、再生産の装置として機能することも指摘されている。その証拠として土器に新生児の遺体を埋葬したり、土器そのものに出産光景を表現した例などがあげられている（山田康 2014・2017）。この再生論は死んだ人に限らず、食料とした生物や使用済みとなった道具にまで及ぶ。ただし、これらは生を全うしたモノたちであり、生命の発生源であるタネとは性質が異なる。しかし、少なくとも土器がモノを生み出す生命誕生の母胎として捉えられていた点では共通している。

　縄文人たちは長い定住生活における観察によって、タネが大地へ落ちることによって、発芽→成長→開花→結実するという植物成長の一連のプロセスは熟知していたものと思われる（Matsui and Kanehara 2006）。さらには、このような種実の意図的混入行為が存在することは、彼らが自然界の生物の生産を制御しようとする意志をもっていた、つまりは食料生産に関する観念の現れと考える。G.W. クロフォードが主張してきたように、これは、縄文文化は単なる「狩猟採集経済」であるという考えに対するアンチテーゼとなろう（Crawford 2010）。

Ⅴ部　圧痕法の現在(いま)と未来

第1章　マメからクリへ
―― 圧痕法が語る縄文時代の果樹栽培 ――

　最近ではダイズを原料とした人工肉が商品化され、健康ブームにのって重宝されているという。このダイズやその発酵食品である納豆も、今春から中国やインドでの飼料としての消費量の伸びにより値段が上昇している。このように身近な食品であるダイズの歴史に関する私たちのこれまでの認識は「弥生時代に稲作とともに日本にやってきた外来作物」というものであった。また、貯蔵米の害虫であるコクゾウムシもつい最近まで「稲作とともに中国から伝来してきた貯穀害虫」であると信じられていた。これがどちらも間違いであることが最近の研究で明らかになってきた。これを明らかにしたのが、先に述べたように、「土器圧痕法」と呼ばれる探査法の縄文土器への悉皆的適用であった。圧痕法による「縄文時代のダイズやコクゾウムシの発見」は、縄文時代の「栽培」や「農耕」を考える契機となり、既存の縄文人観を見直す転機ともなった。結論からいえば、ダイズは縄文人が野生マメから大きくした在来の栽培植物であったし（Ⅱ部第1章参照）、コクゾウムシはイネではなく、貯蔵されたクリやドングリを加害した昆虫だったのである（Ⅳ部第5章参照）。

　これらの発見やその意味に関する発想の転換の背景には、単に土器圧痕法のような資料調査技術の発展とそれによる多種多様なタネやムシの発見の蓄積だけではなく、植物学や害虫学研究の方法や理論を援用することで、人工遺物・遺構を主軸とした従来の考古学的方法では「見えなかったものが見えるようになった」という事実がある。今では、単にイネのあるなし論争ではなく、イネがどのように栽培化されるのか、コクゾウムシはどのように害虫化するのかという、彼らの生物としての生態的特性をベースにヒトのなりわいや暮らしぶりが語られるようになってきた。つまり、考古学者は、今では、土器圧痕法や植物学の進展という接眼レンズに植物や昆虫の生態に関する理論という対物レンズをつけた顕微鏡で縄文時代の植物利用について再検査を行い始めたのである。さらには、土器圧痕法自体も、医療現場における問診・触診からX線機器を駆使した先端医療への進化のように、圧痕検出に軟X線やX線CTを応用し、これらを武器に縄文人の植物や昆虫に対する意識の領域まであぶり出そうとしている。

　圧痕法のイノベーションともいうべきX線機器で明らかにされたコクゾウムシ圧痕は、これまで植物学で提示されていたクリの栽培について、その可能性を示し、縄文人たちがマメやエゴマなどの1年生草本植物だけでなく、クリなどの樹木を栽培していた姿を浮き彫りにした（Ⅳ部第5章参照）。

1　農耕の定義と評価 —— 豊かな狩猟採集民論争 ——

　Ⅱ部第1・2章で見たように、縄文時代に「農耕」はあったのかについて、縄文時代の農耕の実証には、「農耕」の定義の問題と、出土植物資料の資料学的評価の2つの問題が絡んでいる。
　縄文時代の「農耕」の有無とその評価をめぐり、かつて、「縄文ヒエ」を最初に発見したカナダのトロント大学のG.W.クロフォード（Crawford 2008）と我が国の環境考古学の第一人者である松井章・金原正明（Matsui and Kanehara 2006）の間で「縄文人は豊かな狩猟採集民なのか」という議論が交わされた。松井・金原両氏は、縄文時代の栽培植物の存在は認めながらも、縄文時代は狩猟採集社会であり、農耕社会である弥生時代とは異なるという主張であり、縄文人を「豊かな狩猟採集民」と評価した。これに対しG.W.クロフォードは、「農耕」の定義を狭く捉えていること、多くの日本人考古学者にとっての農耕とは「水稲耕作」と同義であることを指摘し、イネが多様な作物の単なる1つにすぎないということを無視した還元学者の議論であると主張し、弥生社会にも多様な植物利用があったことを考慮していないと批判する。確かに、我が国の学界では、縄文時代の社会は一般に狩猟・採集社会と考えられ、水稲耕作による農耕を基盤とする弥生時代の社会との差が強調され、縄文時代の農耕自体を評価する姿勢にはない。しかし、社会の繁栄（人口増加）を、狩猟採集民たちの自然界への「高度な適応」と見るか、栽培技術による適応と見るかでは社会の評価において意味合いが大きく異なる。G.W.クロフォードは、縄文文化は食料生産や農耕の議論から取り残されてはいけないと主張するが、筆者も同感である。
　植物栽培があれば農耕といえるのかといえばそうではない。2009年にメキシコで開催されたシンポジウム「農耕の起源：新たな資料・新たな考え」で定義された「農耕：Agriculture」の定義は、「狩猟や採集は続くが、ある共同体の活動を作物栽培や家畜飼育が支配したり、主要な食物となること」とある（Price and Bar-yosef 2011）。つまり、この定義に従えば、縄文時代にどの程度栽培植物が食物（カロリー）上の比重を占めたかという点が問題となる。ただし、腐植しやすいという植物資料のもつ物理的特性と検出法による残存状態の違いという両面から、その量的復元はかなり困難である。たとえばフローテーション法で得られた炭化種実と圧痕種実はその種類と組成が大きく異なる。さらに植物性食料自体も、骨や角、殻などが残りやすい陸棲動物や魚類・貝類との比較の場合、単純にその出土量では計れない（小畑 2016d）。植物食同士の場合でも、堅い殻をもち殻が残りやすいクルミと莢が腐りやすく種子全体が消費されるマメ類では、遺跡からの出土量に大きな差がでる（Ⅰ部第3章参照）。

2　栽培と管理

　ただし、栽培の存在は明らかである。「栽培」の定義は「野生もしくは栽培化された植物の種

撒き・植え付けのための土壌の意図的な準備」である。この場合、私たちは「栽培化（Domestication）」と「栽培（Cultivation）」を区別して使用せねばならない。栽培とは人間の植物に対する行為であり、栽培化は植物側の栽培による遺伝的・形質的変化のことをさす。種子の大型化や散布器官の消失などの栽培化の徴候（Domestic syndrome）を認めることができれば、農具や耕地などの人工的な証拠がなくても、栽培を立証できるというわけである。後述するクリの場合、管理という言葉がよく使用されるが、「管理（Management）」とは、野生種の管理と低程度の操作であり、その場合、植物の形態的変化は伴わない。この点で縄文時代のクリ果実は時間経過とともに大型化（南木1994、吉川純2011、大木2017）しており、管理の域を超えている。

　ただし、ここで気をつけなくてはならないことは、植物は人が栽培を始めても、栽培化徴候を発露するまでに長い年月を要するという点である。この時間差を栽培化の速度（Domestication rate）という。理論上では、種子の休眠性や莢の裂開性の欠如という栽培化の徴候は、自然突然変異率 10^{-5}〜10^{-6} 程度の変異があれば、播種と収穫という繰り返しのもとで十数代〜20世代の内に集団の大多数を占めるようになるという（山口2004）。また、実験的にムギ類を新しい土地に播種し、野生種から分離し、鎌を使用して熟した種子を収穫すると、非脱粒性の穂軸の遺伝子タイプは20〜100年で集団間で優占すると推定されている（Hillman and Davies 1990）。また、ナイフによるイネの収穫実験では、5世代でイネの重量と籾の数の増加や種子の脱落率の減少が認められ、栽培圧のもとでイネが急激に形態的変化をもたらした例が報告されている（Liu et al. 2007）。このように、実験や理論上では栽培化の速度はきわめて速いものと評価されているが、実際の考古学的な証拠から見ると、その進化の過程は非常に遅い。マメ類の場合、種子の肥大化に関しては、南インドにおけるリョクトウの場合、最初の栽培行為から1,000〜2,000年遅れる紀元前2000年紀末〜紀元前1000年紀の鉄器時代開始以降であるという。早期新石器時代の種子は大きさの点において祖先種と変わらず、20％の縮小を考慮しても現代の野生種の範囲におさまる。しかし、古代および中世初期には現代の栽培種の範疇に入るという。これらのデータは、紀元前2000年紀を通じてほとんどわずかしか大型化しなかった種子が、紀元後1世紀までに急激に大型化したことを示している（Fuller and Harvey 2006）。近東のレンズマメやエンドウの場合も種子の肥大化は鋤の出現する青銅器時代後期以降であり、栽培行為の開始から3,000〜4,000年遅れている（Fuller 2007・2009）。

　これらの事実は、小さな野生種と変わらないサイズのマメの種子が出たとき、それをすぐさま野生種と判断することが早計であることを意味する。さらに、初期農耕の場合、専用の農具も発達していない場合が多い。しかし、後代の資料中に大型マメや農具が出現していれば、初期の種子に大型化という栽培化徴候がなくても、その時点ではすでに栽培が開始されていた、栽培化の途上にあったと推定できる。これは完全な栽培化に至らない（栽培化徴候群が現れない）栽培行為（Pre-domestication cultivation）の段階と呼ばれている（Fuller 2007・2009）。急激な種子サイズの大型化は、農具の出現とそれによる深い土中への播種という行為の後に出てくる徴候なのである。

3　マメの大型化と集落の大規模化

　2007 年に初めて縄文時代のダイズが発見（小畑ほか 2007）されて以来、ダイズもアズキ（野生種を含む）も土器圧痕を中心に今日でも発見が相次いでおり、九州地方では縄文時代晩期前半以前の土器圧痕種の代表種を構成するほどである（小畑 2016a）。全国的な土器圧痕事例の増加と時間的経過による種子サイズの大型化現象により、このダイズやアズキが中部高地を中心とした地域で縄文人たちによって栽培され始めた作物であることが明らかにされた（中山 2010・2015）。縄文時代のマメ類のサイズに関しては、圧痕データ（ダイズ）のみで見てもサイズは時期を経るにつれ大型化している（小畑 2011a、中山 2015）。また、アズキ亜属種子の例であるが、炭化種子のみで比較した場合も縄文時代中期には大型化している（那須 2015）。II 部第 2 章で引用したように、八ヶ岳西南麓の遺跡数の消長（勅使河原 2013）と中部・関東地方を中心としたダイズ属種子のサイズの変遷（中山 2015）を比較したのが図 16 である。これを見ると、遺跡が大規模化する時点でダイズ属種実は大型化していることがわかる。また、先の栽培化徴候の時間差を考慮すると、マメ類種子が大きくなる縄文中期前半より以前（約 7,000 年前）に栽培は開始されており、後述するクリとともにこの地域の主たる栽培植物であった可能性が高い（小畑 2016d）。

4　貯蔵堅果類害虫コクゾウムシ

　マメ類と並ぶ縄文時代の圧痕構成種のもう 1 つの代表格はコクゾウムシである。とくに九州地方での発見例が多いが、IV 部第 5 章で述べたように、2016 年 2 月、私たちは北海道最南端の松前半島の先端部に位置する館崎遺跡において、北海道で初めてコクゾウムシ圧痕を検出した（小畑 2017a）。本遺跡におけるコクゾウムシ圧痕（表出圧痕に限る）は、縄文時代前期末の円筒土器下層 d2 式 1 点、同中期前葉の円筒土器上層 a2 式 1 点で、残り 94 点は同後期前葉の涌元式土器から検出したものである（図 105）。後期土器が圧痕の主体を占めるが、その初現は縄文時代前期末であり、当地におけるクリ伝播と関連が推定される。また、縄文時代後期の涌元 2 式土器からは 1 個体で 85 点の圧痕を確認しており、意図的混入土器ではないかと考えている（Obata et al. 2018）。

　コクゾウムシ圧痕は、この館崎遺跡例の発見以前には、南は沖縄県から北は青森県まで全国で 51 ヵ所の遺跡から 325 点が検出されていた（2012 年時点、小畑 2016b）。これらは弥生時代早期・古墳時代相当期の 4 例ほどを除けばほとんど縄文時代のものであり、コクゾウムシは縄文時代の定住集落に貯蔵されていたドングリやクリなどの堅果類を加害していた家屋害虫であると考えられる（小畑 2016b）。温暖な気候を好むコクゾウムシ（原田 1971）が北海道・青森県・長野県・富山県など寒い地域で発見されるという事実は、クリの栽培との関係性を示している。

224　V部　圧痕法の現在と未来

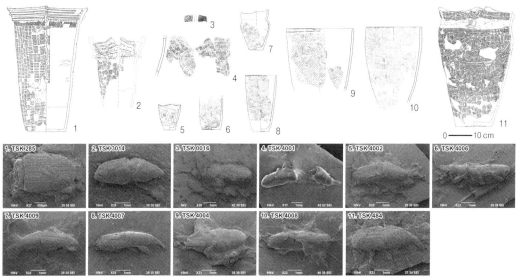

図105　館崎遺跡発見のコクゾウムシ圧痕とその土器
1円筒下層d2式土器（縄文時代前期末）、2円筒上層a2式土器（縄文時代前期初頭）、3～10涌元1式土器（縄文時代後期前葉）、11涌元2式土器（縄文時代後期前葉）

5　クリ林とクリ利用

　クリはブナ科の樹木であるが、その材としての利用は縄文時代草創期中ごろ（約13,800年前）、果実の利用は同早期前葉（約10,500年前）である（鈴木三2016）。このクリが青森県三内丸山遺跡において縄文時代中期には管理栽培されていたという説が花粉分析の結果から主張された（吉川昌ほか2006、吉川昌2011）。虫媒花であるクリはクリ花粉（図106）を遠くまで散布できないため、クリ花粉がきわめて多量に出土する三内丸山遺跡では集落およびその周辺にクリの純林が存在したという。クリは東北日本の多数の縄文遺跡で建築材としても多用されており、三内丸山遺跡を

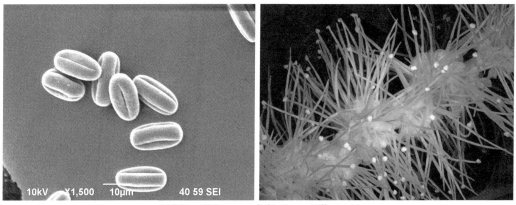

図106　現生クリの花粉（左）と花（右）

はじめとする青森市域の諸遺跡の木材（炭化材）の分析によると、三内丸山遺跡では縄文時代中期には集落遺跡周辺でクリやウルシなどの森林の管理が行われていたことが明らかにされている（Noshiro and Suzuki 2006）。

クリ果実を出土した縄文時代の遺跡の時空的分布（石田ほか 2016）を見ると、クリの分布は東日本を中心としながらも、早期には西日本にも一部分布している。それが前・中期になると東日本に偏って分布する。そして後期になるとまた若干南下し、西日本へも分布域を拡大する。これは寒冷気候から温暖化、そしてさらなる寒冷化によって主たる分布域が移動した結果と考えられる。

クリの主たる利用域は佐々木由香によって「クリ・ウルシ利用文化圏」として示されている（佐々木 2014）。地域的には本州東半部とされ、北海道南部域もこの中に入る。この文化圏はほぼ縄文時代早期後半〜前期に成立するとされる。この分布圏内におけるコナラ属堅果類の利用例はほとんどない。食料以外に建築材などとしても管理されたクリが利用されていたという。この傾向は中期まで継続する。

木本類の果実は、樹木が長い寿命をもつため、その遺伝的変化は遅い。しかし、考古遺跡から出土する炭化・水浸け資料を比較すると、時代を経て果実が大型化・均質化する現象が認められ、これは人の手が加わった証拠であるとされる（吉川純 2011、鈴木三 2016、大木 2017）。

6　クリ出土遺跡にいたコクゾウムシ

Ⅳ部第4章・第5章で見たように、縄文時代前期〜中期のクリ果実の分布域と台地型貯蔵穴（フラスコ・袋状土坑）の分布域はほぼ一致していた。このため、台地型貯蔵穴自体がクリ利用圏の証拠とされ、それが存在しない縄文時代中期の中部高地や西関東地方はクリを利用していない地域と想定された（今村 1999）。しかし、Ⅱ部第2章で述べたように、この地域では屋内出土の多量の炭化クリが発見されており、まだ事例は少ないが、コクゾウムシ圧痕の存在から見ても、この地域が東北地方や東関東地方と同じクリ利用文化圏でありながら、その保存法が屋外の貯蔵穴ではなく屋内貯蔵という、単に異なる貯蔵法を採用していた地域（時期）であったことが判明している。この地域の縄文時代中期の繁栄は、このクリとダイズやアズキなどのマメ類の栽培に支えられていたと考えられる。

同様に、クリとコクゾウムシの強い結び付きは、縄文時代唯一のコクゾウムシの生体化石をもつ青森県三内丸山遺跡においても認められた。三内丸山遺跡では、コクゾウムシの生体化石は円筒下層 a 式土器の時期（縄文時代前期中葉）から、圧痕コクゾウムシはその後の円筒下層 b 式土器から円筒上層 d 式土器の時期（縄文時代中期前半）にかけて検出されている（図108）。一方、花粉分析によって推定される本遺跡におけるクリ林の拡大する時期は、コクゾウムシ生体化石の出現する円筒下層式土器をもつ人々の居住が開始される縄文時代前期中葉とされる（吉川昌ほか 2006）。コクゾウムシ圧痕は縄文時代中期後半の資料を欠いているが、クリとコクゾウムシの出

図107　クリの実に群がるコクゾウムシ

現期の一致、つまり、三内丸山遺跡では、集落の形成と人為的生態系（クリ林・クルミ林）の創設期およびクリ林の優先期に、その害虫と推定されるコクゾウムシが出現・繁殖しているのである。

また、コクゾウムシの成虫約500点を混入した土器（縄文時代後期初頭）が発見された北海道館崎遺跡では、Ⅳ部第5章で見たように、やはり北海道に初めてクリが伝えられた円筒土器下層d式土器の時期（縄文時代前期末）にコクゾウムシ圧痕が初めて検出されている（図108）。このコクゾウムシ圧痕の存在は、これまで炭化クリの出土傾向で把握されていた、本来クリが自生しない北海道に、津軽海峡を越えてきた東北地方の円筒土器文化の人々がクリをもたらしたという説（山田悟・柴内1997）を補強することとなった。本遺跡では、先のコクゾウムシ入り土器と同じく、縄文時代後期初頭のコクゾウムシ圧痕の検出例が多い。これは道南におけるクリ利用の拡大期（山田悟2015）と一致する。

また、Ⅳ部第5章で述べたように、この三内丸山遺跡や館崎遺跡をはじめとする東日本のコク

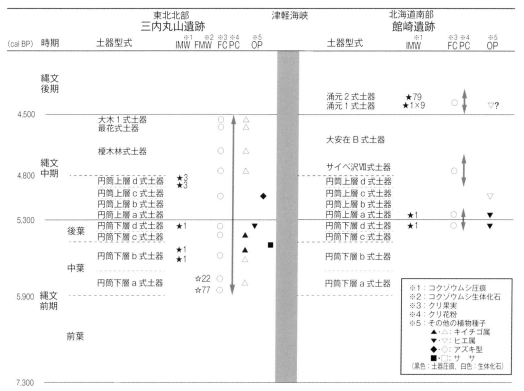

図108　円筒土器文化遺跡のクリ果実・花粉とコクゾウムシの出土状況（Obata et al. 2018）

ゾウムシはその体の大きさが西日本のそれに比べ大きく、これがクリを加害していた証拠と考えられる。同じく大型のコクゾウムシ圧痕を検出した北陸（富山県）の桜町遺跡や小竹貝塚では、クリ果実の出土量は少ないものの、建築材にはクリ材が多量に利用されている。このような東日本を中心とした地域での縄文時代における人為的クリ林の形成に関しては、上記遺跡以外に、花粉分析や樹種同定などによっても積極的に論じられている。花粉分析による福井県鳥浜貝塚周辺の植生と植物利用を復元した吉川昌伸らは、クリが縄文時代草創期末以降に利用され、縄文時代早期前葉（11,500〜8,700 cal BP）には周辺丘陵にクリを多く混生する落葉広葉樹林が形成され、その後、縄文時代早期後葉〜前期後葉には減少するものの、前期後葉の約5,700 cal BP以降にはクリ林を形成していたとした。そして移入植物であるウルシやアサの花粉の存在、クリの自然林としての成立の困難さなどから、クリの出現には人の関与があったとする（吉川昌ほか2016）。同様の現象は新潟県の卯ノ木泥炭層遺跡でも縄文時代早期後葉に認められるという（同前）。これに対して縄文時代早期以前のクリの量的な評価を低く見る意見もあるが（工藤ほか2016）、建築材や燃料としてのクリ材の出土傾向をあわせて見ると、クリ材は減少しておらず、花粉比率の減少は、クリ自体の減少というより、クリ林の場所の変化、つまり集落から離れた空間へ移動した可能性も考えられる。また、関東平野中央部においては、かつてより縄文時代中期以降にクリの木が多いことが花粉や木材化石の分析で指摘されてきたが、最近では、縄文時代早期後葉〜晩期にかけてウルシやクリを主体とした人為的な林が集落を中心に形成されていたことが明らかになっている（吉川昌ほか2018）。

　以上のように、東日本における「クリ・ウルシ利用文化圏」（佐々木2014）の成立は早期後半ごろにはその兆しを見せている。この地域から検出される土器圧痕を中心としたコクゾウムシは西日本のそれらに比べ体が大きく、その原因として、彼らの加害対象が栄養価の高いクリであったことを推定した（Ⅳ部第5章参照）。

　このように、東日本におけるコクゾウムシ圧痕は、クリ栽培の規模やその展開時期を探るバロメーターであり、その時空的分布はクリ栽培の拡散の様子を描き出す指標ともなりうる。

7　縄文時代の農のイメージ

　藤森栄一によって縄文農耕が提唱されて以来およそ70年が過ぎた。この間、考古学者たちは、縄文時代の食糧となった栽培植物に関して決定的な証拠を捉えることができず、縄文農耕自体が否定的な方向へと向かっていた。しかし、縄文時代に確かに栽培植物は存在した。それを明らかにしたきっかけは、遺跡土壌中の炭化種実ではなく、土器中に眠っていたタネとその痕跡であった。圧痕はまさに人が作った「化石」であり、歴史を語る証人である。

　この圧痕法のもっとも大きな成果は、1年生草本ダイズ・アズキの縄文時代における栽培の立証であった。さらに、近年では、植物学研究の発展により、遺跡出土の花粉や木材の研究も精緻を極め、遺跡周辺の森の景観が復元され、そこからどのように資源を獲得したのかが明らかにさ

れるようになった。そこで見えてきたのは、クリやウルシなどの樹木の栽培である。これらは食料中心に語られてきた樹木利用が、食用のみならず生活材や工芸材、建築材、さらには薬材（真邉・小畑 2015・2017）としても彼らの管理下のもと森林が維持され、その生産性が高められてきた可能性を示唆している。そして、多様な場面において、縄文人たちの植物に対する知識やそれを操る技術の高さが改めて認識されている（工藤・国立歴史民俗博物館編 2015・2017）。縄文時代の圧痕コクゾウムシはそれを傍証する役割を果たした。

ただし、縄文時代の農や栽培を考えるうえで留意せねばならないことは、私たちが陥りがちな今日的な農のイメージである。化学肥料や土地改良、除草剤や殺虫剤の散布、ビニール栽培による温湿・日照時間管理、さらには作物の品種改良など、現代の農は栽培植物を守るための高度な技術を獲得した。よって作物の生産性は右肩上がりのイメージである。しかし、これら技術がなかった縄文時代は、その土地でできる作物でできただけの収量を得るというもので、できないところではやらない、必要ないところでは作らないというものであったと想定される。このため、アズキ・ダイズの圧痕・炭化種子の偏った分布に見られるように、栽培された植物の種類も地域や時代ごとに異なっていたし、多量種実混入土器も東日本に偏っているように、圧痕の検出率にも地域差が認められた。さらには狭い領域内でも、山間地と丘陵地、そして低地（海岸部）などの遺跡の立地によっても栽培植物の種類や量は異なっていたようである。しかし、圧痕調査が進展すればするほど、増え続けるダイズ・アズキ・コクゾウムシの圧痕は、それらが我々の想像を超えるほど多数であったことを裏付けている。

以上が、筆者が、縄文人を「豊かな狩猟採集民」ではなく、「狩猟栽培民」（小畑 2016a）と呼ぶ所以である。

第2章　X線が明らかにする縄文人の心象

　「レプリカ法」をはじめとする土器圧痕調査が盛んに行われるようになり、その結果、東日本を中心に、各地で多数の種実圧痕をもつ縄文土器が発見され始めた（Ⅱ部第2章参照）。この種の土器の評価は、X線機器やX線CTスキャナーなどを用いて土器の器壁内部を透過し、潜在圧痕を含む総圧痕数を確認して初めて可能となる。このようなX線機器を使用した圧痕研究も次第に増えてはいるが、まだ現実的な調査法としては普及しておらず、実態としてどれほどの量の同様の土器が存在しているのかいまだ不明である。よって、これら種実圧痕を多数もつ土器が、種実の意図的混入行為の結果であるのか、偶然の混入の結果であるのかの結論はまだ定まっていない。筆者は、意図的混入の意味については栽培植物の豊穣祈願であると考えている（Ⅱ部第2章、Ⅲ部第1章、Ⅳ部第5章参照）。よって、これら種実や昆虫の粘土中への混入が意図的であるか偶然であるかは、縄文人たちの心象に関わる重要な論点でもある。

　筆者は、特定の土器に限ってはいるが、種実の意図的混入の存在を支持する立場にある。この種実の意図的混入説に対する反論として、①混入物（種実）が単1種ではない、②種実は粘土の精錬時に混入したもの（焼成に種実混入は問題ない、種実以外のさまざまなものが紛れ込んでいる）、③「多い」から意図的で、「少ない」場合偶然であるとは言い切れない（混入物の質が重要）などの理由がある（会田ほか2017）。会田進らは、特に種実以外の混入物の質と量に注意を払っている。また、何よりも、多量種実混入土器が遺跡中から出現する確率がきわめて低いという点が、その否定する根拠としてあげられている。

　この意見に対して、「多量種実混入土器の破片化によるみせかけの少なさ」を指摘したことがある（小畑2017b）。本章では、「土器の破片化による情報の喪失→事例の少なさ」に再度焦点を当てて、X線機器によって種実（昆虫）圧痕数が把握できた多量種実・昆虫混入土器の事例を紹介し、その原理を説明し意図的・非意図的混入について考えてみた。

1　多数の種実圧痕をもつ土器

　日本における多数の種実圧痕をもつ土器は表24に示すような事例がある。これらの事例は中部高地から関東地方、北陸地方の縄文時代前期～中期に集中している。しかし、同様の事例は、縄文土器の例ばかりでなく、弥生時代やグスク時代、朝鮮半島南部の新石器時代、中国の新石器時代～青銅器時代にも見られる。京都大学構内遺跡180地点出土の縄文時代晩期末（北部九州弥

表24 多量種実混入土器一覧

県名	遺跡・土器	時期	表出圧痕	潜在圧痕	種実種	単位面積当個数	土器残存率	復元種実個数	備考
北海道	キウス3遺跡	続縄文	514	309	アサ	129	81.50%	1013	
北海道	館崎遺跡・円筒土器下層d1式土器	縄文前期	55	63	ヒエ属	7.2	34.28%	154	
長野県	伴野原遺跡33号住居址出土土器	縄文中期	120	122	アズキ亜属・ダイズ属	6.4			
長野県	頭殿沢遺跡出土・久兵衛尾根Ⅱ式土器	縄文中期	32（1）	—	エゴマ（マメ科）	109			X線未調査
長野県	和田遺跡34号住居址出土土器	縄文中期	30	100	ミズキ核	—			
長野県	目切遺跡・曽利Ⅱ式土器	縄文中期	15	24	アズキ亜属	—	約12.5%	300	
長野県	梨久保遺跡55号住居址出土・曽利Ⅱ式土器	縄文中期	249	1514	エゴマ	—	約40.00%	3000	
山梨県	花見山遺跡深鉢形土器底部	縄文前期	5	22+α	エゴマ	42	—	—	
神奈川県	勝坂遺跡出土・加曽利EⅡ式土器	縄文中期	70	—	ダイズ属				X線未調査
神奈川県	羽根尾貝塚出土土器	縄文前期	多数	—	エゴマ？				X線未調査
埼玉県	越後山遺跡出土・加曽利EⅠ式土器	縄文中期	114	—	ダイズ属				X線未調査
富山県	小竹貝塚出土土器（ODK 64）	縄文前期	66	459	エゴマ	118	30.39%	1700	
富山県	平岡遺跡出土土器（HOK 38）	縄文前期	7	16	エゴマ	95			
富山県	平岡遺跡出土土器（HOK 21）	縄文前期	13	11	エゴマ	134			
富山県	平岡遺跡出土土器（HOK 28）	縄文前期	6	14	エゴマ	400			
沖縄県	溝原貝塚出土土器（MZH 339）	グスク	8	29	アワ	103			

生早期以降）の壺形土器（口縁部を除くほぼ完形）からはアワ10点（遠藤・伊藤2013）が、長野県飯田市矢崎遺跡出土の縄文時代晩期後葉の甕形土器（部分）からはアワ21点の圧痕が検出されている（遠藤・高瀬2011）。また、時代は異なるが、同じくアワ種子が37点混入されたグスク時代の鍋形土器（破片）が沖縄県溝原貝塚から検出されている。この土器に関してはX線CTスキャナーによる潜在圧痕の検出と同定がなされている（千田・小畑2015）。

穀物ではないが、北海道キウス3遺跡からは続縄文期の深鉢形土器にアサの実圧痕が多数含まれる例が報告されている。X線機器により潜在圧痕が調査され、1,013点の推定混入個体数が復元されている（北海道埋蔵文化財センター2016）。

X線機器やX線CTスキャナーによる検査を経ていない資料群であるが、韓国の事例としては、韓国東海岸の新石器時代前期〜中期に相当する、文岩里遺跡からは57個と14点のアワ圧痕をもつ土器片、松田里遺跡でも10点のキビ圧痕をもつ小土器片とアワ19点とアズキ1点の圧痕をもつ破片、地境里遺跡では、それぞれ8点と9点のキビ圧痕をもつ破片、20点と11点のアワ圧痕をもつ破片とともに、68点・26点・49点のキビ圧痕をもつ3つの復元個体が報告されている。さらに西海岸では、新石器時代中期の雲西洞遺跡IUS 70土器（下半分個体）に14点のアワが検出されている（국립문화재연구소 2015）。これ以外に、同じ櫛文土器で、東三洞貝塚出土の瀛仙洞式土器（破片4点）からアワ18点の表出圧痕が検出されている（小畑・真邉2014c）。中国の場合は、山東省や遼寧省の諸遺跡での圧痕調査によって同様の例が散見される（小畑2018c・2018d）。

これらの事例は、縄文時代の例を除くと、そのすべてがすでに穀物栽培を行っている時代と地域のものである。縄文時代もマメ類やエゴマなどの植物栽培を行っていた社会であることはほぼ認められている。

2　多数のコクゾウムシ圧痕をもつ土器

　Ⅳ部第5章で見たように、土器粘土中に多量に混入された可能性のあるものは種実だけでなく、コクゾウムシ（貯蔵食物害虫）の成虫がある。北海道館崎遺跡では、1個体の土器にコクゾウムシの成虫が約500匹も混入されたと推定されている（Obata et al. 2018）。

3　分　　　析

(1) 絶対（復元）数の格差

　Ⅲ部第1章図39のエゴマの単位面積当たりの復元個体数のグラフとⅣ部第5章図101のコクゾウムシの単位面積当たりの復元個体数のグラフを見てみると、それぞれの復元個体数の桁は87と12.4と格差はあるが、同時代の同地域の同じ種が複数入る土器との圧痕数に大きな隔たりがあることがわかる。表24にも示したように、これは同じ植物種実であっても種ごとに異なるし、時代や地域によっても異なるであろう。この点に関して佐野隆は同じ遺跡内の土器間で比較する必要性を説いている（佐野2016）。筆者もこの隔絶した復元個数の差に「偶然」と「意図」の意味を付与した。同様の質的違いは、北海道館崎遺跡から出土したヒエ属種子圧痕をもつ円筒土器2点の間にも認められた。

(2) 混入種実の種の特性

　いずれの時代や地域においても、底部に多数の種実圧痕が付着している例があるが、これらは整形時もしくは乾燥時の離型材としての機能を果たすもので、先の例は表出圧痕では胴部や口縁部を中心としたものであり、それらとは性格を異にする。そして混入種実は、ダイズ属やアズキ亜属などのマメ類、アワやキビなどの穀物、エゴマ・カラスザンショウなど、当時の重要な食料もしくは有用種に限られ、その中には栽培種が大きなウエイトを占めている点は重要である。

　これらは単に家の中にあったもの、保存物や利用物の偶然の散乱の結果紛れ込んだものという意見がある。しかし、葉や茎、小枝など他の植物の遺体片と種実は同じなのであろうか。会田らは、これらゴミの土器粘土中での比率は十分に検討されていないことを指摘しているが（会田ほか2017）、土器粘土中のゴミの数を計数した佐野の研究によれば、ゴミはある時期の土器を除いてさほど多くなく、多量に入る1種類の種実は意図的な混入であると想定している（佐野2019）。これらの植物種実はゴミや偶然の混入物と同義で扱われたにしては、土器の中に入る種実の1種類の量がきわめて多く、先のような理由から納得のいくものではない。

(3) 破片化による情報遺失—錯覚—

　会田らが偶然の混入の理由としてもっとも重視するのが、多量種実混入土器の少なさである（会田ほか2017）。会田らは多量種実圧痕土器の出現率が0.17％ときわめて低く、もし意図的混入であれば、このような土器が集落単位もしくは土器の型式単位ほどは存在してしかるべきと考えている。しかし、文中にあるように、会田らは完形土器または完形復元土器を対象に圧痕調査を進めており、破片化による資料の情報遺失（見落とし）は重要である。これら破片資料は土器圧痕調査の進展に伴い、特に東日本の縄文土器を中心に発見例が徐々にではあるが増えつつある。さらには、破片化した場合、多量種実混入土器であると気付くのは、おそらく2点以上の表出圧痕をもつ土器片の場合のみであろう。以下の事例を見ながら検討してみたい。

長野県伴野原遺跡出土土器（図109左）

　この土器は75点の土器片から成り、埋設土器として検出されているので、ほとんどの破片が散逸せずに残っている。器表面はすべて調査され、さらにX線透過写真によって、潜在圧痕の位置と数も特定されている。その結果247点のアズキ亜属種子の圧痕が検出された（会田ほか2017）。その圧痕の土器上での分布状況を見ると、全体にまんべんなく分布しており、偏りは認められない。図示された土器片ごとの面積を算出し、破片ごとの表出圧痕と潜在圧痕の保有状況を計数した。以下、その結果である。

①総圧痕数は0点が最低で、最高は15点であった。その最高数の土器片は1辺の長さが12～13cmの正方形と同じ面積である（表25）。

②総圧痕数は若干の揺れはあるが、全体に見て破片の大きさに比例している（表26）。破片数が75点であり、うち圧痕がまったくないものが12点（16％）存在する。その場合、破片の大きさは1辺2cm以上～6cm未満の小破片ばかりであった。

③表出圧痕のないものでも、潜在圧痕をもつもの（8点）があり、1辺4.1cmの大きさで、表出がなくても、潜在圧痕1点を含む例がある。同様の例で最大のものは、1辺9.74cmで、その場合、潜在圧痕数は3個である（表25）。

④表出圧痕が1点あるものの中に、12点の潜在圧痕があるものがある（表25）。この場合、含

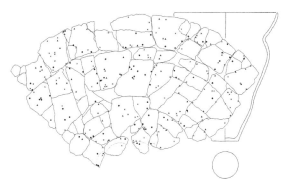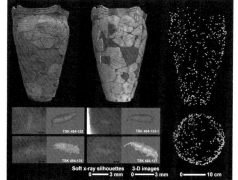

●外面，▲内面，×中および X線透過写真による推定を含む

図109　多量アズキ亜属混入土器（左：伴野原遺跡）とコクゾウムシ混入土器（右：館崎遺跡）

表25 伴野原遺跡出土土器の表出圧痕数と潜在圧痕数別土器片数

		潜在圧痕数									
		0	1	2	3	4	5	6	7	8	9
表出圧痕数	0	12	3	4	1						
	1	6	7	2		2	1				
	2	6	5	2		3	2				
	3	2	1	3	2		1				1
	4			1							
	5		1			1		1			
	6			2		1					
	7										
	8										
	9	1						1			
破片数		27	17	14	4	6	4	2	0	0	1

表26 伴野原遺跡出土多量種実混入土器の総圧痕数・大きさ別土器片数

土器片1辺の長さ (cm)	総圧痕数															
	0	1	2	3	4	5	6	7	8	9	10	11	12	13	14	15
2-3	8%															
3-4	58%		12%	10%												
4-5	25%	56%	12%													
5-6	8%	22%	35%	20%		40%										
6-7			12%	20%	100%	20%	25%									
7-8		11%	18%	30%			25%	50%								
8-9		11%	12%	10%		20%	25%									
9-10				10%				50%	80%		100%					
10-11						13%							100%			
11-12						20%	13%									
12-13									20%			100%				100%
13-14																
破片数合計	12	9	17	10	3	5	8	2	5	0	1	1	1	0	0	1

まれる最大の潜在圧痕数は5点、土器片は1辺6.6 cmの破片で、単位面積当たりの復元個数は13.6個であり、全体の6.4個を大きく凌駕している。

⑤表出圧痕が2点あるものは最高で5点の潜在圧痕がある例が2点存在する（表25）。この場合、小さいもので1辺が7.14 cm、大きい方で9.64 cmである。大きい方でも単位面積当たりの復元個数は7.53個であり、全体の6.4個を凌駕している。

表出圧痕が0点や表出圧痕1点の場合も潜在圧痕がある場合がある。これはX線透過がなければ圧痕を見逃すこと、多量種実混入土器に由来することがまったく認知できないことを意味する。また、普段我々が多数種実混入土器を意識する2点の表出圧痕があるものは、その約67%に潜在圧痕があり、その圧痕数も最高で5点と、きわめて多い。

北海道館崎遺跡出土土器（図109右）

140点の土器片からなり、全体の約83.2%が残存している。表出圧痕85点が確認された後、

表27 館崎遺跡出土土器の表出圧痕数と潜在圧痕数別土器片数

		潜在圧痕数													
		0	1	2	3	4	5	6	7	8	9	10	11	12	13	14	17
表出圧痕数	0	30	32	14	14	7		5	1	1						
	1	2	7	6	2	2	1	1		1						
	2		1	2	1	2			1		1					
	3			1						1			1			
	4							1		1						
	5															
	6															
	7															
	8															
	9															
	14															1
破片数		32	40	23	17	11	1	7	2	4	1	0	1	0	0	0	1

表28 館崎遺跡出土多量種実混入土器の総圧痕数・大きさ別土器片数

土器片1辺の長さ (cm)	総圧痕数														
	0	1	2	3	4	5	6	7	8	9	10	11	12	13	14	31
1-2	20%	3%														
2-3	40%	29%	10%	15%												
3-4	30%	41%	24%	29%	18%	25%	13%									
4-5	7%	18%	43%	29%	9%	50%		50%								
5-6	3%	9%	19%	24%	45%		51%			50%						
6-7				5%	27%		13%					50%	100%			
7-8							26%	50%	100%		100%					
8-9						25%				50%						
9-10												50%				
10-11															100%	
11-12				5%												
12-13																
16-17																100%
破片数合計	30	34	21	21	11	4	8	2	1	2	1	2	1	0	1	1

復元個体の状態でX線CTスキャナーで撮影し、断層画像からコクゾウムシ圧痕を抽出・計数した。コクゾウムシの3次元プロットでは土器全体にまんべんなく分布しており、特別な分布の偏りは認められない。総圧痕数は417点である（Obata et al. 2018）。

①総圧痕数は0点が最低であり、最高は62点（底部：単位面積当たりの圧痕数の計算には他の部分との器壁の厚さの整合性から1/2の31点として計算している）であった。その場合、土器片は1辺の長さが16〜17cmの正方形と同じ面積である。

②総圧痕数は若干の揺れはあるが、全体的に破片の大きさに比例している（表28）。140点の破片数のうち、30点（21％）がまったく圧痕をもたない。その場合の破片の大きさは1辺1以上〜6cm以下であった。

③表出圧痕がないもの104点のうち、74点が潜在圧痕をもち、1辺2.18cmの大きさで、表出

圧痕がなくても、潜在圧痕 1 点を含む例がある。同様の例で最大のものは、1 辺 7.07 cm で、その場合、潜在圧痕数は 8 点である（表 27）。

④表出圧痕を 1 点含むもの 22 点のうち 20 点に潜在圧痕がある（表 27）。この場合、最大の潜在圧痕数は 8 点、土器片は 1 辺 8.40 cm の破片で、単位面積当たりの復元個数は 12.77 個であり、全体の 12.4 個とほぼ同じである。

⑤表出圧痕が 2 点あるもの 8 点はすべて潜在圧痕をもつ（最高で潜在圧痕 9 点、表 27）。この場合、小さいもので 1 辺が 3.32 cm（潜在圧痕 3 点）、大きいもので 7.11 cm（潜在圧痕 4 点）である。大きい方は単位面積当りの復元個数は 11.88 個であり、全体の 12.4 個とほぼ同じである。この破片よりやや小さい 1 辺 6.30 cm の破片が、6 点の潜在圧痕をもち、単位面積当りの復元個数 27.67 個と、土器全体の単位面積当りの個数の倍以上となる。

以上、伴野原遺跡例と同じく、表出圧痕が 0 点や表出圧痕 1 点の場合も潜在圧痕がある場合があった。また、多数種実混入土器を想定する 2 点以上の表出圧痕があるものは、底部を除きそのすべてが潜在圧痕をもっており、その圧痕最高数も 11 点と、きわめて多い。

これらを総合すると、破片化することで、多量種実・昆虫混入土器である根拠となる総圧痕数が著しく低く評価されることが明らかになった。よって、X 線機器による調査をしなければ、本来潜在圧痕をもちながら、75 点中 8 点（約 10.7％、伴野原遺跡）・140 点中 74 点（52.9％、館崎遺跡）は圧痕無しと評価され、14 点（5.7％、伴野原遺跡）・175 点（42.0％、館崎遺跡）の圧痕を見失うことになる。また、表出圧痕数が 1 点以下の土器片は、26 点（34.6％、伴野原遺跡）・96 点（68.5％、館崎遺跡）にも及び、4〜7 割の土器片が多量種実・昆虫混入土器由来とは見なされないという結果を招く危険性があることが判明した。

宮崎県本野原遺跡出土土器

実際に破片化して、総圧痕数の低い評価につながりかねなかった土器の例として、本野原遺跡

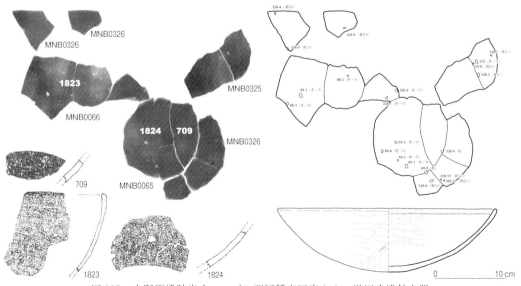

図 110　本野原遺跡出土のアズキ亜属種実圧痕をもつ黒川式浅鉢土器

から出土したアズキ亜属種子を多数含む縄文時代晩期黒川式土器の浅鉢形土器がある（図110）。本例は、単位面積当りの種子数は非常に少ないが、破片化による情報の喪失例として重要である。実は、本土器は3点が別の土器としてそれぞれ報告書に掲載されていた（番号：709・1823・1824）。筆者らの圧痕調査により、それぞれの破片がアズキ亜属種子の圧痕をもつことから、その3点以外に、別に収蔵してある外表面の特徴が似た土器を集めて接合してみたところ、すべて同一個体であることが判明した。全体で12点の破片であるが、軟X線機器による潜在圧痕調査も行い、11点のアズキ亜属種子の圧痕があることが判明している。

4 考　　察

(1) 多量種実・昆虫混入土器の見掛け上の少なさ

以上から、表出圧痕のない土器であっても潜在圧痕を含む可能性と多量種実・昆虫混入土器の一部である可能性を示すこと、多量種実・昆虫混入土器であっても完形土器の破片化による見逃しの可能性があることが判明した。我々が通常、多量種実・昆虫混入土器として意識するのは表出圧痕2点以上の破片であるが、表出圧痕が1点の場合や表出圧痕がない場合にも、伴野原遺跡の例では最高5点と3点の潜在圧痕が、館崎遺跡の場合、最高8点の潜在圧痕が含まれていた。このように、まったく表出圧痕のない破片も実は潜在圧痕を有した多量種実・昆虫混入土器の一部である可能性があるのである。よって、多量種実・昆虫圧痕土器は我々の想像以上に多いものと考えられる。先の埼玉県犬塚遺跡出土のニワトコやシソ属の種実が多数含まれる小破片（山本ほか2018）は破片化した多量種実混入土器の好例といえる。

(2) 偶然の混入か意図的混入か

種実や昆虫の混入が、偶然か意図的かの判断の1つに、種実・昆虫の量が問題となろう。300粒のアズキが混入しても、普通の大人の掌1杯の量であり、粘土に混ぜて練るとないに等しい、見えない程度の量であるという（会田ほか2017）。しかし、多量の種実が入っても焼き上ることと、偶然に混入したことは一義ではない。

ただし、偶然にしても、どのような状況のもとでそのような多量の種実が入るのかは重要である。伴野原遺跡33号住居址出土土器は総表面積で3792.4cm^{2}である。器壁の厚さを1cmとし

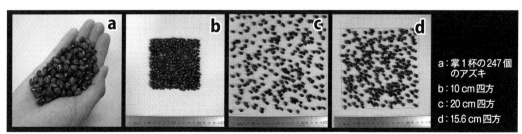

図111　アズキの面積ごとの散布（密集）状況

た場合、20 cm 四方の角柱体として、9.48 cm（約 10 cm）の厚さをもつ。247 個のマメ（アズキ亜属）はたしかに大人の掌 1 握り分である（図 111 の a）。この現生アズキ 247 個を隙間なく平面に並べてみると、約 10 cm 四方の平面に収まる（同 b）。このような密な状態は床に多量のアズキを人為的に敷き詰めなければ起こり得ない。20 cm 四方の場合でもかなりの密集度（同 c）であるし、この土器の粘土が立方体であると約 15.6 cm 四方となり、その場合もやはり密集感は強い（同 d）。よって、247 個のマメが入る背景には、絨毯のように作業場に敷き詰められたマメもしくはカゴや浅鉢などの容器に保存されたマメの存在があり、その上に粘土塊が押し付けられなければ起こりえない現象ではないかと思われる。でなければ、床に散漫に散らばったマメに粘土塊を押し付ける作業を何度も繰り返さねばならない。これを偶然と呼ぶのだろうか。豊富な食料やその残滓があった（会田ほか 2017）にせよ、上記のような密度で竪穴住居の床や作業台の上一面に広がるマメやコクゾウムシを筆者は想像できない。

　また、床に偶然にこぼれたマメであれば、先に例示したような 1 つの遺跡内での単位面積当りの復元数に格差（小畑 2015d、Obata et al. 2018）があることは説明できない。遺跡ごとにその数の多寡はあろうが（佐野 2016）、もし偶然にこぼれていた種実が付着したなら、その復元個数は、緩やかな曲線を描くグラフとなるはずである。

　筆者の考えが間違いであっても、会田らが述べるように（会田ほか 2017）、床面には収穫され保存されていたマメやエゴマ、クリがたくさんこぼれ落ちており、それらが土器作りの際に入っても土器製作者たちが無頓着であったほど、さらには、他の木や葉っぱやゴミと同じくらい無意味（執着しないほど）といえるくらい、豊富であったことを意味している。本書 II 部第 2 章で議論・推定した中部高地地域における豊富であったマメ類の姿を如実に示す証拠となる。

　縄文人たちが土器の中にタネやムシを故意に入れたか否かという議論は、まだ決定的な結論に至ったとはいえない。その解決の糸口は、結局、土器中の圧痕とそれを含む土器そのものの「数」に帰着する。しかし、「多数」という調査者の感覚も人によって異なり、その感覚の背景にある印象と史観の差によって、過小評価される場合もあれば、過大評価される場合もある。筆者の場合はどちらかといえば、その後者であろう。たしかに、このような土器は遺跡からさほどたくさん発見されているわけではない。縄文人の心を示す多数のタネを入れた土器であれば、過去 100 年に及ぶ縄文土器研究において、考古学者の耳目を集め、博物館にも展示されていて当然である。しかし、よく考えてみれば、縄文時代にダイズやアズキが栽培されていたこと、縄文時代の家に棲みついたコクゾウムシが貯蔵堅果類を加害し、無意識のうちにほぼ日本列島全域に拡散していったこと、縄文家屋にゴキブリが棲みついていたこと等々、これら事実は縄文土器の圧痕の悉皆調査が行われるようになってわかってきた、ここ 10 年間の新たな事実といえる。そして、10 年間に調べられた縄文土器も全国規模で見れば、まだごくわずかである。ここで紹介した多数のアズキ亜属種子の圧痕をもつ長野県の伴野原遺跡の土器も数十年の時を経て今初めて評価された。これも圧痕調査の進展によるもので、考古学者の確信のないものは、収蔵庫の中で眠っていた、ということになる。

筆者は、多量のタネやムシの圧痕をもつ土器とその意味が過小評価されていることも、考古学者にまだ見えていないだけだと考えている。その原因は、調査事例の少なさと土器の破片化による検出例の少なさであると考える。将来、考古学の現場に、X線機器やX線CTスキャナーが実装されればいずれは明らかになることであろう。これらの機器が頻繁に利用されるようになったとはいえ、X線機器による圧痕調査は、肉眼による圧痕に比べてきわめてわずかしか行われていない。筆者は圧痕探しを「土器を掘る」と呼ぶ。この作業は、見えないものを見せてくれる技術である、X線というスコップで行ってこそ可能となる。これまで私たちが研究対象としてきた「圧痕」は、もはや「圧痕」ではなくなった。その正体は、土器の中に隠れたタネやムシであり、意図的であれ、偶然であれ、いわば人が作った「人為化石」である。恐竜や古生物の化石がそうであるように、我々は、太古の地層の断面を見て、その存在に気付くが、その地層の奥にはたくさんの化石が眠っていることを知っている。発掘のみがその正体を知りうる方法である。先史時代のタネやムシの化石は、そのほとんどが未発掘のまま、土器という地層の中に眠っている。

　「第二の発掘」（肉眼による土器圧痕調査）が見せてくれた驚きと学問的興奮を「第三の発掘」（X線機器を応用した土器圧痕調査）によってさらなる驚きに変えるべく、今こそイノベーションを起こす時と考える。整理作業や研究の場において、当たり前のようにX線機器を用いて土器の中をのぞく時代がすぐそこに来ているのである。

参考・引用文献

会田進・酒井幸則・佐々木由香・山田武文・那須浩郎・中沢道彦　2017「アズキ亜属種子が多量に混入する縄文土器と種実が多量に混入する意味」『資源環境と人類』7、明治大学黒耀石研究センター、23〜50頁

会田進・中沢道彦・那須浩郎・佐々木由香・山田武文・輿石甫2012「長野県岡谷市目切遺跡出土炭化種実とレプリカ法による土器種実圧痕の研究」『資源環境と人類』2、明治大学黒耀石研究センター、49〜64頁

会田進・山田武文・佐々木由香・輿石甫・那須浩郎・中沢道彦　2015「岡谷市内縄文時代遺跡の炭化種実及び土器種実圧痕調査の報告（本編）」『長野県考古学会誌』150、長野県考古学会、10〜45頁

泉　拓良　2014「縄文人の食生活と植物利用」『講座日本の考古学4　縄文時代　下』青木書店、109〜125頁

伊藤修四郎・井上寛・奥谷禎一・白水隆・中根猛彦・日浦勇　2012『学生版　日本昆虫図鑑』北隆館、503頁

伊藤由美子2008「トチノキ種皮片集積遺構出土種実類の分析」『三内丸山（9）遺跡Ⅱ』青森県埋蔵文化財調査報告書第448集、47〜49頁

石田糸恵・工藤雄一郎・百原新　2016「日本の遺跡出土大型植物遺体データベース」『植生史研究』24-1、18〜24頁

今村啓爾　1987「群集貯蔵穴と打製石斧」『考古学と民族誌』渡辺仁教授古希記念論文集刊行会、61〜94頁

今村啓爾　1999『縄文時代の実像を求めて』歴史ライブラリー76、吉川弘文館、216頁

丑野　毅　1994「土器の中に残されている圧痕」『東京大学総合研究資料館ニュース』30、6〜7頁

丑野　毅　2013「レプリカ法の理論と実践について」『シンポジウム　レプリカ法の開発は何を明らかにしたのか─日本列島における農耕伝播と受容の研究への実践─　予稿集』明治大学日本先史文化研究所、54〜55頁

丑野毅・川川裕美　1991「レプリカ法による土器圧痕の観察」『考古学と自然科学』24、日本文化財科学会、13〜36頁

宇田津徹朗編　2004『縄文時代における稲作伝播ルートに関する実証的研究』平成12〜15年度科学研究費補助金基盤研究B-2（研究課題番号：12480028）研究成果報告書、104頁

梅谷献二　1987『マメゾウムシの生物学』築地書館、229頁

遠藤英子　2012「土器圧痕の形成過程とタフォノミー」『日本植生史学会第27回大会講演要旨集』日本植生史学会、24〜25頁

遠藤英子　2013「山ノ寺・夜臼Ⅰ式土器から同定した栽培穀物」『日本植生史学会第28回大会講演要旨集』日本植生史学会・高知大学、75〜76頁

遠藤英子　2014「種実由来土器圧痕の解釈について」『考古学研究』60-4、考古学研究会、62〜72頁

遠藤英子・伊藤淳史　2013「比叡山西南麓における栽培穀物出現期の様相─レプリカ法による京都大学構内遺跡出土資料の種実圧痕調査─」『京都大学構内遺跡調査研究年報2010年度』京都大学文化財総合研究センター、181〜212頁

遠藤英子・高瀬克範　2011「伊那盆地における縄文晩期の雑穀」『考古学研究』58-2、考古学研究会、74〜85頁

大分市教育委員会　2006『玉沢地区条里跡　第7次発掘調査報告』大分市埋蔵文化財調査報告書第66集、大分市教育委員会

大木美南　2017「縄文時代におけるクリ果実の大型化」『考古学集刊』14、明治大学文学部考古学研究室、63〜76頁

大阪市立自然史博物館　1996『第23回　特別展　昆虫の化石─虫の4億年と人類─』60頁

岡山大学埋蔵文化財調査研究センター　2005『津島岡大遺跡16』岡山大学構内遺跡発掘調査報告第21冊

小畑弘己　2003「磨製石器と植物利用─南九州地方における縄文時代草創期〜早期前半の石器生産構造の再検討─」『熊本大学文学部論叢』82、熊本大学文学部、17〜45頁

小畑弘己　2006「九州縄文時代の堅果類とその利用─東北アジアの古民族植物学の視点より─」『第16回九州縄文研究　会大分大会　九州縄文時代の低湿地遺跡と植物性自然遺物』九州縄文研究会、31〜40頁

小畑弘己　2008「古民族植物学からみた縄文時代の栽培植物とその起源」『極東先史古代の穀物 3』日本学術振興会平成 16〜19 年度科学研究費補助金（基盤研究 B-2）（課題番号 16320110）「雑穀資料からみた極東地域における農耕受容と拡散過程の実証的研究」研究成果報告書、熊本大学、43〜93 頁

小畑弘己　2010「縄文時代におけるアズキ・ダイズの栽培について」『考古学・先史学論究』Ⅴ、龍田考古会、239〜272 頁

小畑弘己　2011a『東北アジア古民族植物学と縄文農耕』同成社、320 頁

小畑弘己　2011b「(1) 問題提起：縄文時代の植物利用と栽培植物研究」『日本考古学協会第 77 回総会研究発表要旨』日本考古学協会、134〜135 頁

小畑弘己　2011c「近年の圧痕法による縄文時代栽培植物の研究成果」『国際シンポジウム東アジアの植物考古学研究の現状と課題』ソウル大学人文学研究院文化遺産研究所・ソウル大学校考古美術史学科・熊本大学文学部、13〜23 頁

小畑弘己　2012a「東アジアの新石器時代からみた縄文時代の植物利用―最近の古民族植物学の成果と問題点―」『長野県考古学会 50 周年記念プレシンポジウム予稿集　縄文時代中期の食遺物利用』長野県考古学会縄文中期部会、30〜45 頁（Ⅱ部第 1 章）

小畑弘己　2012b「イネを食べなかった縄文時代のコクゾウムシ―稲作はいつ日本に伝播したのか？―」『東アジア植物考古学の革新』第 13 回国際花粉学会議・第 9 回国際古植物学会議公開シンポジウム発表要旨集、13〜24 頁

小畑弘己　2013a「土器圧痕・生体化石資料の比較検討による縄文集落における植物性食料の貯蔵形態と家屋害虫の実証的研究」『特別史跡三内丸山遺跡年報 16』40〜50 頁

小畑弘己　2013b「圧痕レプリカ法による広原第 1 遺跡出土土器の圧痕とその意義」『広原第 1 遺跡』宮崎県埋蔵文化財センター発掘調査報告書第 227 集、95〜98 頁

小畑弘己　2013c「ヨーロッパ・地中海地域における昆虫考古学研究―圧痕家屋害虫学の提唱（その 1）―」『先史学・考古学研究と地域・社会・文化論』高橋信武退職記念論集編集委員会、82〜108 頁（Ⅳ部第 1 章）

小畑弘己　2013d「圧痕法で探る先史古代の植物栽培と人々のくらし―三内丸山遺跡における圧痕調査とその分析を通じて―」『先史時代の植物利用戦略―栽培植物から見た考古学研究―』北海道考古学会 2013 年度研究大会発表要旨、北海道考古学会、1〜8 頁

小畑弘己　2013e「일본 선사시대 농경화 과정」『자연과학에서 본 농경출현』한국 입문화제연구소、47〜82 頁

小畑弘己　2013f「土器圧痕として検出された昆虫と害虫―圧痕家屋害虫学の提唱（その 2）―」『私の考古学　丹羽佑一先生退任記念論文集』丹羽佑一先生退任記念事業会、103〜123 頁（Ⅳ部第 2 章）

小畑弘己　2014a「三内丸山遺跡からみた貯蔵食物害虫 Sitophilus 属の生態と進化過程の研究」『特別史跡三内丸山遺跡年報』17、青森県教育委員会、76〜85 頁

小畑弘己　2014b「種実圧痕の考古資料としての特性―圧痕は何を意味するのか？　三内丸山遺跡における検証―」『先史学・考古学論究』Ⅵ（考古学研究室創設 40 周年記念論文集）、龍田考古会、85〜100 頁（Ⅰ部第 3 章）

小畑弘己　2015a「植物考古学からみた九州縄文晩期農耕論の課題」『第 25 回九州縄文研究会研究発表要旨集』九州縄文研究会、8〜17 頁（Ⅱ部第 3 章）

小畑弘己　2015b「土器圧痕調査」『平岡遺跡発掘調査報告―主要地方道小杉婦中線改良工事に伴う埋蔵文化財発掘報告Ⅰ―』、富山県文化振興財団埋蔵文化財発掘調査報告第 65 集、公益財団法人富山県文化振興財団埋蔵文化財調査事務所、297〜320 頁

小畑弘己　2015c「圧痕法のイノベーション」『日本考古学協会第 81 会総会研究発表要旨』日本考古学協会、36〜37 頁（Ⅰ部第 2 章）

小畑弘己　2015d「エゴマを混入した土器―軟 X 線による潜在圧痕の検出と同定―」『日本考古学』40、日本考古学協会、33〜52 頁（Ⅲ部第 1 章）

小畑弘己　2016a『タネをまく縄文人―最新科学が覆す農耕の起源―』歴史文化ライブラリー 416、吉川弘文館、217 頁

小畑弘己　2016b「縄文時代の家屋害虫：コクゾウムシ」『昆虫と自然』51-6、ニューサイエンス社、24〜27頁

小畑弘己　2016c「虫と食料貯蔵―縄文コクゾウムシが語る多様な堅果類貯蔵―」『海と山と里の考古学―山崎純男博士古稀記念論集―』山崎純男博士古稀記念論集編集委員会、107〜118頁（Ⅳ部第4章）

小畑弘己　2016d「縄文時代の環境変動と植物利用戦略」『考古学研究会』63-3、考古学研究会、24〜37頁（Ⅱ部第2章）

小畑弘己　2017a「館崎遺跡出土土器の圧痕調査報告」『館崎遺跡』第4分冊、北海道埋蔵文化財センター発掘調査報告書333集、202〜212頁

小畑弘己　2017b「種実・昆虫混入土器とその意味について」『日本考古学協会第83回総会研究発表要旨』日本考古学協会、30〜31頁

小畑弘己　2018a「北部九州における弥生時代開始期の穀物組成」『市史研究　ふくおか』13、福岡市史編纂室、60〜75頁

小畑弘己　2018b「土器圧痕からみた熊本平野における弥生時代開始期の穀物組成」『文学部論叢』109、熊本大学文学部、1〜13頁

小畑弘己　2018c「遼東半島文家屯遺跡出土の圧痕調査成果」『東北アジア農耕伝播過程の植物考古学分析による実証的研究』、平成27〜30年度日本学術振興会科学研究費基盤研究（B）研究課題番号15H03266（研究代表者：宮本一夫）研究成果報告書、38〜60頁

小畑弘己　2018d「遼東半島王家村遺跡出土の圧痕調査成果」『東北アジア農耕伝播過程の植物考古学分析による実証的研究』平成27〜30年度日本学術振興会科学研究費基盤研究（B）研究課題番号15H03266（研究代表者：宮本一夫）研究成果報告書、61〜92頁

小畑弘己　2018e『昆虫考古学』角川選書610、KADOKAWA、234頁

小畑弘己・金三津道子　2015「軟X線による潜在圧痕の探査と圧痕法の革新―富山市平岡遺跡での実践―」『平成26年度埋蔵文化財年報』公益財団法人富山県文化振興財団埋蔵文化財調査事務所、30〜39頁（Ⅲ部第2章）

小畑弘己・坂本紀乃・大坪志子　2003「考古学者のためのドングリ識別法」『先史学・考古学論究』Ⅳ、龍田考古会、225〜288頁

小畑弘己・佐々木由香・仙波靖子　2007「土器圧痕からみた縄文時代後・晩期における九州のダイズ栽培」『植生史研究』15-2、日本植生史学会、97〜114頁

小畑弘己・中沢道彦・百原新・町田賢一・納屋内高史　2014「縄文土器の圧痕調査成果」『小竹貝塚発掘調査報告―北陸新幹線建設に伴う埋蔵文化財発掘報告Ⅹ―第2分冊自然科学編』富山県文化振興財団埋蔵文化財発掘調査報告第60集、公益財団法人富山県文化振興財団埋蔵文化財調査事務所、19〜32頁

小畑弘己・河仁秀・真邉彩　2011「東三洞貝塚発見の韓国最古のキビ圧痕」『日本植生史学会第26回大会講演要旨集』日本植生史学会、39〜40頁

小畑弘己・真邉彩　2011「最近の植物考古学の成果からみた日韓初期農耕問題」『日韓新石器時代研究の現在』第9回日韓新石器研究会発表資料集、九州縄文研究会・韓国新石器学会、1〜18頁

小畑弘己・真邉彩　2012a「東三洞貝塚出土土器の圧痕調査報告」『東三洞貝塚浄化地域　櫛文土器』附録、福泉博物館、1〜21頁

小畑弘己・真邉彩　2012b「第7節　王子山遺跡のレプリカ法による土器圧痕分析」『王子山遺跡』都城市文化財調査報告書第107集、宮崎県都城市教育委員会、92〜93頁

小畑弘己・真邉彩　2012c「鹿児島県宮之迫遺跡の圧痕調査成果」『日本植生史学会第27回大会講演要旨集』日本植生史学会、42〜43頁

小畑弘己・真邉彩　2012d「昌寧飛鳳里遺跡出土土器の圧痕調査」『飛鳳里Ⅱ』國立金海博物館學術調査報告第9冊、国立金海博物館・昌寧郡（日本語・韓国語）、267〜291頁

小畑弘己・真邉彩　2013「鹿児島県宮之迫遺跡の圧痕調査成果―縄文時代の家屋害虫コクゾウムシ属圧痕の成因に関する一理解―」『熊本大学文学部論叢』104、熊本大学文学部、9〜27頁

小畑弘己・真邉彩　2014a「三内丸山遺跡北盛土出土土器の圧痕調査の成果とその意義」『特別史跡三内丸山遺跡

年報』17、青森県教育委員会、22〜53頁

小畑弘己・真邉彩　2014b「面縄2・4・1貝塚出土土器の圧痕調査報告」『面縄貝塚群Ⅱ』伊仙町埋蔵文化財発掘調査報告書（15）、伊仙町教育員会、60〜65頁

小畑弘己・真邉彩　2014c「韓国櫛目文土器文化の土器圧痕と初期農耕」『縄文時代の人と植物の関係史』国立歴史民俗博物館研究報告第187集、111〜160頁

小畑弘己・真邉彩　2015a「南さつま市上加世田遺跡出土土器の圧痕調査」『上加世田遺跡12次調査』南さつま市埋蔵文化財発掘調査報告書（10）、南さつま市教育委員会、1〜11頁

小畑弘己・真邉彩　2015b「南さつま市干河原遺跡出土土器の圧痕調査報告」『九州考古学』90、九州考古学会、125〜132頁

小畑弘己・真邉彩・百原新　2016「東名遺跡出土土器の圧痕調査」『東名遺跡群Ⅳ　第1分冊　堆積層・遺構編』、東名遺跡再整理事業に伴う埋蔵文化財発掘調査報告書2、佐賀市教育委員会、185〜196頁

賀川光夫　1966「縄文時代の農耕」『考古学ジャーナル』1966-2、ニュー・サイエンス社、2〜5頁

神奈川県教育委員会　2015『縄文の海　縄文の森』平成27年かながわの遺跡展・かながわの遺跡巡回展、29頁

笠原安夫　1982「菜畑遺跡の埋蔵種実の分析・同定研究」『菜畑遺跡　分析・考察編』唐津市教育委員会、354〜379頁

金沢　至・宮武頼夫　1990「昆虫遺体調査の報告」『史跡池上曽根遺跡発掘調査概要―松ノ浜曽根線建設に伴う発掘調査―』107〜116頁

気象庁ホームページ（2016年12月28日）http://www.jma.go.jp/jma/index.html

木下周太・石倉秀次　1940「穀象蟲の大きさと環境條件（予報）」『応用動物学雑誌』12-3・4、124〜128頁

櫛原功一　2014「前付遺跡発見の砂貯蔵土器―縄文時代の土器製作はどこで行われたのか―」『公開シンポジウム　混和を伴う縄文時代の土器作り―阿玉台式土器と土器原料―　資料集』帝京大学文化財研究所、81〜91頁

工藤雄一郎　2012『旧石器・縄文時代の環境文化史：高精度放射性炭素年代測定と考古学』新泉社、373頁

工藤雄一郎・国立歴史民俗博物館編　2015『ここまでわかった！縄文人の植物利用』新泉社、224頁

工藤雄一郎・国立歴史民俗博物館編　2017『さらにわかった！縄文人の植物利用』新泉社、214頁

工藤雄一郎・鈴木三男・能城修一・鰺本眞友美・網谷克彦　2016「福井県鳥浜貝塚から出土した縄文時代草創期および早期のクリ材の年代」『植生史研究』24-2、日本植生史学会、59〜68頁

小池史哲・末永浩一　1999「大平村東友枝曽根遺跡の調査」『考古学ジャーナル』443、ニュー・サイエンス社、31〜443頁

小谷凱宣　1972「縄文時代晩期の植物利用の研究―上ノ原遺跡の植物性遺物について―」『民俗学研究』36-4、日本民族学会、312〜313頁

後藤和民　1980『縄文土器をつくる』中公新書582、232頁

小西正泰　1983「ゴキブリの文化史」『環境衛生』36-6、環境衛生研究会、8〜14頁

小林達雄　1994『縄文土器の研究』小学館、295頁

小林達雄　2015『縄文の思考』ちくま新書713、筑摩書房、213頁

佐伯英治　1998「マダニの生物学」『動薬研究』5-57、BAYER、13〜21頁

坂口　隆　2003『縄文時代貯蔵穴の研究』未完成考古学叢書5、アムプロモーション、207頁

佐賀県教育委員会　2007『東畑瀬遺跡1・大野遺跡1　―嘉瀬川ダム建設に伴う埋蔵文化財発掘調査報告書1―』佐賀県文化財調査報告書第170集

佐賀県教育委員会　2009『西畑瀬遺跡2・大串遺跡　―嘉瀬川ダム建設に伴う埋蔵文化財発掘調査報告書3―』佐賀県文化財調査報告書第197集

佐賀県教育委員会　2012『垣ノ内遺跡・西畑瀬遺跡3・東畑瀬遺跡4　―嘉瀬川ダム建設に伴う埋蔵文化財発掘調査報告書9―』佐賀県文化財調査報告書第197集

酒詰仲男　1961『日本縄文石器時代食料総説』土曜会、338頁

佐々木由香　2011a「縄文時代における植物利用と栽培」『国際シンポジウム　東アジアの植物考古学研究の現況

と課題』ソウル大学校人文科学研究院文化遺産研究所・ソウル大学考古美術史学科・熊本大学文学部、25～33頁
佐々木由香　2011b「日本列島における縄文～弥生時代の栽培植物研究」『青銅器時代の農耕を考える』韓国青銅器学会生業分科第4回ワークショップ、87～98頁
佐々木由香　2012「縄文時代におけるクリとウルシの森林資源利用と栽培」『長野県考古学会50周年記念プレシンポジウム　縄文時代中期の植物利用を探る』長野県考古学会縄文中期部会、94～100頁
佐々木由香　2013「縄文時代のマメ類利用の研究―三内丸山遺跡を中心にして―」『特別史跡三内丸山遺跡年報』16、61～69頁
佐々木由香　2014「縄文人の植物利用―新しい研究法からみえてきたこと―」工藤雄一郎・国立歴史民俗博物館編『ここまでわかった縄文人の植物利用』新泉社、26～45頁
佐々木由香・工藤雄一郎・百原新　2007「東京都下宅部遺跡の大型植物遺体からみた縄文時代後半期の植物資源利用」『植生史研究』15-1、日本植生史学会、35～50頁
佐々木由香・バンダーリ　スダルシャン　2008a「第6次調査区出土の大型植物遺体」『三内丸山遺跡33』青森県埋蔵文化財調査報告書第462集、122～133頁
佐々木由香・バンダーリ　スダルシャン　2008b「第30次調査区出土の大型植物遺体」『三内丸山遺跡33』青森県埋蔵文化財調査報告書第462集、133～145頁
佐々木由香・山本華・大網信良・西野雅人　2016「千葉県加曾利貝塚の土器圧痕から見た縄文時代中～晩期の植物資源利用」『植生史研究のこれまでとこれから』第31回日本植生史学会大会・創立30周年記念大会要旨集、日本植生史学会、65頁
佐藤洋一郎　1998「三内丸山遺跡第6鉄塔地区出土のクリのDNA分析」『三内丸山遺跡Ⅸ（第2分冊）』青森県埋蔵文化財調査報告書第249集、141～146頁
佐藤洋一郎編　2002『縄文農耕を考え直す』SCIENCE of HUMANITY BENSEI 41、勉誠出版、128頁
佐藤洋一郎・石川隆二　2004『〈三内丸山遺跡〉植物の世界―DNA考古学の視点から―』ポピュラー・サイエンス265、裳華房、140頁
佐野　隆　2012「梅之木遺跡における炭化物分析」『長野県考古学会50周年プレシンポジウム　縄文時代中期の植物利用を探る』長野県考古学会縄文中期部会、17～20頁
佐野　隆　2015「山梨県における初期農耕導入期の生業」『シンポジウム　八ヶ岳山麓における縄文時代の終末と生業変化』明治大学日本先史文化研究所、30～35頁
佐野　隆　2016「土器圧痕の調査と結果」『竹宇1遺跡』北杜市埋蔵文化財報告第41集、230～232頁
佐野　隆　2017「レプリカ法と縄文時代の生業・集落研究の展望」『土曜考古』39、土曜考古学研究会、15～37頁
佐野　隆　2019「土器圧痕に残るタネやムシたち」『JSPS科学研究費補助研究成果公開シンポジウム　土器作りから土器圧痕を考える―タネやムシはどのようにして土器の中に入ったのか―』熊本大学小畑研究室、17～24頁
重住　豊　1975「ダニ圧痕の土器を出土した松ノ木遺跡」『考古学ジャーナル』113、ニュー・サイエンス社、14～15頁
志村　隆ほか　2006『日本産幼虫図鑑』学習研究社、336頁
篠原圭三郎　1976「千葉県僧御堂遺跡出土の縄文土器片内混入のヤスデ圧痕」『千葉市那珂の僧御堂遺跡』日本道路公団・千葉県文化財センター、263～268頁
新村雅広　2002「三内丸山（6）遺跡から出土した大型植物化石」『三内丸山（6）遺跡Ⅳ（第2分冊　分析・写真編）』、青森県埋蔵文化財調査報告書第327集、55～64頁
鈴木知之　2013『虫の卵ハンドブック』文一総合出版、136頁
鈴木三男　2016『クリの木と縄文人』ものが語る歴史33、同成社、155頁
竹田市教育委員会　1992『菅生台地と周辺の遺跡ⅩⅤ　大分県竹田市地区遺跡群発掘調査報告』
千田寛之・小畑弘己　2015「溝原貝塚出土土器の圧痕分析報告―グスク時代のアワ粒入り土器の発見―」『溝原

貝塚2』名護市文化財調査報告書24、60〜67頁
仙波靖子　2011「内野々遺跡の土器圧痕について」『内野々遺跡・内野々第2・第3遺跡・内野々第4遺跡』宮崎県埋蔵文化財センター発掘調査報告書第202集、107〜111頁
仙波靖子・小畑弘己　2008「土器圧痕資料調査報告」『極東先史古代の穀物3』日本学術振興会平成16〜19年度科学研究費（基盤B-2）（課題番号16320110）「雑穀資料からみた極東地域における農耕受容と拡散過程の実証的研究」研究成果報告書、熊本大学、253〜298頁
辻圭子・辻誠一郎・南木睦彦　2006「青森県三内丸山遺跡の縄文時代前期から中期の種実遺体群と植物利用」『植生史研究』特別第2号、日本植生史学会、101〜120頁
辻　誠一郎　2006「三内丸山遺跡の層序と編年」『植生史研究』特別第2号、日本植生史学会、23〜48頁
辻　誠一郎　2009a「縄文時代の植生史」『縄文時代の考古学3　大地と森の中で―縄文時代の古生態系―』同成社、67〜77頁
辻　誠一郎　2009b「外来植物をめぐる諸問題」『縄文時代の考古学3　大地と森の中で―縄文時代の古生態系―』同成社、209〜215頁
辻　誠一郎　2013「縄文時代の年代と陸域の生態系史」『講座日本の考古学3　縄文時代　上』青木書店、61〜81頁
辻　英明　2003「ゴキブリ」日本家屋害虫学会編『家屋害虫事典』井上書院、105〜120頁
勅使河原彰　2006「縄文農耕論の行方」『新尖石縄文考古館開館5周年記念考古論文集』茅野市尖石縄文考古館、27〜42頁
勅使河原彰　2013「縄文文化の高揚（前・中期）」『講座日本の考古学3　縄文時代　上』青木書店、148〜173頁
寺沢薫・寺沢知子　1981「弥生時代植物質食料の基礎的研究―初期農耕社会研究の前提として―」『橿原考古学研究所紀要　考古学論攷』奈良県立橿原考古学研究所、1〜129頁
寺島一郎　2010「植物と環境」『植物生態学』朝倉書店、1〜41頁
中沢道彦　2005「山陰地方における縄文時代の植物質食料について―栽培植物の問題を中心に―」『縄文時代晩期の山陰地方』第16回中四国縄文研究会発表資料、中四国縄文研究会、109〜131頁
中沢道彦　2007「山陰・北陸地方の植物遺存体」『日本考古学協会2007年度熊本大会研究発表資料集』日本考古学協会2007年度熊本大会実行委員会、366〜367頁
中沢道彦　2009「縄文農耕論をめぐって―栽培種植物種子の検証を中心に―」『弥生時代の考古学5　食料の獲得と生産』同成社、228〜246頁
中沢道彦　2012a「長野県における縄文時代中期の植物質食料利用について」『長野県考古学会50周年プレシンポジウム　縄文時代中期の植物利用を探る』長野県考古学会縄文中期部会、21〜29頁
中沢道彦　2012b「縄文農耕論の今日的意義と中部高地における縄文時代の植物利用」『縄文の世界像―八ヶ岳山麓の恵み―』大阪府立弥生文化博物館、102〜109頁
中沢道彦　2012c「氷Ⅰ式期におけるアワ・キビ栽培に関する試論」『古代』128、早稲田大学考古学会、71〜94頁
中沢道彦　2014a『先史時代の初期農耕を考える―レプリカ法の実践から―』日本海学研究叢書、富山県観光・地域振興局、76頁
中沢道彦　2014b「栽培植物利用の多様性と展開」『縄文の資源利用と社会』季刊考古学別冊21、雄山閣出版、115〜123頁
中沢道彦　2015「長野県域における縄文時代の終末と生業変化」『シンポジウム八ヶ岳山麓における縄文時代の終末と生業変化予稿集』明治大学日本先史文化研究所、2〜9頁
中沢道彦　2017「日本列島における農耕の伝播と定着」『季刊考古学』138、雄山閣出版、26〜29頁
中沢道彦・丑野毅　2003「レプリカ法による鹿児島県末吉町上中段遺跡出土籾痕土器の観察」『鹿児島考古』37、鹿児島県考古学会、33〜40頁
中沢道彦・丑野毅・松谷暁子　2002「山梨県韮崎市中道遺跡出土の大麦圧痕土器について―レプリカ法による縄文時代晩期土器の籾状圧痕の観察（2）―」『古代』111、早稲田大学考古学研究会、63〜83頁

中沢道彦・松本泰典　2012「レプリカ法による愛知県大西貝塚出土土器の種実圧痕の観察と派生する問題」『縄文時代』23、縄文時代文化研究会、143〜161頁

中村耕作　2013『縄文土器の儀礼利用と象徴操作』未完成考古学叢書10、アム・プロモーション、309頁

中村慎一　1986「長江下流域新石器文化の研究−栽培システムの進化を中心に−」『東京大学文学部考古学研究室研究紀要』5、東京大学考古学研究室、125〜194頁

中村大介・百原新・孫晙鎬　2011「韓半島における稲作の開始時期」『日本考古学協会第77回総会研究発表要旨』日本考古学協会、94〜95頁

中村直子・寒川朋枝・真邉彩・大西智和・福井俊彦・榖畑光博　2011「宮崎県都城市縄文時代晩期土器の圧痕調査からみた食用植物」『第26回大会講演要旨集』日本植生史学会第26回大会実行委員会、80〜81頁

中村直子・真邉彩・大西智和・寒川朋枝・福井俊彦・榖畑光博　2013「都城市における土器圧痕調査−栽培植物の導入に関連して−」『宮崎考古』24、宮崎県考古学会、15〜29頁

中山誠二　2010『植物考古学と日本の農耕の起源』同成社、302頁

中山誠二　2015「縄文時代のダイズの栽培化と種子の形態分化」『植生史研究』23-2、植生史学会、33〜42頁

中山誠二・佐野隆　2015「ツルマメを混入した土器−相模原市勝坂遺跡等の種子圧痕−」『山梨県立博物館紀要』9、山梨県立博物館、1〜24頁

中山誠二・山本悦世　2011「（3）話題2：縄文時代のマメ科植物の利用と栽培」『日本考古学協会第77回総会研究発表要旨』日本考古学協会、138〜139頁

奈良国立文化財研究所　1992『藤原京跡の便所遺構−左京七条一坊西北坪−』16頁

那須浩郎　2015「アズキの栽培化過程の検証−縄文中期と晩期における炭化種子の大型化−」『八ヶ岳山麓における縄文時代の終末と生業変化』明治大学日本先史文化研究所、36〜37頁

那須浩郎・会田進・佐々木由香・中沢道彦・山田武文・奧石甫　2015「炭化種実資料からみた長野県諏訪地域における縄文時代中期のマメの利用」『資源環境と人類』5、明治大学黒曜石研究センター、37〜52頁

西田正規　1977「栽培種子：鳥浜貝塚」『季刊どるめん』13、85〜89頁

新田みゆき　2003「シソとエゴマの分化と多様性」『栽培植物の自然史−野生植物と人類の共進化−』北海道大学図書刊行会、165〜175頁

日本家屋害虫学会　2003『家屋害虫事典』井上書院、468頁

野間口勇　2007「縄文時代晩期（2）本県における干河原段階の現状について」『上水流遺跡1』鹿児島県立埋蔵文化財センター発掘調査報告書（113）、293〜295頁

濱田竜彦・佐々木由香・中沢道彦　2013「レプリカ法による本高弓ノ木遺跡5区710　溝出土土器の種実圧痕調査概要」『本高弓ノ木遺跡（5区）Ⅰ』第3分冊【遺物（土器・石器・鉄器）・分析編】、鳥取県教育委員会、215〜240頁

林　長閑　2003「甲虫」日本家屋害虫学会編『家屋害虫事典』井上書院、215〜230頁

原田豊秋　1971『食糧害虫の生態と防除』光琳書院、526頁

原田修・久貝健　1968「クモの圧痕のある土器」『河内考古学』2、河内考古学会、14頁

パレオ・ラボ　2017「館崎遺跡の花粉分析」『館崎遺跡』第4分冊、北海道埋蔵文化財センター発掘調査報告書333集、184〜188頁

パレオ・ラボAMS年代測定グループ　2007「東畑瀬遺跡出土縄文時代資料の放射性炭素年代測定」『東畑瀬遺跡1・大野遺跡1−嘉瀬川ダム建設に伴う埋蔵文化財発掘調査報告1−』佐賀県文化財調査報告書第170集、231〜234頁

東　和幸　2002「第Ⅸ章　発掘調査のまとめ　2.縄文時代晩期土器について」『計志加里遺跡』鹿児島県立埋蔵文化財センター発掘調査報告書（38）、155〜157頁

東　和幸　2009「干河原段階の土器」『南の縄文・地域文化論考』新東晃一代表還暦記念論文集上巻、南九州縄文研究会新東晃一代表還暦記念論文集刊行会、233〜242頁

比佐陽一郎・片多雅樹　2005『土器圧痕レプリカ法による転写作業の手引き』福岡市埋蔵文化財センター

福井淳一　2017「館崎遺跡の植生環境」『館崎遺跡』第4分冊、北海道埋蔵文化財センター発掘調査報告書333

集、298〜300 頁
福井淳一・影浦覚　2016「館崎遺跡」『2015 年日本列島発掘展』文化庁、10〜11 頁
福岡市教育委員会　2004『橋本一丁田遺跡 4』福岡市埋蔵文化財調査報告書第 816 集
藤尾慎一郎　2007「土器を用いたウィグルマッチングの試み」『国立歴史民俗博物館研究報告』137、157〜185頁
藤尾慎一郎　2009「弥生時代の実年代」『弥生農耕のはじまりとその年代』新弥生時代のはじまり第 4 巻、雄山閣出版、9〜54 頁
藤尾慎一郎　2013「弥生文化の輪郭　灌漑式水田稲作は弥生文化の指標なのか」『国立歴史民俗博物館研究報告』178、国立歴史民俗博物館、85〜120 頁
藤尾慎一郎　2014「弥生の時間」『企画展示　弥生ってなに』国立歴史民俗博物館、48〜49 頁
藤尾慎一郎・小林謙一　2007「佐賀市東畑瀬遺跡出土の縄文晩期土器に付着した炭化物の炭素 14 年代測定」『東畑瀬遺跡 1・大野遺跡 1―嘉瀬川ダム建設に伴う埋蔵文化財発掘調査報告書 1―』佐賀県教育委員会、223〜230 頁
藤尾慎一郎・坂本稔・東和幸　2013「志布志市稲荷迫遺跡出土弥生前期突帯文土器の年代学的調査―大隅半島の弥生前期の実年代―」『縄文の森から』6、鹿児島県立埋蔵文化財センター、1〜12 頁
藤の台遺跡調査団　1980「昆虫圧痕のみられる土器片について」『藤の台遺跡Ⅲ』藤の台遺跡調査会、191〜193 頁
藤森栄一　1970『縄文農耕』学生社
保坂康夫・野代幸和・長沢宏昌・中山誠二　2008「山梨県酒呑場遺跡の縄文時代中期の栽培ダイズ *Glycine max*」『山梨県立考古博物館・山梨県埋蔵文化財センター研究紀要』24、23〜34 頁
星川清親　1980『栽培植物の起源と伝播』二宮書店、295 頁
細谷葵　2016「先史時代の堅果類加工再考―世界的な比較研究をともなう民族考古学をめざして―」『古代』138、早稲田大学考古学会、1〜38 頁
北海道埋蔵文化財センター　2016『千歳市キウス 3 遺跡・キウス 11 遺跡』北海道埋蔵文化財センター調査報告書 323 集
前川精明　2014「石器の材料・製作・使用」『講座日本の考古学 4　縄文時代　下』青木書店、157〜178 頁
松谷暁子　1983「エゴマ・シソ」『縄文文化の研究 2』雄山閣、50〜62 頁
松谷暁子　1988「電子顕微鏡でみる縄文時代の栽培植物」『畑作文化の誕生』日本放送出版協会、91〜117 頁
松谷暁子　1995「遺跡からのエゴマの出土に関連して」『考古学ジャーナル』389、ニュー・サイエンス社、9〜13 頁
マディソン・リー・ゴフ（垂水雄二訳）　2002『死体につく虫が犯人を告げる』草思社、238 頁
真邉彩　2011a「原田地区遺跡群出土縄文土器の圧痕について」『原田地区遺跡群 2』筑紫野市文化財調査報告書第 105 集、筑紫野市教育委員会、383〜386 頁
真邉彩　2011b「X 線 CT による土器中の種子・昆虫圧痕の検出」『國際심포지움 東아시아　植物考古學의 現況과 課題』서울대학교 인문대학　신양인문학술정보관、85〜91 頁
真邉彩・小畑弘己　2011「X 線 CT による潜在圧痕の検出」『日本植生史学会第 26 回大会講演要旨集』日本植生史学会第 26 回大会実行委員会、82〜83 頁
真邉彩・小畑弘己　2015「九州縄文時代のサンショウ属果実とその利用について」『第 30 回日本植生史学会北海道大　会要旨集』日本植生史学会・北海道博物館、46〜47 頁
真邉彩・小畑弘己 2017「産状と成分からみたカラスザンショウ果実の利用法について」『植生史研究』26-1、日本植生史学会、27〜40 頁
真邉彩・小畑弘己・新里亮人・鼎丈太郎・面将道　2017「南西諸島の縄文時代後晩期資料の圧痕調査成果」『鹿児島考古』47、鹿児島県考古学会、43〜52 頁
水ノ江和同　1999「西日本の縄紋時代貯蔵穴―低湿地型貯蔵穴を中心に―」『考古学に学ぶ』同支社大学考古学シリーズⅦ、43〜54 頁

水ノ江和同　2009「黒川式土器の再検討―九州の縄文時代晩期土器―」『弥生農耕のはじまりとその年代』新弥生時代のはじまり第4巻、雄山閣出版、111～127頁

南木睦彦　1994「縄文時代以降のクリ（Castanea crenata Sieb.et Zucc.）」『植生史研究』2、日本植生史学会、3～10頁

南木睦彦・斉藤由美子・辻誠一郎　1998a「三内丸山遺跡第6鉄塔スタンダード・コラムの大型植物化石群」『三内丸山遺跡Ⅸ（第2分冊）』青森県埋蔵文化財調査報告書第249集、15～17頁

南木睦彦・辻誠一郎・住田雅和　1998b「三内丸山遺跡第6鉄塔地区Ⅵa・Ⅵb層から産出した大型植物遺体（化石）」『三内丸山遺跡Ⅸ（第2分冊）』青森県埋蔵文化財調査報告書第249集、35～51頁

宮武頼夫　1995「二条大路上SD5100・5300出土の昆虫遺体」『平城京左京二条二坊・三条二坊発掘調査報告―長屋王邸・藤原麻呂邸の調査―』奈良国立文化財研究所学報第54冊、571～572頁

宮武頼夫　1999「昆虫遺体が語る昔の日本人の生活環境」『環境動物学・昆虫学』10-3、環境昆虫動物学会、111～119頁

宮崎県埋蔵文化財センター　2004『豊満大谷遺跡　野添遺跡』宮崎県埋蔵文化財センター発掘調査報告書第83集

宮崎県埋蔵文化財センター　2011『内野々遺跡　内野々第2・第3遺跡　内野々第4遺跡』宮崎県埋蔵文化財センター発掘調査報告書第202集

宮崎県埋蔵文化財センター　2013『広原第一遺跡』宮崎県埋蔵文化財センター発掘調査報告書第227集

宮崎市教育委員会　2004『本野原遺跡一』宮崎市文化財調査報告書第48集

宮崎市教育委員会　2005『本野原遺跡二』宮崎市文化財調査報告書第52集

宮崎市教育委員会　2006『本野原遺跡三』宮崎市文化財調査報告書第53集

宮地聡一郎　2008a「黒色磨研土器」『総覧縄文土器』アムプロポーション、790～797頁

宮地聡一郎　2008b「凸帯文系土器（九州地方）」『総覧縄文土器』アムプロポーション、806～813頁

宮地総一郎　2013「縄文時代の稲をめぐって―籾圧痕研究のゆくえ―」『立命館大学考古学論集　和田晴吾先生定年退職記念論集』61～68頁

宮地聡一郎　2016「穀物栽培開始時期の上限をめぐる諸問題」『研究成果公開シンポジウム　土器を掘る―土器研究と圧痕法のいま、そして未来―』熊本大学小畑弘己研究室・明治大学黒耀石研究センター・日本先史文化研究所、37～42頁

宮地聡一郎　2017「西日本縄文晩期土器文様保存論―九州地方の有文土器からの問題提起―」『考古学雑誌』99-2、日本考古学会、1～50頁

宮ノ下明大・小畑弘己・真邉彩・今村太郎　2010「堅果類で発育するコクゾウムシ」『家屋害虫』32-2、59～63頁

宮本一夫　2000「縄文農耕と縄文社会」『古代史の争点1　環境と食料生産』小学館、115～138頁

宮本一夫　2005「園耕と縄文農耕」『韓・日　新石器時代의 農耕問題』(財)慶南文化財研究院・韓国新石器学会・九州縄文研究会、111～130頁

宮本一夫　2007「中国・朝鮮半島の稲作文化と弥生の始まり」広瀬和雄編『歴博フォーラム　弥生時代はどう変わるか』学生社、77～92頁

宮本一夫　2011「板付遺跡・有田遺跡からみた弥生の始まり」『新福岡市史資料編3』福岡市史編纂委員会、595～621頁

森　勇一　1999a「昆虫化石よりみた先史～歴史時代の古環境変遷史」『国立歴史民俗博物館研究報告』81、国立歴史民俗博物館、311～342頁

森　勇一　1999b「三内丸山遺跡から得られた昆虫化石群集とその意義」『考古学と自然科学』38、日本文化財科学会、29～45頁

森　勇一　2000「愛知県清洲城下町遺跡（中世）から産出した貯穀性昆虫について」『家屋害虫』22-2、日本家屋害虫学会、61～67頁

森　勇一　2001「先史～歴史時代の地層中より産出した都市型昆虫について」『家屋害虫』23-1、日本家屋害虫

学会、23〜39頁
森　勇一　2002「昆虫は語る」『青森県史　別編　三内丸山遺跡』青森県史友の会、264〜277頁
森　勇一　2004「昆虫考古学」『環境考古学ハンドブック』朝倉書店、351〜366頁
森　勇一　2007a「三内丸山遺跡第6鉄塔スタンダード・コラムから産出した昆虫化石」『三内丸山遺跡Ⅸ第2分冊』青森県教育委員会、19〜22頁
森　勇一　2007b「三内丸山遺跡第6鉄塔地区第Ⅵa・Ⅵb層から得られた昆虫化石」『三内丸山遺跡Ⅸ第2分冊』青森県教育委員会、151〜162頁
森　勇一　2009a「遺跡産昆虫から探る人々の暮らし」『BIOSTORY』11、生き物文化誌学会、16〜26頁
森　勇一　2009b「昆虫と古生態」『縄文時代の考古学3　大地と森の中で―縄文時代の古生態系―』同成社、115〜123頁
森　勇一　2012『ムシの考古学』雄山閣、237頁
守屋　亮　2014「東京湾西岸における弥生時代の栽培植物利用―レプリカ法を用いた調査と研究―」『東京大学考古学研究室研究紀要』28、東京大学大学院人文社会系研究科・文学部考古学研究室、81〜107頁
八木沼健夫　1968「弥生式土器に刻印されたクモ」『ATYPUS』46・47、42頁
安富和男・梅谷献二　1983『原色図鑑　改訂衛生害虫と衣食住の害虫』全国農村教育協会、310頁
柳原麻子　2013「縄文時代中・後期における中部高地の遺跡立地と石器組成の変化」『古代文化』65-3、古代学協会、107〜116頁
山内智・浅田智晴　2008「三内丸山遺跡第6次・第30次調査区出土の昆虫遺存体について」『特別史跡三内丸山遺跡年報』12、青森県教育委員会、29〜43頁
山口裕文・島本義也編　2003『栽培植物の自然史―野生植物と人類の共進化―』北海道大学図書刊行会、241頁
山口裕文　2004「アズキの栽培化」『植物の自然史―多様性の進化学―』北海道大学図書刊行会、129〜145頁
山崎純男　2005「西日本縄文農耕論」『韓・日新石器時代의 農耕問題』慶南文化財研究院・韓國新石器學會・九州縄文研究會、33〜55頁
山崎純男　2007a「土器圧痕からみた食と生業」大手前大学史学研究所編『土器研究の新視点―縄文から弥生時代を中心とした土器生産・焼成と食・調理―』六一書房、134〜162頁
山崎純男　2007b「福岡県重留遺跡における土器圧痕の検討」『入部Ⅻ』福岡市埋蔵文化財調査報告書第925集、259〜298頁
山崎純男　2007c「九州における圧痕資料と縄文農耕」『分科会Ⅱ　列島初期農耕史の新視点』日本考古学協会2007年度熊本大会研究発表資料集、344〜353頁
山崎純男　2009「土器圧痕にみる栽培植物」『縄文時代の考古学3　大地と森の中で―縄文時代の古生態系―』同成社、169〜179頁
山崎純男　2012a「Ⅴ自然科学分析2　1. 土器の圧痕調査」『原遺跡14―第26次調査報告―』福岡市埋蔵文化財調査報告書第1167集、104〜105頁
山崎純男　2012b「香椎A遺跡の圧痕資料」『香椎A遺跡4』福岡市埋蔵文化財調査報告書第1145集、105〜110頁
山崎純男　2013「土器圧痕分析」『ナガラ原東貝塚の研究』熊本大学、207〜209頁
山崎純男・片多雅樹　2006「長崎県肥賀太郎遺跡における土器圧痕の検討」『肥賀太郎遺跡』長崎県文化財調査報告書第189集、95〜107頁
山田悟郎　2015「植生史が語る北海道の文化」『第30回日本植生史学会北海道大会要旨集』日本植生史学会・北海道博物館、2〜7頁
山田悟郎・柴内佐知子　1997「北海道の縄文時代遺跡から出土した堅果類―クリについて―」『北海道開拓記念館紀要』25、17〜30頁
山田悟郎・椿坂恭代　2009「遺跡から出土したササ属種子について」『北海道開拓記念館研究紀要』37、13〜22頁
山田康弘　2014『老人と子供の考古学』歴史文化ライブラリー380、吉川弘文館、264頁

山田康弘　2017『縄文人の死生観』角川ソフィア文庫、KADOKAWA、186 頁
山内清男　1967「石器時代土器底面に於ける稲籾の圧痕」『山内清男・先史考古学論文集』4、5 頁
山内清男　1969「縄紋時代研究の現段階」（再録）『先史考古学論文集（二）』示人社、193〜214 頁
山本華・佐藤亮太・岩浪陸・佐々木由香・森山高・中野達也　2018「埼玉県犬塚遺跡の種実圧痕から見た縄文時代前期の植物利用」『古代』142、早稲田大学考古学会、1〜22 頁
吉川純子　2002「三内丸山（6）遺跡より産出した大型植物化石」『三内丸山（6）遺跡Ⅳ（第二分冊　分析・写真編）』青森県埋蔵文化財調査報告書第 327 集、65〜72 頁
吉川純子　2007「三内遺跡・三内丸山（9）遺跡より出土した大型植物化石」『三内丸山遺跡Ⅱ　三内丸山（9）遺跡』青森県埋蔵文化財調査報告書第 434 集、246〜252 頁
吉川純子　2010a「三内丸山遺跡南盛土より出土した大型植物化石」『特別史跡三内丸山遺跡年報』13、青森県教育委員会、13〜23 頁
吉川純子　2010b「三内丸山遺跡第 31・32 次調査の環状配石墓より出土した炭化種実」『三内丸山（9）遺跡Ⅲ』青森県埋蔵文化財調査報告書第 483 集、51〜54 頁
吉川純子　2011「縄文時代におけるクリ果実の大きさの変化」『植生史研究』18-2、日本植生史学会、57〜63 頁
吉川純子・伊藤由美子　2004「青森市岩渡（4）遺跡より産出した大型植物化石群」『岩渡小谷（4）Ⅱ』青森県教育委員会、293〜318 頁
吉川昌伸　2011「クリ花粉の散布と三内丸山遺跡周辺における縄文時代のクリ林の分布状況」『植生史研究』18-2、日本植生史学会、65〜76 頁
吉川昌伸・鈴木茂・辻誠一郎・後藤香奈子・村田泰輔　2006「三内丸山遺跡の植生史と人の活動」『植生史研究』特別第 2 号、日本植生史学会、49〜82 頁
吉川昌伸・能城修一・工藤雄一郎・佐々木由香　2018「関東平野中央部における縄文時代の植生変遷と森林資源管理」『日本植生史学会第 33 回大会講演要旨集』日本植生史学会・滋賀県立琵琶湖博物館、11 頁
吉川昌伸・吉川純子　2008「三内丸山（9）遺跡の植生史と沢内の堆積環境」『三内丸山（9）遺跡Ⅱ』青森県埋蔵文化財調査報告書第 448 集、39〜46 頁
吉川昌伸・吉川純子・能城修一・工藤雄一郎・佐々木由香・鈴木三男・網谷克彦・鰺本眞友美　2016「福井県鳥浜貝塚周辺における縄文時代草創期から前期の植生史と植物利用」『植生史研究』24-2、日本植生史学会、69〜82 頁
吉崎昌一　2003「先史時代の雑穀―ヒエとアズキの考古学―」『雑穀の自然史―その起源と文化を求めて―』北海道大学図書刊行会、52〜70 頁
吉田敏治・玉村芳信・河野謙二・高橋幸一・宅万敏和・島原壽夫　1956「コクゾウの訪花について」『宮崎大学学芸部研究時報』1-2、137〜178 頁
吉田敏治・渡辺直・尊田望之　1989『図説貯蔵食品の害虫―実用的識別法から防除法まで―』全国農村教育協会、268 頁
渡辺直　1986「マメゾウムシ―豆が先に伝播してまっている―」『日本の昆虫―侵略と撹乱の生態学―』東海大学出版会、52〜70 頁
渡辺誠　1975『縄文時代の植物食』雄山閣出版、187 頁

〈韓国語〉
국립문화재연구소　2015『한국 신석기시대 고고식물 압흔분석보고서』271 쪽
河仁秀・小畑弘己・真邉彩　2011「동삼동패총 즐문토기 압흔분석과 곡물」『신석기시대 종문화』2011 년 한국신석기학회 학술대회、한국신석기학회・복천박물관（2011）、239〜272 頁
安承模　2008「韓半島 先史・古代 遺蹟 出土 作物資料 解題」『極東先史古代の穀物 3』日本学術振興会平成 16〜19 年度科学研究費補助金（基盤研究 B-2）（課題番号 16320110）「雑穀資料からみた極東地域における農耕受容と拡散過程の実証的研究」研究成果報告書、熊本大学、111〜145 頁

〈中国語〉

赵志军　2005「从兴隆遗迹浮先结果谈中国北方旱农业起源问题」『东亚古物』A、南京师范大学文博系、pp. 188-199

劉長江・靳桂云・孔昭宸編著　2008『植物考古―種子和果実研究―』山東大学東方考古研究書系、科学出版社・北京、p. 273

〈英　語〉

Buckland P. C. 1990 Granaries Stores and Insects: The Archaeology of Insect Synanthropy. *La preparation alimentaire des cereals*. Belgium. pp. 69-81.

Buckland P. C., Panagiotakopulu E. and Buckland F. I. 2004 Fossil insects and the Neolithic: Methods and Potential. *ANTAEUS* 27. pp. 235-352.

Christopher T. 1996 An ethnography of the Neolithic: early prehistoric societies in Southern Scandinavia. New York: Cambridge University Press.

Clark J. G. D. 1954 *Excavation at Star Car –An early Mesolithic site at Seamer near Scarborough, Yorkshire*. Cambridge University Press. p. 200.

Crawford G. W. 2008 The Jomon in early agriculture discourse: issues arising form Matsui, Kanehara and Pearson. *World Archaeoligy* Vol. 40（4）. pp. 445-465.

Crawford G. W. 2010 Advance in understanding early agriculture in Japan. *Curr Anthr* 52. pp. 331-343.

Deborah M. P. 2000 *Paleoethnobotany*（Second Edition）. Academic Press. p. 700.

Dena F. D. 2000 *Environmental archaeology: principles and practice*. Cambridge University Press. p. 587.

Diehl S. R. and Bush G. L. 1984 An evolutionary and applied perspective of insect biotypes. *Annu Rev Entomol* 29. pp. 471-504.

Delobel B. and Grenier A. M. 1993 Effect of non-cereal food on cereal weevils and tamarind pod weevil（COLEOPTERA: CURCULIONIDAE）. *Journal of Stored Product Research* 29-1. pp. 7-14.

Elias S. A. 2010 The use of insect fossils in archaeology: Advances in quaternary entomology. *Developments in Quaternary Science* 12. Elsevier. pp. 89-121.

Fuller D. Q. 2007 Contracting Patterns in Crop Domestication and Domestication Rates: Recent Archaebotanical Insights from the Old World. *Annals of Botany* 100. pp. 903-924.

Fuller D. Q. 2009 Advance in archaeobotanical method and theory: changing trajectories to domestication, lost crops, and the organization of agricultural labour. 선사농경 연구의 새로운 동향、15～49 頁

Fuller D. Q. and Harvey E. L. 2006 The archeobotany of Indian pulses: identification, processing and evidence for cultivation. *Environmental Archaeology* 11-2. pp. 219-246.

Fuller D Q., Leo A. H., YimfeizZ., and Ling Q. 2010 A Contribution to the Prehistory of Domesticated Bottle Gourds in Asia: Rind Measurements from Jomon Japan and Neolithic Zhejiang. *China1. Economic Botany* 64（3）. pp. 260-265.

Gosselain O. P. 1999 In pots we trust-The Processing of Clay and Symbols In Sub-Saharan Africa. *Journal of Material Culture* 4（2）. pp. 250-230.

Gosselain O. P. and A. Livinstone-Smith 2005 The Source: Clay selection and processing practices in Sub-Saharan Africa. *Pottery Manufacturing Processes: Reconstruction and Interpretation*. BAR International Series 1349. pp. 33-47.

Habu J. 2004 *Ancient Jomon of Japan*. Cambridge. p. 332.

Hillman G. and Davies M. S. 1990 Domestication rates in wild wheats and barley under primitive cultivation. *Biological Journal of the Linnean Society* Vol. 39. pp. 39-78.

Huchet J. B. and Greenberg B. 2010 Flies, Mochicas and burial practices: a case study from Huaca de la Luna, Peru. *Journal of Archaeological Science* 37. pp. 2846-2856.

Hunter-Anderson R. L., Thompson C. B. and Moore D. R. 1995 Rice As a Prehistoric Valuable in the Mariana Islands, Micronesia. *Asian Perspectives* 34 (1). pp. 69-89.

Imamura K. 1996 *Prehistoric JAPAN: New perspectives on insular East Asia.* University of Hawaii Press. p. 246.

Kenward H. K. 1985 Outdoors-indoors? The outdoor component of archaeological insect assemblages. Palaeobiological investigations. Research Design, Methods and Data Analysis. Edited by Fieller N. R. J., Gilberson D. D. and Ralph N. G. A. *Association for Environmental Archaeology Symposium 5B*, pp. 97-104.

Klee M., Zach B. and Stika H. P. 2004 Four thousand years of plant exploitation in the Lake Chard Basin (Nigeria), Part 3: plant impressions in potsherd from the Final Stone Age Gajiganna Culture. *Veget Hist Archaeobot* 13. pp. 131-142.

Lee G. 2011 The Transition from Foraging to Farming in Prehistoric Korea. *Current Anthropology* Vol. 52-4. pp. 307-329.

Lee G., Crawford G. W., Liu L., Sasaki Y. and Chen X. 2011 Archaeological Soybean (*Glycine max*) in East Asia: Does Size Matter. *PLOS ONE* (http://dx.doi.org/10.1371/journal.pone.0026720).

Levinson H. and Levinson A. 1994 Origin of grain storage and insect species consuming desiccated food. Anz. Schiidlingskde. *Pflanzenschutz, Umweltschutz* 67. pp. 47-59.

Liu L., Lee G., Jiang L.and Zhang J. 2007 Evidence for the early beginning (c. 9000 cal. BP) of rice domestication in China: a response. *The Holocene* 17-8. pp. 1059-1068.

Matsui A. and Kanehara M. 2006 The question of prehistoric plant husbandry during the Jomon Period in Japan. *World Archaeology* Vol. 38 (2). pp. 259-273.

Magid A. A. and Krzywinski K. 1995 The method of making positive casts of plant impressions in pottery: A field and laboratory manual. *Acta Palaeobot.* 35 (1). pp. 121-132.

Naito Y., Chikaraishi Y., Ohkouchi N. and Yoneda M. 2013 Evolution of carnivory in inland Jomon hunter-gatherers based on nitrogen isotopic compositions of individual amino acids in bone collagen. *Journal of Archaeological Science* 40. pp. 2913-2923.

Nasu H., Momohara A., Yasuda Y. and He J. 2007 The occurrence and identification of Setaria italica (L.) P. Beauv. (foxtail millet) grains form Chengtoushan site (ca. 5800 cal B. P.) in central China, with reference to the domestication center in Asia. *Veget Hist. Archeobot* 16 pp. 481-494.

Noshiro S. and Suzuki M. 2006 Utilisation of forest resources in the early Jomon period at and around the Sannai-maruyama site in Aomori Prefcture, northern Japan. *Jpn J Histor Bot* 2006; 2 (special edition) pp. 83-100.

Obata H., Manabe A., Nakamura N., Onishi T. and Senba Y. 2011 A New Light on the Evolution and Propagation of Prehistoric Grain Pests: The World's Oldest Maize Weevils Found in Jomon Potteries, Japan. 電子科学ジャーナル *PLoS ONE* (http://www.plosone.org).

Obata H., Morimoto K and Miyanoshita A. 2018 Discovery of the Jomon era maize weevils in Hokkaido, Japan and its mean. *Journal of Archaeological Science: Reports* 23. pp. 137-156. https://doi.org/10.1016/j.jasrep.2018.10.037（Ⅳ部第5章）

Panagiotakopulu E. 2000 *Archaeology and Entomology in the Eastern Mediterranean -Research into the history of insect synanthropy in Greece and Egypt.* BAR International Series 836. p. 146.

Panagiotakopulu E. 2001 New records for ancient pests: Archaeoentomology in Egypt. *Journal of ArchaeologicalScience* 28. pp. 1235-1246.

Panagiotakopulu E., Buckland P. C. and Day P. M. 1995 Natural Insecticides and Insect Repellents in Antiquity. *A Review of the Evidence Journal of Archaeological Science* (1995) 22. pp. 705-710.

Plarre R. 2010 An attempt to reconstruct the natural and cultural history of the granary weevil, *Sitophilus granarius* (Coleoptera: Curculionidae). *Eur. J. Entomol.* 107; pp. 1-11.

Price T. D. and Bar-yosef O. 2011 The Origins and Agriculture: New Data, New Ideas, An Introduction to Supplement 4. *Current Anthropology* 52-4. pp. 163-174.

Renfrew J. M. 1973 *Paleoethnobotany-The prehistoric food plants of the Near East and Europe*. Methuen and CO LTD. p. 248.

Sakaguchi T. 2009 Storage adaptations among hunter-gatherers: a quantitative approach to the Jomon period. *J Anthr Archaeol* 28. pp. 290-303.

Sakamoto S., Ishikawa R., Nakamura I., Sato Y. and Shimamoto Y. 2006 Species identification of 6,000-years-old beans from Sannai-Maruyama site, Aomori, Japan.『化石研究会会誌』39-1、化石研究会、1～6頁

Shaaya E., Kostjukovski M., Eilberg J. and Sukprakarn C. 1997 Plant Oils as Fumigants and Contact Insecticides for the Control of Stored-preduct Inscets. *Journal of Stored Product Research* 33-1. pp. 7-15.

Smith D. N. 1996 Thatch, turves and floor deposits: a survey of Coleptera in materials from abandoned Hebridean blackhouse and the implications for their visibility in the archaeological record. *Journal of Archaeological Science* 23. pp. 161-174.

Smith D. N. 2000 Detecting the nature of materials on farms from Coleoptera: a number of taphonomic problems. Edited by Huntley J. P. and Stallibrass S. *Taphonomy and interpretation*. Oxford Books. pp. 71-83.

Tilley C. 2003 *An Ethnography of the Neolithic: Early Prehistoric Societies in Southern Scandinavia*. Cambridge University Press. p. 363.

Yoneda M., Suzuki R., Shibata Y., Morita M., Sukegawa T., Shigehara N. and Akazawa T. 2004 Isotopic evidence of inland-water fishing by a Jomon population excavated from the Boji site, Nagano, Japan. *Journal of Archaeological Science* 31. pp. 97-107.

Zhao Z. 2011 New Archaeolbotanic Data for the Study of the Origins of Agriculture in China. *Current Anthropology* Vol. 52-4. pp. 295-306.

〈露　語〉

Вострецов Ю. Е. 2005 Годичный цикл жизнеобеспечения на поселении Зайсановка-7 -адаптация раннихземледельцев к условиям жизни на побережье Приморья. //『極東先史古代の穀物』日本学術振興会平成16年度科学研究費補助金（基盤研究B—2）（課題番号16320110）「雑穀資料からみた極東地域における農耕受容と拡散過程の実証的研究」中間研究発表論集、熊本大学、127～133頁

あ と が き

　筆者の在職する熊本大学では、歴史学科の中に日本史と考古学が一緒になった歴史資料学コースという履修モデルがある。まさに歴史学は資料学であるが、それを気にし出したのは実はここへ来てからではなく、植物資料を専門に研究するようになってからである。以前専門としていた石器研究も面白かったが、資料が石器しかない中で、石器のみを見てすべてを語ることに何のためらいも疑問も感じなかった。しかし、植物資料はさまざまな性質のものがあり、検出法の違いによって出てくるものが異なっている。当たり前にある（出てくる）ものを研究すればよかった石器とは異なり、出てきたものを評価する際、検出法の違いによって出てくるものが違う、出てこないものもある、という事実は、筆者にとってはまさに眼から鱗であった。よく考えれば、筆者の不勉強ゆえであったが、その違いに気付いたのは、炭化種実の研究から圧痕種実の研究に手法をシフトしてからであった。

　圧痕法を導入して、縄文ダイズの発見や世界最古の食料害虫コクゾウムシの発見も研究の大きな牽引力となったが、土器の胎土の中からタネやムシたちが出てくること自体が不思議で、その不思議さが私を虜にし、研究に没頭させた。遺跡土壌から出てくる炭化種実や水浸種実とは異なる栽培植物のタネが圧痕として検出されることや、どこへ行ってもコクゾウムシ圧痕に出会うことなどが不可解でたまらず、全国各地に脚をのばした。その結果、青森県三内丸山遺跡でのコクゾウムシとの出会い、北海道館崎遺跡での北海道初のコクゾウムシの発見、コクゾウムシを500匹入れた土器の発見、宮崎県本野原遺跡でのゴキブリの卵の発見など、まさに想定外のモノたちが私の目の前に次々と現れた。謎は一層深くなり、どう考えたらよいのか、なぜ虫が土器の粘土の中に入るのか、まずは虫たちの生態を調べ始めた。それが嵩じて、今ではハエを追いかけている。

　これまでの研究の手法はそれらとの出会いの場面ごとに変ってきた。レプリカ法が基本であるが、土器の中を覗くための機器や体制も整えた。縄文ダイズに「クマダイ」と名前をつけたり、X線機器とレプリカ法を併用した圧痕検出手法を「熊大方式」と呼んだのも、研究に先鞭をつけたいという欲心からであったが、どちらも普及していないようである。これは一重に筆者の奢りである。

　この間、日本学術振興会からの補助金を受け、刺激的な研究仲間と心置きなく研究を進めることができた。感謝の極みである。1年364日働く夫を文句も言わず支えてくれている妻にも感謝である。しかし、この夢のようなワクワクする研究生活ももう終盤に差し掛かっている。学史に残る仕事をするのが学者であると教えられてきたが、まだまだである。研究の総括などしている暇はない。人の人生と同じ、死ぬまで勉強、研究である。完成形などどこにもない。

　これまでの研究経験を通じて感じたのは、土器は21世紀の考古学が得た新たな発掘現場であるという点である。発掘調査の件数や面積も減りつつある今、考古学者や調査員たちは新たな発

掘の対象として土器を掘り始める時期に差し掛かっていると筆者は考える。

　かつて、偶然に弥生式土器の底部から見つかった数粒の籾圧痕は、その背後に多くの考古学研究の潜在的な可能性を秘めていたのである。およそ100年の時を経た今、土器の中から栽培植物や家屋害虫などのたくさんの情報が湧き出るように現われてきた。その存在を明らかにしたのは現代のX線技術であり、それらを装備した先端機器であった。

　本書は以下の出典をもとにし、それぞれ加筆・訂正を加えている。Ⅰ部第1章およびⅣ部第3章は書下ろしである。なお、本刊行物は、日本学術振興会令和元年度科学研究費助成事業（科学研究費補助金）研究成果公開促進費（JSPS科研費・19HP5101）の交付を受けている。

2012「東アジアの新石器時代からみた縄文時代の植物利用―最近の古民族植物学の成果と問題点―」『長野県考古学会50周年記念プレシンポジウム予稿集　縄文時代中期の食遺物利用』長野県考古学会縄文中期部会、30〜45頁（Ⅱ部第1章）

2013「ヨーロッパ・地中海地域における昆虫考古学研究―圧痕家屋害虫学の提唱（その1）―」『先史学・考古学研究と地域・社会・文化論』高橋信武退職記念論集編集委員会、82〜108頁（Ⅳ部第1章）

2013「土器圧痕として検出された昆虫と害虫―圧痕家屋害虫学の提唱（その2）―」『私の考古学　丹羽佑一先生退任記念論文集』丹羽佑一先生退任記念事業会、103〜123頁（Ⅳ部第2章）

2014「種実圧痕の考古資料としての特性―圧痕は何を意味するのか？　三内丸山遺跡における検証―」『先史学・考古学論究』Ⅵ（考古学研究室創設40周年記念論文集）、龍田考古会、85〜100頁（Ⅰ部第3章）

2015「植物考古学からみた九州縄文晩期農耕論の課題」『第25回九州縄文研究会研究発表要旨集』九州縄文研究会、8〜17頁（Ⅱ部第3章）

2015「圧痕法のイノベーション」『日本考古学協会第81会総会研究発表要旨』日本考古学協会、36〜37頁（Ⅰ部第2章）

2015「エゴマを混入した土器―軟X線による潜在圧痕の検出と同定―」『日本考古学』40、日本考古学協会、33〜52頁（Ⅲ部第1章）

2015「軟X線による潜在圧痕の探査と圧痕法の革新―富山市平岡遺跡での実践―」（金三津道子と共著）『平成26年度埋蔵文化財年報』公益財団法人富山県文化振興財団埋蔵文化財調査事務所、30〜39頁（Ⅲ部第2章）

2016「虫と食料貯蔵―縄文コクゾウムシが語る多様な堅果類貯蔵―」『海と山と里の考古学―山崎純男博士古稀記念論集―』山崎純男博士古稀記念論集編集委員会、107〜118頁（Ⅳ部第4章）

2016「縄文時代の環境変動と植物利用戦略」『考古学研究』63-3、24-37頁（Ⅱ部第2章）

2018「植物学が明らかにした縄文時代の植物栽培」『季刊邪馬台国』134、梓書院、83〜97頁（Ⅴ部第1章）

2018　Discovery of the Jomon era maize weevils in Hokkaido, Japan and its mean.（Morimoto K.・Miyanoshita A. と共著）*Journal of Archaeological Science: Reports* 23. pp. 137-156. https://doi.org/10.1016/j.jasrep.2018.10.037 pp. 137-156.（Ⅳ部第5章）

2019「農耕受容期土器の圧痕法による潜在圧痕検出とその意義―佐賀県嘉瀬川ダム関連縄文遺跡の分析結果から―」『農耕文化複合　形成の考古学』上巻、雄山閣、161〜175頁（Ⅲ部第3章）

2019「土器に混入されたタネやムシたち―多量種実・昆虫混入土器を考える―」『土器作りから土器圧痕を考える』熊本大学小畑研究室、39〜44頁（Ⅴ部第2章）

　この度、筆者の研究の一里塚を作ってくれるとの吉川弘文館からのお話しがあった。未完成のものばかりではあるが、まずは出版することで、お世話になった学界や社会に少しでも貢献できるのではと思い、お引き受けした。粗削りで不完全な部分が多々あろうかと思われるが、研究の登り道途中と、お許しいただきたい。最後ではあるが、拙著の出版をお勧めいただいた吉川弘文館の吉川道郎社長、出版に際しお世話になった同編集部石津輝真氏、そして煩雑な編集作業をお引き受けいただいた大熊啓太氏に心より感謝申しあげたい。

　2019年8月

小　畑　弘　己

索　引

あ　行

会田進 …………………………………………49
アカザ科 ……………………………………29, 32
ア　サ ……………………18, 21, 29, 30, 38, 105, 107, 227, 230
アズキ ……………3, 4, 10, 20, 28-30, 33, 34, 37, 51, 59, 66, 101, 105-107, 109, 111, 119, 126, 211, 217, 223, 225, 227, 228, 231, 236, 237
アズキ亜属 ……………16, 20, 30, 32, 38, 44, 47, 50, 88, 95, 143, 223, 231, 232, 292, 235, 236, 237
アズキゾウムシ ………………………119, 126, 134, 210
圧痕法 ………2, 3, 4, 7, 8-10, 12, 27, 28, 30, 37, 40, 55, 89, 102, 116, 139-141, 143, 165, 181, 219, 220, 227
圧痕レプリカ法 …………2, 4, 8, 139, 143, 152, 164, 165
アブラナ ……………………………………29, 32, 40
ア　ワ ……………3, 4, 9, 18, 21, 23, 28, 29, 31, 33, 35, 37-39, 42, 55, 58, 59, 62, 64, 66, 88, 90, 101, 105-107, 109, 112, 151, 230, 231
粟津湖底遺跡 …………………………………21, 28, 33
池内遺跡 …………………………………………28
石井入口遺跡 …………………………………63, 64, 101
意識の混入 ……………………………………86-88
石の本遺跡 ……………………………………58, 149
板付遺跡 ……………………………………………59
イチイガシ ………………………………195, 209, 213
イチイガシ利用文化圏 …………………………………213
意図的混入 ………11, 86-90, 181-183, 205, 207, 216, 218, 223, 229, 232, 236
稲荷迫遺跡 ……………………………………61, 62, 67
今村啓爾 ………………………………………49, 178
上加世田遺跡 ……………………………………………59
ヴォストレツォフ Yu. E. ……………………………31
丑野強 ……………………………………………2, 9
内野々遺跡 ……………………………………14, 59
瓜生堂遺跡 ……………………………………………142
ウルシ ……………………21, 30, 39, 45, 47, 55, 225, 228
ウルシ属 ……………………………………16, 18, 19, 30, 143
エゴマ ………3, 7, 9-11, 28-30, 34-36, 38, 40, 44, 50, 51, 55, 59, 62, 64, 66, 70-72, 76, 77, 81-83, 85-90, 95, 99, 105-107, 109-111, 162, 216, 217, 220, 231, 237
X線CTスキャナー ………8-11, 70, 81, 86, 91, 93, 102-104, 185, 196, 201-205, 229, 230, 234, 238
エノコログサ ……………………………………30, 33, 95, 105
円筒土器文化 ……………………………………213, 216, 226
エンマムシ科 ……………………………………6, 146, 156, 159

か　行

王子山遺跡 ……………………………………13, 33
大西貝塚 ……………………………………………146
大野原遺跡 …………………………………………149
オオムギ ………21, 27-29, 37, 58, 59, 122, 123, 131, 174, 211
押出遺跡 ……………………………………………28
小竹貝塚 ……………………10, 11, 50, 71, 83, 84, 89, 215, 227
オニグルミ ……………………………15, 17-19, 21, 31, 44

蚊 …………………………………………………122
害虫化 ……………………33, 116, 133, 134, 137, 139, 141, 220
害虫化徴候群 ……………………………………133, 134
片多雅樹 ……………………………………………3
カツオブシムシ科 ……………………………………129, 142
金原正明 …………………………………………221
カミキリムシ科 ……………………6, 16, 143, 146, 150
上中段遺跡 …………………………………………61, 62, 67
カラスザンショウ ………59, 105, 106, 109-111, 172, 231
環境指標性昆虫 ……………………………………140
刻目突帯文期 ……………………………………104, 112
キスイムシ科 ……………………………………6, 132, 143
北久根山遺跡 ………………………………………149
北村遺跡 ……………………………………………47
キハダ ……………………………………16, 18, 19, 143
キ　ビ ………3, 4, 9, 28, 29, 31-33, 35, 37-39, 55, 62, 66, 88, 101, 105-107, 109, 110, 173, 230, 231
クマダイ ……………………………………………34
熊大方式 ………………………………9, 11, 70, 91, 94, 99
ク　モ ……………………………………6, 141-144, 156, 163
グラナリアコクゾウムシ ……5, 123, 127, 128, 131, 176, 181, 209
ク　リ ………5, 19-21, 30, 44, 45, 47, 49, 51-53, 55, 139, 177-179, 182, 183, 195, 209, 211-213, 215-218, 220, 222-227, 237
クリ・ウルシ利用文化圏 ……………213, 215, 225, 227
黒川式土器新段階 …………62-64, 66, 101, 102, 103, 107, 108, 109, 111, 112
クロゴキブリ ……………………………………166-170
黒土遺跡 ………………………………………………62, 150
クロフォード G. W. ……………………28, 39, 40, 221
ケシキスイ科 ……………………………………6, 143
ケシキスイムシ科 …………………………………132
ケンワード H. K. ………………………………………157
甲虫目 …………………………………………6, 122, 156

索　引

コガネムシ科 ……………………………… 6, 143, 158
コクゾウムシ ……… 5, 6, 9, 10, 36, 37, 49, 59, 66, 81, 95,
　　99, 102, 105, 106, 116, 117, 119, 121, 123, 126, 128,
　　134-136, 139, 165, 171, 172, 176, 177, 179, 181-185,
　　191, 193, 195, 196, 201-205, 207-213, 215-218, 220,
　　223, 225-228, 231, 234, 237
コクヌスト科 ……………………………………… 127
ココクゾウムシ ……… 5, 119, 123, 134, 135, 181, 183, 195,
　　209-211
小迫遺跡 ………………………………… 63, 64, 101, 151
小谷凱宣 …………………………………………… 27
コナラ属 …… 5, 47, 48, 53, 59, 66, 95, 105, 109, 136, 137,
　　177, 182, 195, 211, 213, 225
ゴボウ ………………………………… 20, 28, 29, 40
ゴミムシダマシ ………………………………… 121
ゴミムシダマシ科 ……………………………… 131
古民族植物学 ………………… 26-28, 30, 33, 37, 40
コムギ …… 27, 28, 122, 131, 162, 173, 175, 176, 209, 211
昆虫考古学 …………… 116, 117, 121, 122, 138, 140, 141

さ　行

ザイサノフカ 7 遺跡 ……………………………… 31
ザイサノフカ文化 ………………………………… 31
栽培化徴候群 ………………… 20, 38, 44, 134, 222
西浦項遺跡 …………………………………………… 31
酒詰仲男 …………………………………………… 27
坂元 B 遺跡 …………………………………… 62, 64
酒呑場遺跡 ……………………………………… 8, 88, 89
ササ属 ……………………………… 16-18, 21, 22, 143
佐々木由香 …………………………………………… 20
サルナシ ………………………………… 16, 18, 19, 158
三内丸山遺跡 …… 5, 6, 15-18, 20-23, 28, 37, 38, 44, 47,
　　86, 116, 121, 143, 158-160, 164, 172, 177, 178, 182,
　　184, 185, 196, 204, 205, 208, 210, 213, 216, 224-226
三本松遺跡 ……………………………… 5, 36, 172, 181
シソ属 …… 21, 34, 35, 36, 38, 44, 47, 48, 50, 71, 236
シデムシ科 ………………………………………… 6, 156
シバンムシ科 ……………………………………… 129, 146
下宅部遺跡 ………………………………………… 37, 146
出現期突帯文期 …………………………………… 62
狩猟採集社会 …………………………… 38-40, 42, 221
狩猟採取民 ……………………………… 38, 39, 42, 221, 228
狩猟栽培民 ………………………………………… 228
縄文後晩期農耕論 …………………………… 28, 55
縄文中期農耕論 …………………………………… 28
縄文ヒエ …………………………………………… 221
食種子甲虫 ………………………………………… 122
植物考古学 ……………………………… 26, 55, 67
貯蔵穴 …… 4, 49, 50, 116, 172-174, 176-180, 213, 215,
　　225
シラミ ………………………………………………… 122

シリコーンゴム …………………… 2, 3, 92, 93, 184
試料汚染 ……………………………………………… 26
スミス D. N. ……………………………………… 157
生体化石 …… 6, 23, 118, 121, 127, 146, 181, 182, 195,
　　196, 210, 213, 225
細竹遺跡 …………………………………………… 151
SEM …… 3, 8, 28, 61, 63, 70, 96, 97, 145, 148, 150, 184,
　　188, 190, 191, 202-207
走査型電子顕微鏡 ………………………… 3, 7, 28
双翅目 ……………………………………… 6, 122, 146, 156
僧御堂遺跡 ………………………………………… 142
ゾウムシ科 ……………………… 6, 105, 122, 123, 156, 158
ゾウムシ上科 ………………………… 6, 143, 146, 158
ソ　バ ………………………………… 28, 29, 42, 122

た　行

第三の発掘 ………………………………………… 238
ダイズ …… 4, 8, 9, 28, 29, 33, 34, 37, 40, 59, 62, 66, 88,
　　89, 101, 126, 217, 220, 223, 227, 237
ダイズ属 …………… 3, 20, 29, 38, 44, 45, 47, 50, 76
第二の発掘 ……………………………………… 23, 228
大陸系穀物 …… 4, 28, 37, 55, 58, 59, 62, 66, 101, 102,
　　106, 107, 110, 112, 113
高床式倉庫 ……………………………… 173, 174, 179
打製石斧 …… 31, 34, 43, 46, 49, 50, 53, 178, 179
多地域進化説 ……………………………………… 34
館崎遺跡 …… 181, 183-191, 196-201, 203-208, 210, 211,
　　213, 215-218, 223, 224, 226, 231-235
ダ　ニ ……………………………………………… 141-143
炭素年代測定 …………………………… 102, 108, 109
塚ヶ段遺跡 ………………………… 59, 185, 204, 205
辻誠一郎 …………………………………………… 52
椿坂恭代 …………………………………………… 28
坪井正五郎 ………………………………………… 2
ツルマメ …………………………………………… 33
勅使河原彰 ………………………………………… 43
東三洞貝塚 ………………………… 4, 14, 37, 230
トチノキ ……………………… 16-19, 21, 27, 47, 51, 53
伴野原遺跡 ………………………… 50, 232, 233, 235-237
鳥浜貝塚 ………………………… 21, 28, 33, 227
ドングリ …… 4, 5, 27, 30, 32, 33, 36, 39, 47, 49, 87, 116,
　　123, 137, 139, 140, 156, 162, 163, 172, 175, 179, 182,
　　183, 195, 209, 211, 215, 217, 220, 223

な　行

中沢道彦 ………………………………………… 3, 55
ナガシンクイムシ科 …………………… 6, 126, 143
中山誠二 …………………………………………… 8
菜畑遺跡 …………………………………………… 59
軟 X 線機器 …… 9, 10, 11, 70, 86, 100, 103, 106, 236
西田正規 …………………………………………… 28

西平貝塚 150
ニワトコ 16, 18-21, 47, 95, 105, 109, 143, 158, 159, 184, 236
ヌスビトハギ 16, 18, 22, 105, 106, 109, 143, 184
ノコギリヒラタムシ 119, 121, 127, 128, 131
野添遺跡 59

は 行

ハエ目 149, 158
ハシバミ 31
橋本一丁田遺跡 61, 62, 65
パナギオタコプル E. 122
羽生淳子 27
ハンシ文化 31
ヒエ属 16-18, 21, 30, 38, 143, 184, 201, 211, 217, 218, 231
東畑瀬遺跡1区 103, 106-109, 111
東名遺跡 13, 147
肥賀太郎遺跡 64, 149
干河原段階 64-67, 101, 104
比佐陽一郎 3
飛鳳里遺跡 4, 14
ヒョウタン 18, 20, 21, 28, 29, 33, 38, 40, 51, 158
ヒョウホンムシ科 130
平岡遺跡 10, 50, 71, 83, 89, 91, 94, 172, 208
ヒラタムシ科 127
広原第一遺跡 59
藤尾慎一郎 107
藤の台遺跡 142, 162
藤森栄一 227
ブドウ属 3, 16, 18, 19, 32, 143, 158
ブヨ 122, 175
プラントオパール 55
フローテーション 2, 13, 14, 23, 27, 28, 32, 37, 40, 138, 141, 221
星原遺跡 64

ま 行

マーギッド A. A. 92
曲り田遺跡 62
松井章 221
松谷暁子 34
松ノ木遺跡 141, 142
マメゾウムシ科 123
右葛ヶ迫遺跡 63, 64, 101
ミズキ 16, 19, 47, 95
ミゾソバ 16, 18, 143
三万田遺跡 149, 156
宮地聡一郎 55, 101
宮之迫遺跡 151, 185, 203, 204
宮本一夫 102
目切遺跡 14, 49, 50, 51, 179
本野原遺跡 165, 166, 170, 171, 177, 185, 201, 202, 205, 211, 235
森勇一 121, 140

や・ら・わ行

ヤブツルアズキ 20
山崎純男 3, 62, 149, 156, 172
山田悟郎 21, 28
ヤマトゴキブリ 166-170
ヤマノイモ 28, 29, 44, 46, 49, 178, 179
山内清男 2, 87
山ノ寺式・夜臼Ⅰ式期 58, 59, 61, 62, 67, 101
吉川昌伸 227
吉崎昌一 28
龍山文化 30
リョクトウ 28, 51, 137, 222
レンフリュー J. M. 2, 87
渡辺誠 27

著者略歴

1959年　長崎県に生まれる
1982年　熊本大学法文学部史学科卒業
現在　熊本大学大学院人文社会科学研究部教授、博士（文学）

〔主要著書〕
『昆虫考古学』（KADOKAWA、2018年）
『タネをまく縄文人―最新科学が覆す農耕の起源―』（吉川弘文館、2016年）
『東北アジア古民族植物学と縄文農耕』（同成社、2011年）
『Jr.日本の歴史1　国のなりたち』（共著、小学館、2010年）
『考古学の基礎知識』（共著、角川学芸出版、2007年）
『シベリア先史考古学』（中国書店、2001年）

縄文時代の植物利用と家屋害虫―圧痕法のイノベーション―

2019年(令和元)12月1日　第1刷発行

著　者　小　畑　弘　己
　　　　　　おばた　ひろ　き

発行者　吉　川　道　郎

発行所　株式会社　吉川弘文館
〒113-0033　東京都文京区本郷7丁目2番8号
電話　03-3813-9151〈代〉
振替口座　00100-5-244
http://www.yoshikawa-k.co.jp/

印刷＝株式会社 精興社
製本＝誠製本株式会社
装幀＝渡邉雄哉

© Hiroki Obata 2019. Printed in Japan
ISBN978-4-642-09354-5

JCOPY　〈出版者著作権管理機構　委託出版物〉
本書の無断複写は著作権法上での例外を除き禁じられています。複写される場合は、そのつど事前に、出版者著作権管理機構(電話 03-5244-5088、FAX 03-5244-5089、e-mail: info@jcopy.or.jp)の許諾を得てください。

小畑弘己著

タネをまく縄文人 最新科学が覆す農耕の起源
（歴史文化ライブラリー）

狩猟採集や漁撈で生活していたとされる縄文人。だが、粘土をこねて土器を成形する際に紛れ込んだダイズや貯蔵食物害虫のコクゾウムシがその常識を打ち破った。土器表面や断面の痕跡の新しい分析法から、イネやダイズの栽培開始時期を特定。土器粘土の中に眠っていた考古資料「タネ」「ムシ」が指し示す、多様で豊かな縄文時代の実像に迫る。

四六判・234頁／1700円　〈第5回古代歴史文化賞　大賞受賞〉

（価格は税別）　　　　　　　　　　　　　　　吉川弘文館